Edexcel German for A Level

Teacher's Resource Book

Edexcel German for A Level

Teacher's Resource Book

John Baildam

Geoff Brammall

Paul Elliott

Thomas Reimann

Claire Sandry

Janet Searle

Paul Stocker

Chris Warrington

Roger Winter

Hachette UK's policy is to use papers that are natural, renewable and recyclable products and made from wood grown in sustainable forests. The logging and manufacturing processes are expected to conform to the environmental regulations of the country of origin.

Orders: please contact Bookpoint Ltd, 130 Milton Park, Abingdon, Oxon OX14 4SB.
Telephone: (44) 01235 827720. Fax: (44) 01235 400454. Lines are open 9.00 – 5.00, Monday to Saturday, with a 24-hour message answering service. Visit our website at www.hoddereducation.co.uk

First published in 2008 by
Hodder Education,
An Hachette UK Company
338 Euston Road
London NW1 3BH

Impression number   5
Year   2012 2011 2010

Cover photo © Jon Arnold Images Ltd/Alamy
Project management by Hart McLeod Ltd, www.hartmcleod.co.uk
Typeset in by 11pt Bembo by Hart McLeod Ltd, www.hartmcleod.co.uk
Printed in Great Britain by Hobbs The Printers Ltd, Totton, Hants.

A catalogue record for this title is available from the British Library

ISBN: 978 0340 96858 1

Contents

SECTION 2: PHOTOCOPY MASTERS

Introduction

Welcome

Welcome to the Teacher's Resource Book for *Edexcel German for A Level*.

Edexcel German for A Level has been specially written to prepare students for the Edexcel A Level German specification from 2008. As well as providing students with all that they need to acquire German to an advanced level in the essential language skills of listening, speaking, reading and writing, *Edexcel German for A Level* incorporates specific tasks and guidance for the Edexcel examination.

Edexcel German for A Level consists of 12 *Einheiten*. The first *Einheit* bridges the gap between GCSE and AS Level, *Einheiten* 2–6 cover AS Level and *Einheiten* 7–12 A2 Level. *Einheiten* 1–6 cover Edexcel's four AS general topic areas and linked subtopics, while *Einheiten* 7–12 cover all seven A2 general topic areas. Special attention has been paid to the length, level and appropriateness of tasks in the first half of the book, to ensure that students build their language skills gradually for success at AS Level. The second half of the book provides more complex material and the tasks become more challenging, in preparation for the A2 examination.

Edexcel German for A Level

- provides students with the means for success in the Edexcel German AS and A2 examinations;
- encourages students from the start to build up a good working vocabulary for each topic as they encounter it; additionally, key lexis is listed in the end-of-chapter summary;
- provides regular practice in the essential grammar structures required at A Level;
- fosters students' interest in a range of topics; each unit contains a rich variety of texts from which various linguistic tasks are drawn;
- stimulates students to discover German language and culture by engaging them in varied topic-related tasks;
- challenges students in the A2 part of the book with more mature topics, such as customs, traditions, politics, national and international events and the arts.

At the beginning of each chapter a mapping grid shows topic coverage in relation to the new Edexcel specification (from 2008 onwards).

The *Student's Book*

The Student's Book of *Edexcel German for A Level* is divided into sections as follows:

Einheit 1 acts as a transition between GCSE and AS.

Einheiten 2–6:
- Texts are relatively short and many have been edited to eliminate particular difficulties.
- The material is generally lighter and less demanding than full A2 standard.
- There is a full coverage of major grammar points.

Einheiten 7–12:
- Texts are longer and for the most part unedited.
- The material is more demanding.
- Coverage of grammar points continues, but the points are frequently more sophisticated.

The Student's Book has the following main features:
1   The *Über dieses Thema* section introduces the topic for the chapter, giving an overview of the content and listing the grammar points and study skills to be covered.
2   *Zum Einstieg* questions stimulate the thought-processes of students by inviting them to consider different aspects of the topic. The main aim of this section is to encourage students to talk in a more open and sustained way. All questions link in with the images at the start of the chapter and invite comments, ideas and opinions on familiar themes and motivate students to speak confidently and spontaneously. There are no right or wrong answers, but all answers must be justified and exemplified. It might be interesting to work through these questions at the beginning of the chapter and then revisit them at the end. In this way students could evaluate their own progress in terms of both new language learnt and fresh ideas and points of view.

We have offered 'possible answers' in the later chapters so that you can read them out. This will allow students to see the type of lexis they should be using, the type of language structures they should be demonstrating, etc.

3. A wide range of **listening**, **speaking**, **reading** and **writing** tasks stimulate the learning process. These tasks prepare the students for the Edexcel examination in three ways:
   a) by offering essential practice to build up the four language skills;
   b) by including Edexcel examination tasks (see **Assessment tasks** section below);
   c) at A2, by providing the required exposure to listening and reading material to underpin the research-based essay.

4. Each chapter focuses on specific **study skills** which give students invaluable tips on how to improve all aspects of their German. These skills tips are supported by worksheets which can be found on Dynamic Learning Student's Edition (free with the Student's Book).

5. The approach to **grammar** is systematic. Several points of grammar are introduced in each chapter in order to ensure that students are exposed to all major areas. These points are contextualised by giving examples drawn from the reading material of the unit, and exercises are included within the Dynamic Learning Network Edition for consolidation. Grammar worksheets are also included in this Teacher's Resource Book. A **Grammar Summary** at the end of the book gives further support.

6. An **Exam techniques** section (pages 253 to 258) offers guidance on how to prepare specifically for the tasks in all units of the Edexcel examination, notably:
   a) AS Unit 1: Spoken Expression and Response
   b) AS Unit 2: Understanding and Written Response
   c) A2 Unit 3: Understanding and Spoken Response
   d) A2 Unit 4: Research, Understanding and Written Response

7. In particular the A2 chapters (*Einheiten 7–12*) present material which helps students acquire the knowledge and understanding of the culture and society of German-speaking countries required for the research-based essay (in Unit 4) on the four areas listed in the specification: (i) a geographical area; (ii) an historical study; (iii) aspects of modern society; (iv) literature and the arts.

Assessment tasks

AS

Unit 1

Tasks are offered which students could expect to find in Section A of the Unit 1 AS oral, i.e. four set questions on a stimulus related to the topic area. The first two questions look at the content of the stimulus and students' understanding of the stimulus, and the second two questions invite a broader consideration of the theme. For the first two questions, students should be encouraged to answer using their own words rather than just lifting from the stimulus material. They should be further encouraged to develop their responses, particularly to questions three and four, so that they are able to demonstrate their understanding of the topic area.

It would be easy to draw on the speaking tasks throughout each chapter to provide material for Section B of the Unit 1 AS oral. i.e. a discussion still relating to the topic area but which moves away from the main focus of the stimulus. In this way it would be possible to simulate an entire oral test.

Reference should be made to pages 24–25 of the specification where the assessment criteria for this unit are outlined. From these, students will understand what they need to do in order to show what they have learned through covering the topic area. Clearly, were they to choose that particular topic area for the Unit 1 AS oral, they would need to undertake further research to enable them to demonstrate excellent understanding. Students should also refer to both the study skills section in *Einheit 4* (page 76) and the Exam skills section (page 253 of the Student's Book): these offer students exam techniques and tips on Unit 1.

The instructions to candidates relevant to the stimulus material appear on page 27 of the Sample Assessment Materials and should be given to candidates when they start their preparation of the stimulus material for each chapter:

Instructions for the conduct of Unit 1 – Spoken Expression and Response in German

- You have 15 minutes preparation time.
- Read the stimulus.
- You will be asked 4 questions related to this stimulus.
- You should also consider further discussion points on this general topic area.
- You may make notes (maximum of one side of A4 paper) during the preparation time, to which you can refer during the examination.
- Do not make notes on the stimulus.
- Dictionaries and other resources are not allowed.
- The examination will last 8–10 minutes.

The four set questions are given in the Teacher's Resource Book only as students will not have access to the questions on a live stimulus card.

Unit 2

There is one exam-style listening task in each assessment. Where questions are in German, students should ensure their German is accurate enough to achieve unambiguous communication of the information. However, accuracy of written German is not being assessed in the listening section. Full sentences are not necessary. Students should refer to both the study skills sections in *Einheit 2* (pages 31 and 37) and the Exam techniques section on page 254 for tips on improving their performance in the listening section of the exam.

There is one exam-style reading task in each assessment. For questions in English requiring responses in English, students should be reminded to look at the quality of their English: does what they have written convey the information accurately and unambiguously? For questions in German, students should be reminded that responses lifted from the text cannot be credited. Here again, the accuracy of their written German is not being assessed, although clearly the responses in German should convey the message unambiguously. Again, full sentences are not necessary. Students should refer to both the study skills sections in *Einheit 3* (pages 50 and 57) and the Exam techniques section on page 254 of the Student's Book for tips on improving their performance in the reading section of the exam.

One exam-style writing task is offered for each chapter. Before students attempt these tasks, they should become familiar with the assessment criteria on page 32 of the specification, as this will help them understand what they have to do to achieve top marks. The bullet points need to be addressed in full, with evidence of development. The content should be relevant and the register used should be appropriate to the prescribed task. They must try to use a range of AS language structures accurately and demonstrate a command of a variety of AS lexis. The range of structures expected of students at AS is defined on pages 79–81 of the specification. In addition, they should refer to both the study skills sections in *Einheit 5* (pages 86 and 94) and the Exam techniques section on pages 254–255 of the Student's Book, where they will find tips on exam technique to help them improve their performance.

A2

Unit 3

This unit focuses on a debate and a discussion of issues and there is no set task. However, you will find ample material in the body of each chapter to offer opportunities for debating and discussing a range of controversial issues. It is important to remember that it is not only the students' speaking and debating skills, but also the skill of listening, that are assessed in this unit. Again, throughout the chapters, there are regular listening tasks to help students develop this skill to A2 standard. Reference should be made to pages 36–37 of the specification where the assessment criteria for this unit are outlined. In addition, students should refer to both the study skills sections in *Einheit 8* (pages 149 and 154) and the Exam techniques section on page 255 of the Student's Book where they will find tips on exam technique to help them improve their performance. Each A2 assessment page has a *Phrases for essays and oral examinations* box to which students should also refer. It would be possible to use the titles from the *Discursive essay* section of the A2 assessment tasks pages to spark an oral discussion as well.

Unit 4

Section A: Translation

Each A2 assessment features a translation based on what students should expect to find in the exam – about 80 words in English to translate into German. The Teacher's Resource Book provides a basic mark scheme – it would be impossible to cover every permutation, and professional judgement must be applied here, bearing in mind that this is a translation task and sections must be accurate. The mark scheme breaks the translation up into 30 sections and the student's score is then divided by 3 to arrive at a mark out of 10. Students should refer to both the study skills sections in *Einheit 10* (pages 202 and 206) and the Exam techniques section on page 256 of the Student's Book where they will find guidance on how to approach the translation to increase their chances of getting full marks. The GCE grammar and structures are listed on pages 79–82 of the specification and students should be reminded of the grammar reference section at the back of the book on pages 259–297.

Section B: Language essay – creative or discursive

Each A2 assessment page offers at least one creative essay and one discursive essay title related to the topic of the chapter. Remind students again that reference to the grammar section at the back of the book will help them write accurate German and that the vocabulary in each end-of-chapter summary will encourage them to use a range of advanced level vocabulary, as will the *Phrases for essays and oral examinations* box on the assessment pages. The study skills sections in *Einheit 9* offer support on writing a creative essay (page 169) and a discursive essay (page 182) and tips on exam techniques are given on pages 256–257. The assessment grids for both creative and discursive essays can be found on pages 45–46 of the specification.

Section C: Research-based essay
The assessment page for *Einheit 7* offers a choice of two titles on the first of the four possible topic areas for the research-based essay: *a geographical area*. This is followed by two titles on *an historical study* in *Einheit 9*, two titles on *aspects of modern society* in *Einheit 11* and six titles on *literature and the arts* at the end of *Einheit 12*. As students begin their preparation for this section of the exam, they will need to undertake detailed research. The study skills sections on pages 123 and 128 of *Einheit 7* offer advice on research skills. The skills sections pages 214 and 223 of *Einheit 11* offer advice on how to tackle the writing of a research-based essay. Exam techniques advice is once again offered on pages 255–256. The assessment grids for this section of the exam can be found on page 47 of the specification.

The *Teacher's Resource Book*

The Teacher's Resource Book of *Edexcel German for A Level* consists of two main sections: Teacher's Notes and Photocopy Masters.

1 Teacher's Notes

- **Notes and answers:** in addition to the answers, suggestions are frequently given on to how to exploit the tasks in the Student's Book. In some cases – such as answers to questions in German or English, translations and summaries – the answers given are 'suggested', since it is often impossible to give a definitive answer for this kind of question.
- **Transcripts:** the complete transcripts of all extracts for listening are given.

2 Photocopy Masters

- **Extension activity worksheets** provide an invaluable resource for teachers which can be used either together in the classroom to facilitate a more in-depth look at certain themes or as a homework/self study task. Answers and teaching notes are provided.
- **Grammar worksheets** are provided in order to give students opportunities to practise grammar and structures. Answers are given.

We hope that you and your students will enjoy using *Edexcel German for A Level* as much as we did writing it.

Section 1:

Teacher's Notes

Interessen und Sorgen der Jugend

Topic areas for Einheit 1

Edexcel topic	Topics/Grammar/ Study skills covered in the chapter	Coverage in *Edexcel German for A Level Student's Book*
Youth culture and concerns (Interessen und Sorgen der Jugend)	Relationships (Beziehungen)	1 Die moderne Familie p. 2 2 Die klassische Familie verliert an Bedeutung p. 3 3 Die heutige Familie p. 3 4 Meine Mutter macht mich wahnsinnig! p. 4 5 Gute Freunde p. 4
	Music and fashion (Musik und Mode)	6 Kleidung aus fairem Handel p. 5 7 Musik heute p. 6 8 MP3 p. 7 ★ Dictionary Skills p. 8 9 Schöne Männer braucht das Land p. 8
	Technology (Technologie)	10 Handy… oder doch nicht? p. 10 11 Die virtuelle Welt p. 11 12 „Chatter" im Internet p. 12 13 Fernsehen: Macht es schlechte Augen? p. 13
	Drink, drugs and sex (Alkohol, Drogen und Sex)	14 Jugendschutzgesetz p. 14 15 „Einmal im Monat betrunken" p. 15 16 Kampf gegen Alkohol p. 15 17 Drogenkonsum in Deutschland p. 16 18 Weihnachten hinter Gittern? p. 17
	Grammar	Present tense of weak, strong and modal verbs p. 9 Present tense of separable, inseparable and reflexive verbs p. 14 Main clause and subordinate clause word order p. 17

	Study skills	How to organise and plan, learn new vocabulary and
		    use a dictionary effectively p. 8
		How to revise grammar and understand verb
		    tables p. 12

★ Material found on Dynamic Learning Network Edition.

General notes for this topic

- Chapter 1 is a transition unit which aims to 'bridge the gap' from GCSE to A Level material, work and skills. The chapter deals with topics that are familiar from GCSE in terms of both content and language.
- Students will be able to recycle GCSE vocabulary, some of which often needs revising at this stage, e.g. *verheiratet, geschieden, Stief(schwester)*. In addition, they are exposed to high frequency GCE vocabulary and have opportunities to use the new language actively and so gain confidence in taking control of their learning.
- The present tense is revised comprehensively. The texts and tasks in the chapter reinforce the grammar to ensure that students gain a sound command of the fundamentals before progressing to more ambitious language.

- While students are able to draw on facts and personal experiences in this chapter, there are frequent opportunities for them to start evaluating and speculating – as one might expect to do in a discussion.

Further reading

Die online-Zeitung für junge Leser
www.sowieso.de/zeitung/

News4kids
www.nachrichtenfuerkinder.de/n4k/

Both these websites offer topical news items in accessible German. They offer exposure to a range of themes in language which students will not find too challenging or off-putting at this early stage.

Zum Einstieg

The main aim of this section is to encourage students to talk in a more open and sustained way in a group which is often much smaller than that at GCSE. All the questions link in with the images at the start of the chapter and invite comments, ideas and opinions on familiar themes and motivate students to speak confidently and spontaneously. There are no right or wrong answers here: all answers are admissible as long as they are justified and exemplified. It might be interesting to work through these questions at the beginning of the chapter and then revisit them at the end. In this way, students can evaluate their own progress in terms of both new language learnt and fresh ideas and points of view.

1. *Was bedeutet es heute, Teenager zu sein?*
   Students should be able to offer their own understanding or interpretation of what it means to be a teenager in today's world. The concepts of *Vorteile* and *Nachteile* can be exploited and students invited to offer ideas at their own level from, e.g. *ich habe/man hat kein Geld* to *ich habe/man hat keine Verantwortungen*. Issues around freedom, pressures, expectations of parents and others can be explored and conclusions reached on whether life is easy as a teenager in today's world.

2. *Gibt es immer noch die „Normalfamilie"?*
   Students might like to give an outline of their family situation and offer an opinion on whether it represents 'normal'. The whole concept of normal in the context of a family could be explored and suggestions made as to why things have changed – mobility, shrinking world, divorce, etc. It might be relevant to consider the merits of a traditional family as opposed to a more modern family unit to encourage students to formulate opinions and evaluate the relative advantages.

3. *Welche Rolle spielt Musik in der aktuellen Gesellschaft?*
   There are many avenues that could be explored here: what kind of music students listen to, when and why, music as entertainment, music as part of our culture. The role of musicians as positive (or negative) role models could also be discussed. Again, the discussion could start off on a more factual level and then move into the more evaluative, with positive and negative aspects being noted.

4. *Ist es wirklich so cool, im Internet zu surfen?*
   A starting point here might be how many hours per day students spend surfing the net and for what purposes. It would be easy to develop a *Vorteile* versus *Gefahren* approach here, from researching material for your homework to spending too much time glued to the screen at the cost of any exercise, from buying bargain flights to identity theft. One might speculate on the typical profile of Internet addicts and the potential reasons for such a profile.

5. *Videospiele – die neue Jugenddroge?*
   This should provoke a discussion of any kind of computer gaming on any platform. Students might be invited to think of why these games are so popular and what the advantages and disadvantages are. The focus might be on **Jugend**droge – so is gaming the reserve of the young, or indeed on the Jugend**droge** – thinking about the addictive nature, the costs involved. It might be appropriate to compare the addictive nature of gaming with other kinds of 'addictions', e.g. buying shoes.

An evaluative comparison between surfing the net and gaming could be made in order to help students widen the scope of their arguments.

As already stated, the aim here is to involve the students in a more sustained and free conversation. Since we want to promote spontaneity and develop their confidence, it might not be wise at this point to insist that students use specific vocabulary or structures. However, you might like to introduce the following high-frequency phrases for use in all conversations and debates:
- *Es hängt davon ab, …*
- *Es kommt darauf an, …*
- *Auf der einen Seite… auf der anderen Seite…*
- *Meiner Meinung nach* (plus correct word order thereafter)
- *Ich meine/Ich finde/Ich glaube*
- *Positiv ist, dass… Negativ ist, dass…*

Beziehungen

1 Die moderne Familie

A **B** Students are invited to offer their thoughts and views on the information presented. Once again, there are no right and wrong answers: the questions seek to provoke a response based on opinion that can be substantiated. It is good training to get into the habit of justifying and exemplifying from the outset.

2 Die klassische Familie verliert an Bedeutung

A The *warum* is important here: students are being encouraged to put forward possible reasons for these statistics. Any reaction is admissible as long as they can support it.

3 Die heutige Familie

 **Answers**

See table below for answers.

B Using language met in the chapter so far, students write an informal short piece about their family, based on the format of the listening items. Access to the listening transcript might offer students support in this first written task.

C Since all language is essentially synoptic, this task offers extra speaking practice while at the same time requiring students to listen to one another. It also relies on their writing from the previous task.

4 Meine Mutter macht mich wahnsinnig!

The important thing to stress here is that students should not lift verbatim from the text as they answer the questions: 'lifting' is not rewarded in the Unit 2 exam so it is good practice to use their own language as far as possible or manipulate language from the text right from the start. Full sentences are not required. It might be helpful to students to consider question force as a group activity in advance of their offering responses to the question. Question words can still pose a problem at this stage and time spent now working through the responses specific interrogatives can elicit, will pave the way in following chapters. The question words in this activity are straightforward but teachers might like to brainstorm with students target responses for these and the more advanced question words which they will met in following chapters such as *Wen? Wozu?*

	Familienform	Ehestand der Eltern	Kinder	Meinung	weitere Informationen
Laura	eine typische Zwei-Kind-Familie. (traditionelle Familie)	verheiratet	2	neutral bis positiv	Vater geht arbeiten, Mutter ist Hausfrau
Max	eine Ein-Kind-Familie	verheiratet	1	negativ (einsam)	Eltern berufstätig Vater hilft im Haushalt
Sophie	Patchworkfamilie (or Scheidungsfamilie): allein erziehende Mutter plus Stieffamilie	geschieden	2 + 2 Stiefsöhne	negativ	Sie wohnt bei der Mutter Bruder wohnt bei dem Vater Sie versteht sich nicht gut mit der neuen Partnerin
Felix	Lebensgemeinschaft, aber eher traditionell	nicht verheiratet	4	positiv – alle sind glücklich	Kinder wurden unehelich geboren

A 📖 Answers

1. Zum Beispiel:
   Die Mutter sagt ihr, was sie machen soll.
   Die Mutter will immer Recht haben.
   Die Mutter spricht auch für den Vater.
   Die Mutter sagt immer wieder, was die Tochter (nicht) machen soll.

2. Ihre Mutter liebt sie (und ist immer für sie da).

3. Im Fall vom letzten Freund. Die Mutter meinte, er sei zu alt für ihre Tochter. Er würde der Tochter nicht treu bleiben.

4. Er hat mit einem anderen Mädchen geflirtet.

B ✏️ 💬

This task starts with the more familiar and then moves into the more evaluative or speculative. Based on what they have read about 'typical' mothers in the text, students consider their own situation and put forward ideas. This can then move on to a consideration of fathers. Since this has not been dealt with in the text, a brainstorming session might be useful to offer vocabulary and ideas. Turning the tables, students consider positive and negative aspects of their own behaviour from the parents' perspective. In any debate, students will be expected to recognise opposing points of view as well as defending their own. This offers accessible practice.

5 Gute Freunde

A 📖 ✏️

Using the language from this page, students write a short piece to their friend in the style of the two examples. They should try to make their writing more varied and complex by using fewer but longer sentences – inversion, subordination, adverbial phrases, adjectives, etc. It might be appropriate to share the assessment criteria for Unit 2, writing with them at this point so that they are aware that a variety of lexis and structures are just as important as accuracy.

B 💬

In order to weigh up both sides, students should suggest characteristics that one would not want to see in a friend. As usual, all suggestions are valid as long as they can be justified, so students should be encouraged to suggest why for each attribute suggested.

C 💬

The concept of peer pressure might be very relevant. Discussion could start on trying to get into friendship groups and low level changes that one might make in an attempt to conform. It could also

look forward to later in this chapter when drink and drugs will be discussed. Motivation as well as changes should be discussed and conclusions reached. Students should remember to exemplify.

D 🔊 ✏️

The main thing here is that students can pick out the overall gist of the opinion: this continues what they have been used to at the higher end of GCSE. Students then decide whether they concur or not with the opinions stated in the listening items and justify their response.

Suggested answers

1. Eine beste Freundin soll immer für einen da sein, nicht nur wenn alles gut geht.

2. Viele Leute sind immer noch gegen homosexuelle Paare: Das ist nicht richtig. Viele denken dagegen, dass Homosexualität ganz normal ist.

3. Ein echter Freund will nicht, dass du anders wirst.

Musik und Mode

6 Kleidung aus fairem Handel

A 📖

Remind students that they should not lift verbatim from the text as they answer the questions. They should try to use their own language as far as possible or manipulate language from the text. Full sentences are not required.

Suggested answers

1. Viele Models (Mannequins) führen Öko-Mode auf dem Laufsteg vor/berühmte Persönlichkeiten unterstützen die Öko-Mode.

2. Man spendet 40% des Profits, um Krankheiten in Afrika zu bekämpfen.

3. Sie hilft Kindern ohne Eltern in Peru.

4. Die Arbeiter bekommen einen fairen Lohn für die Arbeit.

5. Man kann sie im mobilen Laden, im normalen Laden oder im Internet kaufen.

B 💬

The four questions seek to raise awareness of eco-clothing among students and possibly challenge their preconceptions by requiring them to think outside their immediate experience. Discussions might focus on availability of such clothing, costs, appeal and quality and could progress to more ethical considerations, including potential damage to the environment caused by importing such clothing. This looks ahead to environmental issues covered in Chapter 4. Once again, all answers that can be supported by examples are valid here.

 It is advisable for students to try to paraphrase in their answers the information they hear on the recording. Transcription can often lead to nonsensical information being given.

Suggested answers

1. Ein Arbeiter kann Bio-Kleidung herstellen, jedoch keinen fairen Lohn bekommen.

2. Viele Bekleidungsunternehmen stellen Bio-Kleider her, zahlen einen fairen Lohn und bieten faire Arbeitsstellen.

3. Die berühmten Mode-Firmen behandeln ihre Arbeiter sehr unfair. Man hat keine große Auswahl, wenn man ethisch hergestellte Kleider kaufen möchte.

4. Viele Arbeiter bekommen immer noch einen sehr niedrigen Lohn und müssen an schlechten Arbeitsplätzen arbeiten.

5. Man kann Kleidung kaufen, die sowohl schön und modisch als auch ethisch und ökologisch ist.

6. Eine Firma soll sich völlig für die faire Mode einsetzen, nicht nur weil sie mehr verkaufen will.

Students then discuss whether or not they agree with the sentiments expressed by the various people and why. This could provide students with an opportunity to engage in some independent research on ethical clothing. They might like to draw comparisons between what is available in their town/country and in Germany or Switzerland, for example, and offer suggestions for why this might be.

7 Musik heute

1. There is a trend among some German groups to release their songs only in German and indeed, many groups have found international fame while singing in German, which might conflict with popular preconceptions. It would be useful if students could research this aspect in a little detail before they come to the discussion. They could consider, for example, any regulations restricting radio and TV, e.g. what percentage of music played on national/local radio stations has to be in German. Students should be encouraged to put forward their own ideas and points of view, and

could be invited to consider the notion of songs being released in their own country that are not in the language of their country.

2. Groups can exert both positive and negative influences on fans and others. The aim here would be for students to try to see both sides of the coin and present balanced arguments and examples of both encouraging and poor role models. There are many examples of bands engaging in charitable work, but at the same time there are examples of drug-taking and dissolute lifestyles. Having evaluated both sides, students should try to reach a conclusion.

3. Students should be encouraged to conduct some research on this area before they come to the discussion. They could be directed to looking at different sorts of music to those mentioned here, e.g. *Volksmusik*, which make a significant contribution to the culture of German-speaking countries. They could give a mini-presentation on a group of their choice to the rest of the group.

B Students engage in some further research to find more specific details on the bands featured. Based on the information given in the short texts here, they could speculate on these aspects, but in order to justify their opinions, they need to come up with some concrete facts – which is where their research comes in. This is a contained mini research project and as such, offers them an easy step into the whole business of conducting research in German.

8 MP3

A **Answers**

1. Nico
2. Daniel
3. Nico
4. Felix
5. Josef
6. Sebastian

After completing the exercise, you may wish to use the corresponding exercise B on **Extension activities** page 179.

Study skills: How to organise and plan, learn new vocabulary and use a dictionary effectively

Reassure students who are feeling daunted that they already know lots of German vocabulary and grammar that will feed into their new work. The topic areas for

AS (get students to have a leaf through the first six chapters of the book) are extensions of topic areas that they have already touched on at GCSE, and they will be revising and building on grammar that they already know.

You could also get students to take a moment to think about why they chose to study German in the first place:

- to understand and be able to come up with an answer when real people speak to them in German-speaking countries?
- to improve their spoken and written German to a level where they can express their own opinions on complicated issues with confidence?
- to enhance their career prospects?
- to gain in-depth knowledge about the history, geography, current affairs and lifestyle of another culture?
- to understand German radio, TV, films and literature at first hand?

Give students ideas for building their vocabulary in new ways, e.g.

- build up their own **word families** using reading or listening texts that they come across and a good dictionary (e.g. *die Familie; die Familienform; die Großfamilie; die Stieffamilie… jung, die Jugend, die heutige Jugend, der/die Jugendliche, das Jugendschutzgesetz… streiten, der Streit, strittig…*).
- collect **synonyms** (e.g. *ökologisch, umweltfreundlich) or* **antonyms** *(ökologisch, umweltfeindlich)*.
- gather phrases together that serve particular **linguistic functions** (e.g. phrases for expressing an opinion: *meiner Meinung nach…; meines Erachtens…;* phrases for expressing statistics: *nur noch 10 Prozent aller (…) bestehen aus…; Die Zahl der (…) liegt bei…*
- categorise new topic vocabulary according to **word type**, e.g. for Chapter 1, *die Beziehungen*: **verbs** with examples of how to use them (*sich streiten, e.g. wir streiten uns; anvertrauen, e.g. ich traue ihr alles an; nerven, e.g. sie nervt mich*), **adjectives** (*kinderlos, geschieden, gleichgeschlechtlich*), **nouns** together with their gender and plural form (*das Verhältnis (-se), das Ehepaar (-e), die Eigenschaft (-en)*, **idiomatic phrases** (*den Ton angeben*).
- learn alternatives for very common words and phrases that crop up all the time, e.g. *es gibt: sich befinden/zur Verfügung stehen/vorliegen…; wichtig: bedeutend/einflussreich/nennenswert…;* and so on (N.B. monolingual dictionaries can be useful for this).
- become familiar with the general meaning of the various separable and inseparable prefixes that get attached to familiar verbs and give them new meanings, e.g. *aus, ein, um, ver, er, ent*.

9 Schöne Männer braucht das Land

Questions in English involve students in transferring meaning from German into unambiguous and grammatically accurate English. There is no need for students to write in complete sentences but they should ensure that they have given all the information needed to answer the question fully.

Suggested answers

1. He had typical preconceptions about male models: not particularly clever, vain and mostly gay.

2. Travelling: meets new people every day. It is exciting.

3. Good looks, but also that they get on well.

4. Difficult to combine relationships with his career. Because he is not often in Germany, his love life suffers.

5. Wants to study psychology, but to continue modelling in the holidays to earn some cash.

At this point you may wish to use the exercise for this section on **Extension activities** page 179.

Technologie

10 Handy… oder doch nicht?

Answers

1. Absatz 1.

2. Absatz 2.

3. Absatz 1.

4. Absatz 3.

 These questions seek to engage students in a more open-minded discussion of mobile phones and their relative advantages and disadvantages. As before, there are no right or wrong answers. It is important that all students try to participate, drawing on the material from the texts to support them as well as offering personal opinions.

1. Students should feel free to start with their own experiences: for what purposes do they use mobile phones and what would they do without their phone in those situations? They might like to consider how young people managed before the advent of mobile phones and, drawing all their ideas together, reach a conclusion on whether the changes are for the better or the worse.

2. A topic for ongoing debate. One might start with the current situation in one's own establishment before progressing to more general considerations of whether mobile phones should be banned in schools or not and why.

3. Students might need to investigate this point prior to any discussion. They could then evaluate any information they might find and reach a conclusion.

4. This question broadens the discussion to consider everyone, not just young people. How have mobile phones changed the way people interact with one another? The use of text messages has perhaps increased the frequency of communication but lessened the personal touch: do we talk as much?

5. All kinds of situations might be considered here: on the train, in restaurants, in the street, at airport terminals, etc. Students might consider the way people use the train as a mobile office and the implications of this practice for fellow travellers.

6. This is a summative question and invites students to look critically at their own use of the mobile phone.

11 Die virtuelle Welt

 Suggested answers

1. Increasingly popular – more than 4 million people worldwide.

2. However you want them to look.

3. Via the computer keyboard.

4. Virtual plots of land, cars, computer figures are all auctioned on ebay.

5. Real-life businesses, e.g. IBM, operate in this world, TV stations advertise programmes, there is a German-language newspaper, etc.

6. Meet players from different countries, discover what it is like to be a teenager in these countries, learn about customs.

7. To communicate and to find friends all over the world.

8. There are no hooligans, no drugs, no young people who are constantly swearing, no rude words.

B This provides an opportunity to explore ideas raised in the text. This discussion could be taken further to include all kinds of popular computer/video games and to consider the motivation for spending so much time playing: is it a wish to escape reality?

Can we learn from these games? All advantages and disadvantages could be explored.

12 „Chatter" im Internet

 Answers

1. Markus
2. Max
3. Max
4. Markus
5. Andreas
6. Nick
7. Toni

Study skills: How to revise grammar and understand verb tables

Alert students to useful short cuts:
- noun endings that go with certain genders, e.g. feminine: *die Freiheit, die Heiterkeit, die Freundschaft, die Aktivität, die Beziehung*; masculine: *der Polizist, der Frühling, der Tourismus*; neuter: *das Mädchen, das Kindlein, das Sortiment, das Mitbringsel*.
- the fact that gender is determined by the word that forms the last part of a compound noun, e.g. *das Einfamilienhaus*.
- noun types that take certain plural forms, e.g. nouns ending in *-chen* have no change, e.g. *die Mädchen*; most feminine nouns ending in *-ung, -schaft, -heit* or *-ion* add *-en*, e.g. *die Beziehungen, die Eigenschaften*; feminine nouns ending in *-in* add *-nen* e.g. *die Freundinnen*; nouns ending in *-nis* add *-se*, e.g. *die Erlebnisse*; most nouns ending in *-e* add *-n* in the plural: e.g. *die Familien, die Straßen, die Wochenenden*.

Answers

Sie haben begonnen; der Hund beißt; er bat; sie ist geblieben; ich beginne.

13 Fernsehen: Macht es schlechte Augen?

 Suggested answers

Fernsehen positiv
- Große Auswahl an Sendungen.
- Man kann viel lernen, was in der Schule nützlich sein könnte.
- Dank den Nachrichten weiß man, was in der Welt passiert.

Fernsehen negativ
- Die Augen werden müde und rot.
- Man bekommt Kopfschmerzen, Konzentrationsstörungen und Lernschwierigkeiten, wenn man zu viel fernsieht.
- Man hat keine Zeit zum Lesen.
- Man treibt nicht genug Sport und wird dick.
- Nach Horrorfilmen findet man es schwierig, einzuschlafen.

Exercises B and C on **Extension activities** page 179 could be used as extension material to support your teaching.

Alkohol, Drogen und Sex

14 Jugendschutzgesetz

 Students express their views on the regulations concerning alcohol, drugs and sex for young people in Germany. They should try to evaluate the information given and reach a decision as to whether the regulations are positive or negative from the points of view of both young people themselves and the rest of society. They should try to substantiate their viewpoint with examples.

B It might offer students more support to brainstorm ideas for this comparison as a speaking activity in class first. Students could then put the information in written format as an independent activity. They should be reminded of the need to use a variety of lexis and to attempt a wider range of structures, as detailed in the assessment criteria for AS writing on page 32 of the Edexcel specification.

15 „Einmal im Monat betrunken"

A Answers

1. Dominik
2. Interviewer
3. Dominik
4. Manuela
5. Dominik
6. Manuela
7. Interviewer

16 Kampf gegen Alkohol

It might be appropriate at this point to begin to introduce the assessment criteria for the AS speaking task, as outlined on pages 24–25 of the Edexcel specification. Students should be encouraged to use a range of vocabulary in their answers: they have worked their way through the themes of the chapter so far and will have met new lexis which they should try to incorporate into their responses. Point out one of the requirements in the response box: an ability to develop responses. This requirement should be linked with one in the understanding box: the ability to demonstrate understanding of the topic area; so the more relevant information and opinions they give, the greater their chance of scoring well.

A

1. Students express their reactions to the two strategies as detailed in the texts. They should explain and justify their reactions. The strategies are authentic.

2. They evaluate the relative effectiveness of these two strategies and give reasons why the strategies might – or might not – succeed. If time allows, they could engage in some small-scale research to find out whether the strategies have, in fact, had any success.

3. Students make suggestions on how to solve the problems of under-age and binge drinking among young people. They need to put forward reasons why their suggestions would work better than the strategies mentioned here.

B This offers a more formal writing task, akin to what students can expect to meet in section C of AS Unit 2. Some students might find it challenging to write 200–220 words at this early stage, so a reduced word count might produce a more positive outcome. It would be appropriate to explain that the content criteria are looking for evidence that all bullet points have been addressed with some development, and that the language criteria reward variety of both lexis and structure. Of course students might not be able to offer such a variety at this early stage.

Since this is the first task of this kind, students might find it more helpful to work through the bullet points as a group activity before each separately writing their own article. The bullet points draw together ideas raised in the reading text and those likely to be aired in the discussion.

17 Drogenkonsum in Deutschland

 Suggested answers

1. 50%

2. Im Alter von 14 oder 15 Jahren.

3. Schon marihuana- oder haschischsüchtig.

4. Sie wollte ihre eigentliche Situation vergessen.

5. Man kann sich nicht konzentrieren und nur wenig leisten. Man wird nicht so motiviert in der Schule.

 Students try to find similar information and statistics in relation to Austria, Switzerland and their own country and then make an evaluative comparison. They should put forward ideas to explain the findings and the result of the comparison. Students could be divided into three groups to spread the workload here and each group could investigate the situation in just one country.

They present the results of their findings to the rest of the group. If they have looked at the situation in just one country, this would then present the opportunity to draw the strands together and reach an overall conclusion.

Answers

* Sie gehen früher auf Partys, rauchen Zigaretten und trinken Alkohol.
  Sehr leicht, Haschisch statt Zigaretten zu rauchen.
* Man wird müde.
  Man kann weniger leisten.
  Man interessiert sich nicht mehr für die üblichen Sachen.
  Man hat Probleme im Straßenverkehr.
  Man wird süchtig.
* Er ist sehr müde.
  Er will nichts machen.
  Er trifft sich nur noch mit anderen Drogensüchtigen.
* Es gibt Drogenberatungsstellen in den Großstädten.
* Kaputte Lungen.
  Lungenkrebs.
* Leber wird zerstört.
  Man wird dumm.
* Man bekommt Probleme mit der Polizei und man wird bestraft.

18 Weihnachten hinter Gittern?

 Accuracy of written German is not assessed in reading tasks: students must be able to demonstrate that they have understood the text and that they can communicate clearly what they have understood in response to the questions.

Suggested answers

1. Er sitzt in einem Gefängnis in der Türkei.

2. Er soll ein Mädchen (Rachael) aus England sexuell missbraucht haben.

3. Das Mädchen ist erst 15 Jahre alt und ist also erst Jugendliche.

4. Auf Urlaub, nach der Disko.

5. Rachael hat gesagt, sie wäre 18 Jahre alt und wollte mit Dennis schlafen.

6. Nein, sie meint, Dennis habe gewusst, dass sie erst 15 ist. Er habe sie vergewaltigt.

1. This fictional article is based on an actual story and students should be made aware that the age of consent in Turkey is 18. Students should give their immediate reactions to the story: all opinions are valid as long as they can be justified.

2. A salutary tale or a gross exaggeration? It is important that students are able to acknowledge opposing viewpoints while defending their own stance in a convincing manner.

3. Students could look at the kind of strategies used in other countries to deal with these kind of situations or indeed to prevent them. They should evaluate whether such strategies are more or less effective than the prison sentence. Based on their evidence, they could then make suggestions for measures that they consider might be more suitable.

Extension activities page 180 provides further speaking practice on this topic.

The **Grammar worksheet** for this chapter provides practice in the use of various verb forms: weak, strong and modal; separable, inseparable and reflexive. There is also an exercise on word order.

Assessment tasks

1 Games Convention – die neuesten Spiele-Trends

 Answers

1. *Warum sind so viele Menschen nach Leipzig gefahren?*
   Um die europäische Messe für Computer- und Videospiele zu besuchen.

2. *Was konnte diese Messe Eltern anbieten?*
   Eine Einführung in die Welt der Computer und der Videospiele.

3. *Warum sind Jugendliche Ihrer Meinung nach von Spielkonsolen so begeistert?*
   Students should be encouraged to draw on what they have learnt in this chapter to offer reasons why young people enjoy playing on games consoles, etc. Plenty of material has been covered throughout the chapter to enable students to give a detailed and spontaneous response.

4. *Was sind Ihrer Meinung nach die Gefahren von Computer- und Videospielen?*
   Students should present their opinions here based on information they have learnt and offer reasons and examples to substantiate these opinions.

2 Hörtext: Traumfrau

 Answers

b, c, e, g

3 Leserbriefe: Brief der Woche

 Answers

a He smokes cannabis every day, often several times a day.

b In the evening and before going to bed.

c He can really relax/feels very tired in the morning/is late for school/achieves poorly in school.

d He has tried on several occasions to limit how much cannabis he smokes.

e To give up cannabis completely so that he can concentrate more on school.

4 Mode: „in" und „out"

Students do not need to deal with the four bullet points in equal measure, but must ensure they have covered each one and developed each one in some way. This is a report for a newspaper and students should be reminded to use the appropriate register.

Lebensstile: Gesundheit und Fitness

Topic areas for Einheit 2

Edexcel topic	Topics/Grammar/ Study skills covered in the chapter	Coverage in *Edexcel German for A Level Student's Book*
Lifestyle: health and fitness (Lebensstile: Gesundheit und Fitness)	Sport and exercise (Sport und Fitness)	1 Sportvereine und Fitness in Deutschland p. 22 2 Eine sportliche Familie p. 23 ★ „Warum Sport?" p.24 3 Wie findest du Sport? p. 24 4 Trendsport p. 25 5 Frauenfußball – ja oder nein? p. 27 6 Mit Sport aus der Krise p. 27
	Food and diet (Thema Ernährung)	7 Ist man, was man isst? p. 27 8 Gesunde Ernährung p. 28 9 Gesünder essen und trinken p. 29 ★ Was ist im Essen drin? p.31 ★ Ein Interview p.31
	Health issues (Fragen der Gesundheit)	10 Zur Einführung p. 31 11 Eine Frage der Schönheit p. 32 12 Wir streiten über das Rauchen p. 34 13 Erfahrungen mit Ecstasy p. 36 ★ Krankenversicherung p.37
	Grammar	Perfect tense of weak and strong verbs; *haben* or *sein* p. 23 Perfect tense of separable, inseparable and reflexive verbs p. 25 Definite and indefinite article; including *kein* and possessive adjectives p. 30 Cases: nominative, accusative and dative p. 33 Genitive case p. 35
	Study skills	Tips for listening tasks (1); Before you start and first listen-through p. 31 Tips for listening tasks (2); Second listen-through and finishing the tasks p. 37

★ Material found on Dynamic Learning Network Edition.

General notes for this topic

Before students tackle the chapter, revise GCSE vocabulary on interests and hobbies, healthy living and leisure activities. The students should state weekend and evening activities and exchange information about hobbies and interests.

- Chapter 2 focuses on giving opinions and expressing preferences in sport, leisure activities and food and drink, as well as exchanging information about

healthy and unhealthy eating habits and lifestyles.
- Explain the following terms: *Sportverein, Leistungssport, Ernährung, Essgewohnheiten, Hautkrebs, Rauchverbot*.
- The perfect tense is revised comprehensively. The texts and tasks in the chapter reinforce the grammar to ensure that students gain a sound command of the fundamentals before progressing to more ambitious language.

Einheit 2 Lebensstile: Gesundheit und Fitness **13**

Further reading

Wie man in Deutschland Sport treibt (Die Zeit)
News article about sports in Germany
www.zeit.de/2003/52/Deutschland_2fSport_52

Leistungssport – ja oder nein!
News article about the pros and cons of competitive sport
www.meduniqa.at

Webseite der Stiftung Warentest
Many short but stimulating articles about nutrition
www.test.de/themen/essen-trinken/special/-Gesunde-Ernaehrung

Was ist überhaupt Gesundheit
A good overview of general health issues
www.wikipedia.org/wiki/Gesundheit

Gefahren des Rauchens
An excellent website about the dangers of smoking
www.thoraxklinik-heidelberg.de/ress/Raucher%20klein.pdf

Zum Einstieg

1. *Warum treiben so viele Menschen Sport?*
   Students should offer ideas at their own level before sample answers are introduced. These can be further explored by giving examples for each point:
   - Man lebt gesünder, weil ein trainierter Körper seltener krank wird als ein untrainierter.
   - Man lebt gesünder, viele Krankheiten werden vermieden.
   - Man ist an der frischen Luft.
   - Man ist leistungsfähiger, hat mehr Kraft und Ausdauer.
   - Man kann sich beim Sport vom beruflichen Stress erholen.
   - Man lernt Disziplin und bekommt Selbstvertrauen.
   - Man lernt seine Grenzen kennen und sich Ziele zu setzen.
   - Man kann Erfolg haben.

2. *Inwieweit unterscheidet sich gesunde von ungesunder Ernährung? Inwieweit sind bestimmte Nahrungsmittel gesund oder ungesund?*
   It would be ideal to start with a list of healthy/unhealthy food items before moving on to the merits of healthy and risks of unhealthy food:
   - Gesunde Ernährung bedeutet, sich ausgewogen zu ernähren.
   - Versuchen Sie, regelmäßig frisches Obst und Gemüse zu essen.
   - Bereiten Sie die Speisen frisch zu.
   - Vermeiden Sie, Fertiggerichte.

   - Essen Sie an 2 oder 3 Tagen kein Fleisch.
   - Senken Sie die Belastung durch Lebensmittelzusatzstoffe.
   - Versuchen Sie, wenig Zucker zu sich zu nehmen.
   - Die Zufuhr von Kalorien über die Nahrung sollte nicht höher sein als der Kalorienverbrauch des Körpers.

3. *Welche Unterschiede bei den Ess- und Trinkgewohnheiten in Ihrem Land gibt es heutzutage im Vergleich zu früher? Sind die Essgewohnheiten in Ländern wie Deutschland, Frankreich, Spanien und Japan anders?*
   A good starting point here might be to ask the students to interview their parents/grandparents on how food choice and eating habits have changed over the last 30 to 50 years:
   - Früher waren Fleisch und Fisch Sonntagsessen.
   - Heute essen viele Menschen mehrmals täglich Fleisch.
   - Früher bestimmte die Jahreszeit den Speiseplan, heute kann man alles das ganze Jahr über kaufen.
   - Früher war das Kochen ein mühsamer Prozess.
   - Heute ist das Kochen durch Kühlschrank, Herd, Mixer, Mikrowelle… viel einfacher geworden.
   - Früher war das Angebot auf Märkten und in Geschäften klein.
   - Heute gibt es eine Überproduktion und ein Überangebot.
   - Menschen in Frankreich und Japan leben am längsten, insbesondere weil sie sich gesünder ernähren: viel Fisch, wenig Fleisch, hochwertige Öle, wenig Süßigkeiten.

4. and 5. *Wie wichtig ist heutzutage Schönheit, zum Beispiel in Schule und Beruf? Stimmt die Aussage: „Ein urlaubsbrauner Mensch ist schöner als ein blasser"?*
   This topic will and should provoke controversy. Each point will invite comments and encourage discussion:
   - Schönheit spielt in den Medien eine große Rolle.
   - Es gibt eine regelrechte Schönheitsindustrie (Models, Sänger…).
   - Zu dünne Models werden stark kritisiert.
   - Es wird massiv für Schönheitsprodukte geworben.
   - Es wird ein bestimmtes Schönheitsideal vermittelt.
   - Viele Menschen sind mit ihrem Aussehen unzufrieden.
   - Die Zahl der Schönheitsoperationen hat stark zugenommen.
   - Die Zahl der Sonnen- und Fitness-Studios ist stark gestiegen.
   - Es gibt immer mehr modebewusste Jugendliche.
   - Mädchen schminken sich immer früher.
   - Manche Lehrer finden, dass sich Schüler zu freizügig kleiden.

6. *Was spricht für, was spricht gegen das Rauchen?*
The discussion could start off on a more factual
level – facts about the smoking ban in Germany –
and then move into the more evaluative, with
positive (*Befürworter*) and negative (*Gegner*) points
being noted:

* Jetzt gibt es auch Rauchverbote in Deutschland.
* Das Rauchverbot ist sehr umstritten.
* Sonderregelungen in Bundesländern.
* Gegner der Rauchverbote kritisieren staatliche
Regelungen.
* Gegner fordern Wahlrecht statt Verbot.
* Gegner weisen auf ungesunde Dinge wie
Alkohol und Fast Food hin.
* Gastwirte befürchten weniger Besucher.
* Befürworter loben die Verbote: endlich rauch-
freie Kneipen und Restaurants.
* Risiken des „passiven Rauchens" jetzt deutlich
niedriger.

Follow-up questions

* Kann Sport auch Nachteile haben?
* Inwieweit ist ein gesundes Leben ohne Sport
möglich?
* Sollte der Staat, ähnlich wie beim Rauchen,
bestimmte ungesunde Lebensmittel verbieten, z.B.
Süßigkeiten, Fast Food?
* Ist die Kennzeichnung auf der Verpackung (grün =
gesund, rot = ungesund) ein Weg in die richtige
Richtung?
* Wie sieht ein gesundes Frühstück/Mittagessen/
Abendessen aus?
* Wie finden Sie sehr dünne Models?
* Was für einen Effekt wird das Rauchverbot haben?

Sport und Fitness

1 Sportvereine und Fitness in Deutschland

A A speaking exercise to check students'
understanding of a text. Students complete the answers
in their own words.

Suggested answers

1. Der Lieblingssport der Deutschen ist Fußball. Sehr
beliebt ist auch Turnen. Viele Deutsche gehen
regelmäßig ins Fitness-Studio.

2. Das Interesse an Trendsportarten wie Baseball, Ju-
Jutsu und Inlineskating ist gestiegen, das Interesse
an Tennis, Squash und Tischtennis ist gefallen.

3. Student's own answer.

B It is good practice for students to get into
the habit of researching information on the Internet
and drawing comparisons between the German figures
and those of their own country.

2 Eine sportliche Familie

A A writing task that encourages students
to use ideas derived from the four passages, in response
to the bullet points.

Sample answer

Mit 12 Jahren war ich in einem Leichtathletikverein
aktiv. Mein Trainer war zwar alt und ziemlich streng,
aber sehr gut. Ich habe viel bei ihm gelernt. Ich war
ein guter Läufer. Später habe ich dann mit meinen
Freunden in einer Fußballmannschaft gespielt. Ich
spiele heute noch, samstags für die Schule und
sonntags in einer Liga. Meine Trainer sind nicht so gut.
Sie schreien viel zu oft und ihre Taktik ist auch nicht
sehr erfolgreich. Letztes Jahr haben wir mit der
Schulmannschaft im Finale gestanden, aber leider
verloren. Trotzdem war es toll, weil die ganze Schule
schulfrei hatte und uns angefeuert hat.

3 Wie findest du Sport?

A Students listen to the three teenage girls
and complete the chart below.

	Sportart	Wie oft?	Was positiv?	Was negativ?
Franzi	Handball	Zweimal pro Woche, vor wichtigen Spielen 3/Woche	Ausgleich zur Schule; gemeinsam mit Freundinnen	Wenn Mannschaft verliert
Chris	Golf	Im Sommer: so oft wie möglich Im Winter: einmal pro Woche	Sport an der frischen Luft; Viel Bewegung	Schwester erfolgreicher als sie
Pauline	Tisch-tennis	Jeden Tag	Man kann gewinnen, besonders gern gegen Jungen	Muss auf die Ernährung achten

4 Trendsport

After reading the text, students do a gap-fill exercise on a summary of the text.

Answers

1. Unfall
2. ganze
3. Schmerzen
4. Kurs
5. mehr
6. Mannschaft
7. gewonnen
8. gestiegen
9. interessiert
10. ausprobieren

Students are invited to offer thoughts and views on the statements presented. They should be creative in this activity. What matters is the way they develop their ideas on the subject, rather than whether their ideas are right or wrong.

Extension activities page 181 provides further reading, speaking and writing practice on this topic.

5 Frauenfußball – ja oder nein?

Students list the pros and cons of girls playing football and try to imagine the feeling and thoughts of parents on this matter.

Suggested answers

Pro
- Immer mehr Mädchen spielen Fußball (Trendsportart).
- Die deutschen Frauen sind Vorbilder, wurden 2007 Weltmeister.
- Fußball ist ein Sport, bei dem man fit wird und Ausdauer bekommt.
- Fußball ist eine Teamsportart, man lernt den Umgang mit anderen Menschen.
- Fußball ist ein Sport mit strengen Regeln und dadurch eine gute Vorbereitung auf das Leben.

Contra
- Fußball ist kein fairer Sport; viele Fußballer zeigen auf dem Platz und im täglichen Leben kein vorbildliches Verhalten, z.B. Fouls oder Alkoholprobleme.

- Fußball ist ein riskanter Sport, viele Spieler verletzen sich.
- Es gibt viele Sportarten, die seit vielen Jahren von Frauen betrieben werden und besser zu Frauen passen, z.B. Netzball, Turnen, Leichtathletik, Hockey.

6 Mit Sport aus der Krise

Students answer questions relating to the recording.

Answers

1. Sie war dick, hatte Übergewicht. Sie hatte Probleme, sich in der Schule zu konzentrieren. Sie war nicht fit, fühlte sich oft schlapp.
2. Der Arzt hat ihr empfohlen, Sport zu treiben.
3. Vor dem Inlineskaten hat sie Volleyball und Leichtathletik ausprobiert.
4. Ihr Vater musste mit ihr in ein Sportgeschäft gehen. Dort haben sie einen Helm und Knie- und Ellenbogenschützer gekauft.
5. Sie fühlt sich viel besser. Sie hat neue Freunde gefunden und ihre Leistungen in der Schule sind besser geworden.

Thema Ernährung

7 Ist man, was man isst?

Students match up the four statements with the three paragraphs.

Answers

1. Text 2   2. Text 1
3. Text 1   4. Text 3

An oral activity in which students give their opinions and try to use some of the language met in the chapter. Again, the questions seek to provoke different opinions.

Students answer questions relating to the recording in German.

Suggested answers

1. Bei Hanja zu Hause wurden Hasen und Hühner geschlachtet. Hanja hat mit den Hasen und Hühnern gespielt und fand deshalb das Schlachten

grausam. Fleisch schmeckt ihr auch nicht besonders gut.

2. Sie isst kein Fleisch und keinen Fisch. Sie isst Eier, Milchprodukte und besonders gern Honig.

3. Ihr Großvater und ihre beste Freundin sind mit der Tatsache, dass Hanja Vegetarierin ist, nicht einverstanden; alle anderen Familienmitglieder haben kein Problem damit.

4. Es nervt sie, dass ihr Großvater ihr Essverhalten nicht akzeptieren kann. Ihre beste Freundin kritisiert ihr Essverhalten und möchte manchmal, dass sie einen Burger isst.

5. Es stört sie nicht, wenn andere Leute Fleisch oder Fisch essen.

8 Gesunde Ernährung

A A comprehension exercise in which students answer a number of questions on the text.

Answers

1. Die Ernährungspyramide hat sechs Stufen.

2. Auf jeder Stufe gibt es bestimmte Ernährungsgruppen, z.B. Gemüse und Obst.

3. Die Größe der Stufe zeigt mir, wie viel ich essen soll. Ist die Stufe klein, soll ich wenig davon essen, ist die Stufe groß, soll ich viel davon essen.

4. Von einer ausgewogenen Ernährung spricht man, wenn man die Stufen mengenmäßig abdeckt, das heißt, insbesondere viel von den großen, unteren Stufen isst und wenig von den kleinen, oberen Stufen zu sich nimmt.

B Students draw their own personal pyramid based on what they ate and drink the previous weekend.

C After drawing a personal pyramid, students write a piece based on the model in the text, describing what they eat and drink and evaluating their results. They then have to give reasons for their good/bad eating habits before focusing on ways to improve them.

Suggested answers

- Mein Ergebnis ist sehr schlecht. Getreideprodukte nehme ich so gut wie nie zu mir.
  Ich esse zu wenig Obst und Gemüse.

Ich esse zu viele Süßigkeiten und Fast Food. Süßigkeiten schmecken besser als Obst. Der Aufwand beim Kochen von Gemüse oder Kartoffeln ist höher als bei der Zubereitung einer Pizza im Backofen. Noch bequemer ist es, fertig zubereitetes Essen beim Chinesen oder Fischrestaurant zu holen. Wenn ich mit meinen Eltern oder Freunden am Wochenende unterwegs bin, holen wir fast immer das Essen bei einem Fast-Food-Restaurant. Das geht schnell, man weiß, was man bekommt, es schmeckt immer gleich gut und meine Mutter braucht nicht zu kochen.

- Die Ernährungspyramide ist sehr gut, da man sehr einfach sieht, in welchen Bereichen man sich gesund und nicht gesund ernährt. Ich selbst habe keine Gewichtsprobleme, aber ich weiß, woher mein Vater seinen dicken Bauch hat.
  Es fehlen Tipps, wie man gesundes Essen schnell zubereiten kann und es trotzdem schmeckt, z.B. Rezepte.
  Ich denke, es macht auch einen Unterschied, ob man viel oder wenig Sport treibt.

- Ich muss versuchen, schrittweise extrem ungesundes Essen und Trinken durch gesündere Produkte zu ersetzen.

D There are many avenues which could be explored here: what kind of food students eat at home, how parents/grandparents feel about it, what type of food students themselves consider healthy/unhealthy. Jamie Oliver, well known in Germany, is an ideal starting point to discuss the successes and failures of healthy eating campaigns.

9 Gesünder essen und trinken

A A comprehension exercise in which students answer a number of questions in the text.

Suggested answers

1. Die Schule muss den Kindern gesunde Ernährung beibringen, genauso wie Lesen, Schreiben und Rechnen.

2. Jule achtet auf sein Gewicht, treibt regelmäßig Sport und kann deshalb hin und wieder auch ungesundes Essen zu sich nehmen.

3. Im Fernsehen, im Kino und an vielen Plakatwänden wird viel Werbung für Burgerrestaurants, Süßigkeiten oder süße Getränke gemacht. Die Werbung ist cool, gut gemacht und führt dazu, dass viele Menschen die Produkte konsumieren.

4. Die Eltern spielen eine sehr wichtige Rolle. Sie verdienen das Geld und entscheiden, was im Supermarkt gekauft wird und zu Hause auf den Tisch kommt. Kleine Kinder kopieren das Essverhalten ihrer Eltern.

B 🔊 Students listen to the recording and identify the three correct statements. They then answer questions on the recording.

Answers

Richtig: a, d, f

Suggested answers

1. Zu viele Menschen bewegen sich bei der Arbeit zu wenig, da sie die meiste Zeit sitzen müssen. Zusätzlich verbringen viele ihre Freizeit am liebsten auf dem Sofa.

2. Weniger als 20% der Leute treiben regelmäßig Sport, mehr als 20% ernähren sich gesund.

3. Viele Menschen treiben im Winter keinen Sport, weil es zu nass ist, zu kalt ist und es morgens spät und abends früh dunkel wird.

4. Viele haben ein schlechtes Gewissen, weil sie sich in ihrer Freizeit wenig bewegen und lieber auf dem Sofa liegen und dabei noch ungesunde Dinge wie Chips oder Süßigkeiten konsumieren.

Extension activities page 182 provides further practice (reading, speaking and writing) on this topic.

Study skills: Tips for listening tasks (1) and (2)

Familiarise students with the types of listening exercise that come up in the exam: multiple-choice questions; choosing sentences that best correspond to the content of the extract; completing sentences with words chosen from a box; answering questions in German.

Give students web addresses of sites that offer good podcasts, webcasts, live streaming etc.

The *Deutsche Welle* webpage has news in German read especially slowly for German learners. www.dw-world.de/dw/0,1595,2146,00.html

The ZDF news programme for young people, *logo!* includes video webcasts and podcasts on current affairs. www.tivi.de/fernsehen/logo/rubrik/14803/index.html

WDR has a webchannel for young people. www.wdr5.de/lilipuz/programm/progvorschau/vorsch au.phtml?tag=kiraka&grafik=tag_li .

The programme *Radiomikroscop* has lots of audio extracts from programmes to listen to. www.wdr5.de/lilipuz/wissenschaft/radiomikro/

There is a list of WDR5 podcasts here: www.wdr5.de/sendungen/sonderseiten/885805.phtml

It can be useful to give students the transcript to look at right at the end when they have done all the listening exercises. They can:

- listen to the extract while reading the transcript at the same time.

- read aloud from the transcript (perhaps even recording themselves) and then compare with the recording in order to improve pronunciation and intonation.

Try giving students the same extract to listen to weeks or even months later – they may be surprised how much more they understand.

Fragen der Gesundheit

10 Zur Einführung

A 📖 Students read the text and answer the questions in their own words.

Suggested answers

1. Früher war Gesundheit das Gegenteil von Krankheit. Heute gibt es für die Menschen immer wieder Situationen, bei denen sie zwischen gesunden und weniger gesunden Dingen wählen müssen.

2. Für viele Menschen ist Attraktivität und Schönheit sehr wichtig. Braune Haut zählt immer noch zu den Schönheitskriterien. Im Sonnenstudio kann man sich die Bräune holen, die man normalerweise nur im Urlaub oder beim Sonnenbaden bekommt.

3. Verschiedene Studien haben gezeigt, dass Rotwein eine positive Wirkung auf das Herz hat. In Ländern wie Frankreich, wo überdurchschnittlich viel Rotwein getrunken wird, liegt die Lebenserwartung extrem hoch.

4. Komasaufen beschreibt das Trinkverhalten einiger Jugendlicher, die in kurzer Zeit eine große Menge alkoholischer Getränke konsumieren – oft Hochprozentiges – und dann gelegentlich in einen komaähnlichen Zustand fallen; häufiger sind sie einfach nur sehr stark betrunken und machen dann viele Dummheiten.

5. Es gibt verschiedene Gründe, warum Jugendliche mit Drogen experimentieren: Es ist eine einfache

Flucht aus der Realität, man kann seine Sorgen und Probleme vergessen. Viele fühlen sich durch Drogen erwachsener, cooler, lieben das Hochgefühl. Für einige sind Drogen so reizvoll, weil sie verboten sind. Ein paar Jugendliche nehmen Drogen, weil ihre Freunde es auch machen.

B A vocabulary exercise to find key words in the text.

Answers

1. Gesundheit
2. Grippe
3. Sonnenstudio
4. Zigarette
5. Alkohol

C A good question to remind students of the importance of weighing up both sides of a balanced argument (e.g. tanned looks vs harmful radiation). Students should be encouraged to talk about their own experiences or about people close to them.

11 Eine Frage der Schönheit

A **Suggested answers**

1. Der moderne Mensch möchte schön, reich und gesund sein.
2. Bei einem Sonnenbrand werden tiefer gelegene Hautschichten geschädigt. In manchen Fällen kann diese Schädigung zu Hautkrebs führen.
3. Die richtige Kleidung schützt die Haut; wer sich ständig im Schatten aufhält, braucht keine Angst vor einem Sonnenbrand zu haben. Wer sich häufig in der Sonne aufhält, sollte an eine Sonnenbrille denken und sich gut mit Sonnencreme einreiben. Nur wasserfeste Sonnencreme schützt im Wasser und nach dem Baden gegen einen Sonnenbrand.
4. Der schwarze Hautkrebs ist besonders gefährlich, denn viele Leute sterben daran.
5. Viele Experten befürchten, dass die Solarien in den Sonnenstudios die Haut schneller altern lassen und die Augen schädigen können. Insbesondere die häufige Benutzung veralteter Geräte kann zu Hautkrebs führen.
6. Menschen mit dunklem Hauttyp können öfter und länger auf der Sonnenbank liegen als Menschen mit hellem Hauttyp. Manche Krankenkassen

empfehlen, nicht zu häufig ins Sonnenstudio zu gehen, maximal 50 Mal pro Jahr. Das Tragen einer speziellen Brille kann vor Schädigungen der Augen schützen.

B It might offer students more support to mind-map ideas as a speaking activity in class first. Students could then put the information in written format as an independent activity.

Extension activities page 183 provides further practice (reading, speaking and writing) on this topic.

12 Wir streiten über das Rauchen

A A writing task in which students have to identify and assess arguments on the issue of smoking.

Sample answers

(1–5 von sehr überzeugend bis nicht überzeugend).

- *Der Staat bekommt durch die Tabaksteuer Millionen von Euro. (1)*
  Das Argument ist sehr überzeugend, weil der Staat auf der einen Seite gegen das Rauchen ist, auf der anderen Seite aber gut an den Rauchern verdient.

- *Das Rauchen ist schlecht für die Ausdauer. (2)*
  Das Argument ist überzeugend, da es wissenschaftlich bewiesen ist, dass Raucher schlechtere körperliche Werte haben als Nichtraucher.

- *Viele Dinge sind schlecht für die Gesundheit, z.B. Süßigkeiten. (3)*
  Das Argument ist in Ordnung. Es stimmt, dass auch andere Dinge dem Körper schaden können, aber nicht verboten sind oder besteuert werden. Trotzdem ist das kein Argument fürs Rauchen.

- *Rauchen macht schlank. (4)*
  Das Argument ist wenig überzeugend. Man kann auch ohne Rauchen schlank sein. Auch ein schlanker Raucher kann frühzeitig an Lungenkrebs erkranken.

- *Ich könnte sofort aufhören. (5)*
  Das Argument ist nicht überzeugend. Jeder weiß, dass das Nikotin abhängig macht. Viele Menschen möchten aufhören, aber schaffen es nicht.

B Students should be encouraged to put forward their own ideas and points of view, paying special attention to supporting their opinions with concrete facts and figures.

13 Erfahrungen mit Ecstasy

A A reading exercise in which students have to match up the titles with the paragraphs.

Der Zusammenbruch 5
Viele Fragen – keine Antworten 6
Die Recherche 2
Die Entdeckung 1
Die Schule schwänzen 3
Typische Symptome 4

B Answers

1. Sie hatte Angst um ihre Tochter. Sie hat entdeckt, dass ihre Tochter Ecstasy nimmt, wusste aber nicht, was sie dagegen machen soll.

2. Ecstasy ist eine Partydroge, die eine halluzinogene und stimulierende Wirkung hat. Man hat gegenüber wildfremden Menschen Zusammengehörigkeitsgefühle.

3. Nadine hat am Sonntagmorgen noch unter der Wirkung von Ecstasy gestanden, war deshalb euphorisch. Am Montag hat dann die Wirkung der Droge nachgelassen. Dann sind bei ihr die klassischen Symptome wie Kopfschmerzen und schlechte Laune aufgetreten.

4. Der Schwiegermutter sind die unnatürlich weiten Pupillen aufgefallen.

5. Beim Einkaufen hat Nadine eine Angstattacke bekommen, auf der Tanzfläche ist sie zusammengebrochen.

6. Nadines Mutter macht sich Vorwürfe. Sie glaubt, dass sie bei der Erziehung Fehler gemacht hat.

C An imaginative and challenging piece of writing to encourage reflection and understanding in which the student puts him or herself in the place of a caring parent. Issues such as expectations of parents versus expectations of children and the question of effective punishment could be explored too.

The **Grammar worksheet** for this chapter provides practice of the perfect tense (including separable and inseparable verbs) and the four cases.

Assessment tasks

1. Warum gibt es gentechnisch veränderte Lebensmittel?

 Suggested answers

1. *Warum mögen Bauern gentechnisch verändertes Obst?*
   Das Obst ist niemals klein und verschrumpelt, sondern immer knackig und groß.

2. *Wieso spritzen die Bauern gentechnisch veränderte Pflanzen nicht?*
   Wissenschaftler haben die Pflanzen so verändert, dass sie gegen Insekten usw. resistent sind.

3. *Essen Sie persönlich lieber gentechnisch veränderte oder Bio-Nahrung?*
   An invitation to compare and contrast scientifically modified foods and natural products, and to reach a conclusion, based on examples.

4. *Was sind die großen Vorteile von gentechnisch veränderter Nahrung?*
   An opportunity for students to weigh up the pros and cons of GM foods, with exemplification.

2. Hörtext: Essgewohnheiten

Answers

1. a **2.** a **3.** c **4.** a **5.** b

3. Skischule Schneeball

 This task requires students to write a formal letter of complaint and they should be mindful of the register.

4. Was heißt hier Ernährung…?

See table below for answers.

	Johanna	Felix	David	Lena
a Ich nehme mir gern viel Zeit beim Essen.			✗	
b Dank meiner Diät hoffe ich, seltener krank zu werden.	✗			
c Ich esse nur natürliche Produkte.				✗
d Es ist schon in Ordnung, wenn ich manchmal eine Currywurst mit Pommes esse.		✗		
e Noch dazu esse ich Käse, Joghurt und Honig.	✗			

Unsere Welt: Reisen und Tourismus

Topic areas for Einheit 3

Edexcel topic	Topics/Grammar/ Study skills covered in the chapter	Coverage in *Edexcel German for A Level Student's Book*
The world around us: travel and tourism (Unsere Welt: Reisen und Tourismus)	Travel (Reisen)	1 Urlaubstyp p. 42 2 Gute Reise! Oder vielleicht eben nicht… p. 43 3 Zukunftstourismus p. 45
	Tourist information (Touristeninformation)	4 Drei deutschsprachige Urlaubsziele p. 48 5 Ich möchte mich beschweren! p. 49 6 Tipps und Informationen für faire Ferien p. 51
	Transport (Verkehr)	7 Ohne Stress vorbei am Stau! p. 53 8 Wie ökologisch ist die Bahn? p. 54 9 „Wenn wir fliegen, dann *atmosfair*" p. 55
	Grammar	The future p. 44 Prepositions, including fixed case and dual case prepositions p. 47 Adjectives and adjective endings, including all three groups p. 49
	Study skills	Developing good reading skills (1) p. 50 Developing good reading skills (2) p. 57

General notes for this topic

- Briefly revise GSCE vocabulary for different types of holiday accommodation and modes of transport. How many different types can students list? Students could also revise transactional language related to holidays and tourist information.

- Recap German names of countries and the use of *nach* and *in* (*ich bin nach Österreich gefahren; ich habe in Frankreich Urlaub gemacht*). Remind students that some countries are feminine (e.g. *die Schweiz, die Türkei*), that these use *in* rather than *nach*, and are preceded by the definite article (e.g. *ich bin in* **die** *Schweiz gefahren; ich war in* **der** *Türkei*).

- Students could use the German–English section of a large dictionary to find compound nouns **starting** with *Urlaubs-, Reise-, Ferien-, Touristen-*, etc. They could then use the English–German section to find other words or phrases related to 'holiday', 'travel' or 'tourist/tourism', including compound nouns **ending** with *-urlaub, -reise, -ferien*. Make sure students can confidently use phrases for going on or being on holiday, e.g. *Urlaub/Ferien machen; in/im/auf Urlaub sein; in Urlaub fahren*.

- Ask students to guess, then discuss the meaning of the following terms: *Massentourismus; sanfter Tourismus; Ökotourismus; Weltraumtourismus; Zukunftstourismus*. What types of tourism are currently in fashion?

Further reading

Articles on all aspects of travel and tourism: type relevant key word into search box www.focusonline.de/reisen

Website giving people's worst holiday experiences www.reisepanne.de

Website with fun German quizzes on every topic including holidays
www.testedich.de

Information about every possible type of holiday in all regions of Germany
www.kurznahweg.de

Swiss tourist information
www.myswitzerland.com/de

Information on all aspects of sustainable travel
www.fairunterwegs.org

Munich's official website giving information about transport issues
www.muenchen.de

Further information about rickshaws in Munich
www.riksha-mobil.de

More information about how to offset carbon emissions from flying
www.atmosfair.de

Transport section of the German Ministry for Transport, Construction and Urban Development website (*Bundesministerium für Verkehr, Bau und Stadtentwicklung*)
http://www.bmvbs.de/-,1405/Verkehr.htm

Zum Einstieg

Examples of responses you might expect or elicit from students:

1. *Beschreiben Sie Ihren idealen Urlaub!*
   - Mein idealer Urlaub ist/wäre… (ein Skiurlaub in den Alpen/ein Badeurlaub/Sonne, Sand und Meer/eine Rundtour durch Europa/eine Fahrradtour durch England/drei Wochen in einem tropischen Paradies).
   - Am liebsten liege ich in der Sonne/treibe ich viel Sport/fahre ich ins Ausland/besuche ich große Städte.
   - In meinem idealen Urlaub würde ich nichts machen/etwas Neues erfahren.

2. *Kennen Sie schon einige Urlaubsregionen im deutschsprachigen Raum? Was für Landschaften sind das und was kann man dort alles machen?*
   - Ich kenne…/Ich war schon in…/Letztes Jahr habe ich… in… besucht.
   - Dort gibt es… (viele Berge/Hügel/Seen/ Wälder/schöne Strände/hohe Klippen/ schöne alte Häuser.
     Dort ist es… (sehr flach/hügelig/trocken/schön/ beeindruckend/ruhig/geschäftig) mit vielen…

(Fischerdörfern/schönen historischen Gebäuden/ Einkaufsmöglichkeiten).
   - Man kann… (Ski fahren/einkaufen gehen/ wandern/segeln/schwimmen/am Strand liegen/die Stadt besichtigen).

3. *Wo bekommt man am besten Informationen über Urlaubsregionen, Unterkünfte und Reisemöglichkeiten? Kann man diesen Informationen immer vertrauen?*
   - Informationen kann man im Reisebüro/im Reiseprospekt/im Internet/aus Reisebüchern/ im Touristen-Informationsbüro/im Fremden verkehrsamt/von einem Reise leiter/von Freunden und Bekannten bekommen/finden.
   - Man kann diesen Informationen nicht immer vertrauen, z.B. wenn kommerzielle Interessen eine Rolle spielen/wenn man versucht, Ihnen etwas zu verkaufen. Informationen im Internet können manchmal nicht mehr auf dem neuesten Stand sein.

4. *Was ist für Sie die ideale Unterkunft? Warum?*
   - *Meine ideale Unterkunft ist/wäre… (ein Zelt/ein Luxushotel/eine Villa mit Pool).*
   - *Ich wohne am liebsten… (im Ferienhaus/im Wohnwagen…, weil… man naturnah wohnen kann/man sich richtig entspannen und erholen kann/man mehr Freiheit hat).*

5. *Wie reisen Sie am liebsten zu Ihrem Urlaubsziel? Warum?*
   - Am liebsten fliege ich/Am liebsten fahre ich mit dem Auto/mit der Bahn/mit dem Schiff/mit der Fähre, weil das sehr… (flexibel/bequem/schnell/ billig/umweltfreundlich) ist.

- Use of *wäre* to mean 'would be' in the phrase *Mein idealer Urlaub wäre…* (no need for explanation of the subjunctive – just use it as a piece of vocabulary here).

- Use of *ich würde* + infinitive to mean 'I would…' (again, no need for complicated explanations – students just use the same pattern they use for the future tense but use *würde* instead of *werde*).

- Word order when starting the sentence with something other than the subject, e.g. *Am liebsten fahre ich…*

- Use of the imperfect tense when describing where you've been on holiday, e.g. *Wo warst du letztes Jahr in Urlaub? Ich war zwei Wochen in…*

- Revision of modal sentence pattern, e.g. *Man kann…* + infinitive at end.

- Revision of word order after *weil*.

Follow-up questions

- Was ist für Sie am wichtigsten, wenn Sie im Urlaub sind?
- Mit wem fahren Sie am liebsten in Urlaub? Warum?
- Kaufen Sie gerne Mitbringsel/Souvenirs? Was zum Beispiel?
- Was machen Sie lieber: An einen altbekannten Urlaubsort zurückfahren oder ein neues Urlaubsziel ausprobieren? Warum?

Reisen

1 Urlaubstyp

A 📖 Students could either skim-read the quiz on Student's Book page 42 to help them match up the German and English phrases, or try to work them out first without reference to the text. The aim is to aid comprehension in preparation for activity B. Reference to a dictionary may be needed for any further unknown vocabulary.

Answers

1. e 2. h 3. a 4. g 5. b 6. d 7. c 8. f

B 📖💬 Questions 3, 4, 6 and 8 will need changing from the *du* to the *ich* form when students do the quiz orally in pairs. You may prefer to go through these as a class first, or leave students to work them out as they go along then check them as a class afterwards.

Answers

Frage 3:
A Nur, wenn man **mich** zwingt;
C Für Neues **bin ich** immer offen.

Frage 4:
A **Ich bleibe** zu Hause und **genieße** die Möglichkeit, lange auszuschlafen;
B **Ich treibe** Sport oder **ich mache** eine Radtour in die Natur;
C **Ich bin** mit **meinen** Freunden in der Stadt unterwegs.

Frage 6:
C **Meine** Wanderstiefel.

Frage 8:
A **Ich bleibe** lieber am Hotelpool, um **mich** zu sonnen;
B **Ich lasse mich** zum Mitgehen überreden;
C Super! So was begeistert **mich** enorm!

Extension

As an extension to the general discussion based on students' quiz results, try in particular to get students to discuss the pros/cons of foreign travel and cultural exchange as opposed to staying in your own country, for example:

Pro
- neue Ideen, Sitten und Gebräuche, Religionen, Lebensstile und Kulturen erleben und etwas daraus lernen
- fremdes Essen probieren
- Vorurteile abbauen
- neue interessante Leute kennen lernen
- andere Klimata und Landschaften erleben
- fremde Sprachen üben

Contra
- warum ins Ausland fahren, wenn es noch im eigenen Land viel zu sehen gibt?
- wenn man andere Kulturen erleben will, kann man Leute unterschiedlicher Herkunft in seinem eigenen Land kennen lernen
- weniger reisen ist umweltfreundlicher
- fremdes Essen kann das Verdauungssystem stören!

Students could also make up their own quiz in pairs, then swap quizzes with another pair.

2 Gute Reise! Oder vielleicht eben nicht…

 Answers

Name	schlimmstes Erlebnis	bestes Erlebnis	künftige Reisepläne
Jörg	Autodiebe haben sein Auto aufgebrochen und Koffer und Fotoapparate gestohlen.	Romantischer Urlaub diesen Sommer mit seiner Freundin in Griechenland.	Wird mit der Freundin eine Welttour mit dem Rucksack machen; durch Arbeit finanziert.
Beate	Hat einmal ihren Flug verpasst; bei einem Flug nach Bangkok sind ihre Koffer nicht angekommen: keine Entschädigung gekriegt.	Skiurlaub letzten Winter mit der Familie: hat die Skiversuche seines Vaters sehr komisch gefunden.	Wird dieses Jahr zum ersten Mal alleine mit Freunden wegfahren: eine zweiwöchige InterRail Tour durch viele Länder; möchte gern eines Tages mit Freunden eine Rucksacktour durch Amerika machen.
Tarik	In einem großen Holiday Complex auf Malta gab es eine Baustelle direkt vor dem Hotel und das Essen war sehr schlecht.	Ein Eishotel in Norwegen mit Eisbetten, Eiszimmern und Schlafsäcken aus Pelz.	Wird nächsten Sommer für zwei Monate mit Mitgliedern seines Radsportclubs eine Radtour rund um Deutschland machen; wird in Berlin losfahren und im Zelt wohnen.

 Answers

1. c 2. b 3. b

 Answers

1. ruhig
2. unappetitliche
3. kalt
4. warmen
5. zelten

D Suggested ideas for discussion on pros and cons of a backpacking or InterRail trip:

Pro
* Man kann viele Länder mit dem InterRail Ticket besuchen.
* Man hat die Freiheit, jeden Tag zu entscheiden, wohin man fahren möchte.
* Wenn man mit dem Rucksack unterwegs ist, kommt man fremden Kulturen näher.
* Mit einem InterRail Pass kann man ganz Europa spontan und flexibel bereisen.
* Eine Rucksacktour heißt Abenteuer und Action!
* Man lernt viele andere junge Leute kennen.

Contra
* Wenn man sehr viele Länder in etwa vier Wochen durchreist, kann man diese Länder und Kulturen nur sehr flüchtig kennen lernen.
* Man verbringt zu viel Zeit im Zug.
* Man ist völlig auf das Bahnnetz und auf die Bahnverbindungen angewiesen: Ohne eigenes Transportmittel ist man nicht sehr flexibel.
* Man muss sein ganzes Gepäck auf dem Rücken tragen.
* Es könnte besonders für Mädchen gefährlich sein, alleine oder mit ein paar Freundinnen herumzureisen.
* Man könnte Kommunikationsprobleme in einigen Ländern haben, wo man die Sprache nicht spricht.

The **Extension activities** on pages 184–186 provide support in answering these questions and some extension work.

Extension

Students could prepare a 1- to 2-minute presentation on either their best or worst holiday, or a region of a German-speaking country that they have visited, including photos/maps, etc. if desired.

3 Zukunftstourismus

For more information on this topic students could visit www.focusonline.de/reisen and enter either *Zukunftstourismus* or *Weltraumtourismus* into the search box.

Before students read the text you might wish to use the photos as a starting point by describing them in German and/or asking the students questions about them, e.g. *Was sieht man hier? Wo befindet sich dieses Hotel? Möchten Sie in diesem Hotel wohnen? Warum (nicht)?*

1. You may wish to refer students back to the grammar box on the future tense on p. 44 of the Student's Book before they look for the three examples of the future tense. You could point out to students that the sentence *Luftschiffhotels werden auf Internet-Foren immer wieder diskutiert* is not an example of the future tense but of the passive.

2. Try to get students to deduce that *in* and *auf* are examples of prepositions that can take either the accusative or the dative, depending on whether there is any sense of movement suggested. For more information refer students to the grammar box on prepositions on p. 47 of the Student's Book.

Answers

1. Three sentences with the future tense:
   - Der Tourismus wird in den nächsten 20 Jahren rapide zunehmen.
   - Eines Tages wird jedermann das Erlebnis eines Weltraumflugs genießen können.
   - So lang werden Weltraumfans auf einen Adrenalinrausch nicht warten müssen.

2. Examples of compound nouns:
   der Zukunftstourismus; das Weltraumhotel; der Jahresurlaub; das Weltall; der Stardesigner; der Hobby-Astronaut; der Weltraumspaziergang; der Kostenpunkt; der Weltraumflug; der Weltraum; der Tourismusexperte; das Passagierflugzeug; der Weltraumfan; der Adrenalinrausch; das Weltraumgefühl; der Parabelflug; die Passagiermaschine; das Hotelzimmer; die Unterwasserwelt; das Unterwasserhotel; die Übernachtungsmöglichkeit; die Wasseroberflä che; die Ferienwelt; die Hotelfassade; der Golfplatz; das Einkaufszentrum; die Kletterwand; die Skipiste; das Luftschiffhotel; das Internet-Forum; der Durchgangsbereich; die Höhenangst.

3. German expressions to find in text:

   a den Jahresurlaub **im** All verbringen

   b Expeditionen **ins** Weltall

   c den Jahresurlaub **in der** Luft verbringen

   d auf **in die** Luft

   e **in die** Tiefe stürzen

   f ein Hotelzimmer mit Blick **auf die** Unterwasserwelt

   g beim Poseidon Resort **auf** oder besser **vor den** Fidschi-Inseln

4. *In* and *auf* are examples of prepositions that can take either the accusative or the dative, depending on whether there is any sense of movement suggested: for more information see the grammar box on prepositions on page 47 of the Student's Book.

Suggested answer

- The 'Virgin Galactic' will allow people to experience space at a height of 120 km above the earth at a cost of 200,000 dollars per person. By the year 2030 to 2035 experts believe there could be a space hotel 400 km above the earth.
- Today space enthusiasts can experience 20 seconds of weightlessness during a so-called 'parabola-flight'. A passenger aircraft flies very high then suddenly plunges towards the earth.
- Hotel accommodation under the sea exists already at Key Largo in Florida. A resort off the Fiji Islands with 24 underwater suites is being planned. Also in the planning stage is a 15-storey catamaran hotel complete with golf courses, shopping centres, climbing walls, zoos and ski slopes.
- One day there could be airship hotels that offer sightseeing from the air via a glass floor – not something for tourists who are afraid of heights!

Extension activities page 187 provides support for this writing activity.

You should look to assess this writing task in terms of the specification's marking scheme: content and response (15 marks) and quality of language (15 marks). Ensure students give suitable opening/closing phrases for a postcard.

Extension

Students could write their own list of predictions for tourism of the future (using the future tense), e.g. *Wir werden virtuelle Ferien mit Computer und Datenhelm machen; Statt künstlicher, Skipisten werden wir wegen des Klimawandels volkommen künstliche Skiorte haben.*

Touristeninformation

4 Drei deutschsprachige Urlaubsziele

Before students read each paragraph you might wish to use the accompanying visuals as a starting point by describing them in German and/or asking the students questions about them, e.g. *Was sieht man hier? Möchten Sie dieses Urlaubsziel besuchen? Warum (nicht)? Was gibt es Ihrer Meinung nach hier für Touristen?*

 Answers

beeindruckende Landschaften; mondäne Kurorte; bei zauberhaften Wanderungen; die romantischen Sandstrände; die herrlichen Buchenwälder; die traumhaft schönen Seen; ein sehr gesundes Reizklima; die renommierten Konzertsäle; die prachtvollen Bauten; das geschäftige Treiben der bunten Märkte; das Erlebnis eines majestätischen Sonnenaufgangs; rauhe Gipfel und abgelegene Hochtäler; imposante Gletscher und atemberaubende Schluchten; Langlaufen in einem bezaubernden Winterparadies

Once students have found the German equivalents for the English phrases, these could be used as the basis for a class discussion on adjective endings, with reference also to the grammar box on adjective endings on page 49 of the Student's Book. Get students to try to explain the adjective ending in each phrase with reference to case, number or gender, and whether preceded by definite article/indefinite article/no article, as follows:

beeindruckende Landschaften = nominative, plural, no article
mondäne Kurorte = nominative, plural, no article
bei zauberhaften Wanderungen = dative, plural, no article
die romantischen Sandstrände = nominative, plural, definite article
die herrlichen Buchenwälder = nominative, plural, definite article
die traumhaft schönen Seen = nominative, plural, definite article
ein sehr gesundes Reizklima = nominative, neuter, indefinite article
die renommierten Konzertsäle = nominative, plural, definite article
die prachtvollen Bauten = nominative, plural, definite article
das geschäftige Treiben der bunten Märkte = nominative, neuter, definite article, and genitive, plural, definite article

das Erlebnis eines majestätischen Sonnenaufgangs = genitive, masculine, indefinite article
rauhe Gipfel und abgelegene Hochtäler = nominative, plural, no article
imposante Gletscher und atemberaubende Schluchten = nominative, plural, no article
Langlaufen in einem bezaubernden Winterparadies = dative, neuter, indefinite article

B Remind students that answers to German comprehension questions should be brief and clear but not necessarily in whole sentences. Students should aim to give the information in their own words rather than lift sections from the text.

Suggested answers

1. Wanderer auf Rügen können frische Meeresluft, ein gesundes Klima und schöne Landschaften (wie z.B. an der Küste, in den Wäldern und an den Seen) genießen.

2. (any of the following): Weil man sich in Wien sowohl klassische als auch moderne Musik anhören und sowohl alte als auch neue Kunstgalerien besuchen kann. Außerdem hat Wien nicht nur alte traditionsreiche Gebäude, sondern auch moderne Architektur und trendige Geschäfte. Man kann in geschäftigen Straßen einkaufen gehen oder sich in Kaffeehäusern und Bars entspannen.

3. Im Sommer kann man wandern, klettern und Wassersportarten betreiben. Im Winter kann man z.B. Ski fahren, snowboarden und langlaufen.

C Students should try to link their choice of holiday destination to their quiz results from activity B on page 43 of the Student's Book, i.e. *Ich würde am liebsten die Zentralschweiz besuchen, weil ich Action und Nervenkitzel in den Ferien will…* For the flowery description of their own region or favourite holiday region you could suggest the following strategies:

- Use lots of exaggerated adjectives, e.g. *atemberaubende Landschaften, bezaubernde Wälder.*
- Use imperatives, e.g. *Besuchen Sie…, Genießen Sie…, Erleben Sie…, Entdecken Sie…*
- Use one or two rhetorical questions, e.g. *Suchen Sie Action und Abenteuer?*

Award marks here for content and response (imaginative use of flowery language) and quality of language (especially with regard to the accuracy of adjective endings).

Extension

Students could record their description as a radio advert or perform it in front of the class.

5 Ich möchte mich beschweren!

 Answers

1. g **2.** f **3.** h **4.** b **5.** e **6.** a **7.** d **8.** c

 Emphasise to students the importance of answering German comprehension questions in their own words rather than transcribing sections from the listening text.

Suggested answers

1. Weil sie heute Morgen eine wichtige Sitzung hat.

2. Laufende Busmotoren, weil man Gäste vom Hotel abholte.

3. Ununterbrochenen Lärm von Leuten, die die Bar besuchten.

4. Weil es wahrscheinlich in der Nähe des Hotels eine Baustelle gibt.

5. In einer besonders ruhigen Gegend.

6. Sie wird das Hotel verlassen und in ein anderes Hotel gehen.

7. Weil das Hotel keine Zimmer mehr frei hat.

8. Sie will sich beim Hoteldirektor beschweren und ihr Geld zurückbekommen. Außerdem will sie die Reservierung für heute Nacht nicht mehr.

 Extension activities page 188 gives support for this role-play.

The role-play could be appraised for accuracy of language (including accuracy of pronunciation and intonation), range of lexis and variety of structures appropriate to AS level, and spontaneity and fluency of the dialogue.

Study skills: Developing good reading skills (1)

Refer students to **Arbeitsblatt:** *Further reading skills* (available on Dynamic Learning home Edition) for further reading strategies.

Encourage students to read German for pleasure as well as for class-work. They should choose items that correspond to their own particular interests and hobbies – the more varied the genre, style and register the better: magazine articles, newspaper reports, adverts, small ads, horoscopes, web pages, blogs, short stories, poems, jokes, quizzes, film reviews, etc.

Students (individually or as a class) could read aloud from reading passages to practise pronunciation and intonation.

6 Tipps und Informationen für faire Ferien

 Answers

1. C **2.** E **3.** D **4.** A **5.** B

 Answers

1. Richtig.

2. Falsch. Nur 5% der Weltbevölkerung macht regelmäßig Ferien im Ausland.

3. Falsch. Wenn man „faire Ferien" bucht, schlagen die Einheimischen Profit daraus.

4. Falsch. Das Trekking im Regenwald zerstört das natürliche Gleichgewicht.

5. Richtig.

6. Richtig.

7. Richtig.

8. Falsch. Die Restaurants in internationalen Hotelketten sind manchmal umweltfeindlich, weil sie internationale Speisen anbieten und Produkte aus dem Ausland einfliegen.

 Students may need to look up these key words in a dictionary before they do the writing exercise. Again, emphasise to students how important it is to use their own words rather than lift material straight from the text.

Suggested answers

1. Touristenausflüge wie das Trekking im Regenwald oder das Schnorcheln an Korallenriffen bedrohen Tiere und Pflanzen.

2. Fischer können ihre Boote nicht ins Wasser setzen, weil sie den privaten Strand eines Hotels nicht betreten dürfen.

3. Die Einheimischen müssen ihr Land verlassen, weil man einen Naturpark für Touristen schaffen will.

4. 95% der Weltbevölkerung hat nicht genügend Geld, ins Ausland zu reisen. Der Wasserverbrauch pro Kopf in Luxushotels ist 30 Mal höher als der Wasserverbrauch der Einheimischen in vielen Ländern.

5. Es sind die lokalen Hoteliers und nicht die großen Reisekonzerne, die ihre Profitmarge verlieren, wenn Urlaube zu billig verkauft werden.

6. Wenn internationale Hotelketten Produkte aus dem Ausland mit dem Flugzeug transportieren, ist das nicht sehr umweltfreundlich.

Extension activities page 190 provides further writing practice on this topic.

Verkehr

7 Ohne Stress vorbei am Stau!

For further information on transport in Munich refer students to the websites www.muenchen.de and www.riksha-mobil.de.

Before students read the texts you could discuss the accompanying visuals. Ask them to work out what sort of transport schemes are depicted.

 Answers

1. nach Anmeldung per Mobiltelefon

2. die kombinierte Nutzung von Fahrrad und öffentlichen Verkehrsmitteln

3. ein 100% umweltfreundliches Nahverkehrsmittel

4. Fahrgemeinschaften

5. Spritkosten

6. den Verkehr entlasten

7. Pendler

 **Suggested answer**

The Call a Bike service is a convenient way of hiring a bicycle to get around Munich. You register using your mobile phone, then pick up a bicycle from any main crossroads or important city location. When you have finished with it you just leave it at the drop-off point or main crossroads nearest to your destination.

With Bike + Ride you cycle to a bus stop, tram stop, S-Bahn stop or tube station where you will find dedicated bicycle racks. This means you can leave your bicycle there and continue your journey on public transport, thereby saving time, helping the environment and keeping yourself fit.

Bicycle rickshaws are an unusual, fun and laid-back way to travel around Munich. They are environmentally friendly because they produce no noise and no carbon dioxide.

The online car-sharing centre allows people to save on petrol costs, reduce car traffic, help the environment and meet new people. You can share lifts to work, or combine transport for outings or holidays within Germany or Europe.

8 Wie ökologisch ist die Bahn?

Inform students that *Drehscheibe* is the name of the radio programme.

 Answers

1. e 2. a 3. g 4. h 5. f 6. b 7. d 8. c

 Answers

Sentences 1, 4, 6, 8.

Extension

As an extension activity students could correct the four sentences that aren't correct.

 It might help to brainstorm the question *Was sind die Vor- und Nachteile der verschiedenen Verkehrsmittel?* as a whole-class activity, noting ideas under headings or as spidergrams on the board.

Students could be informally appraised during this discussion for accuracy of language (including accuracy of pronunciation and intonation), range of lexis and variety of structures appropriate to AS level, and the spontaneity and fluency of their communication.

Extension

Students could prepare a 1–2-minute presentation summarising the most important findings and statistics from the audio extract *Wie ökologisch ist die Bahn?* They should try to speak from key words or very short notes, giving the facts and figures in their own words rather than reading out long written passages.

9 „Wenn wir fliegen, dann *atmosfair*"

Answers

1. Umweltbelastung

2. auf einen Flug verzichten

3. Verantwortung für die Folgen Ihres Handelns

4. Klimaschutzprojekte

5. Jahresemissionen eines Inders

6. klimaverträgliches Jahresbudget eines Menschen

7. einsparen

8. moderne Solaranlagen

9. durch den Einsatz erneuerbarer Energien

 Answers

1. b 2. c

 Students may wish to look up the words in the box in a dictionary before starting the activity.

Answers

1. Emissionen

2. Geldsumme

3. Klimawirkung

4. Energiesparprojekte

5. Entwicklungsländern

6. überprüfen

 Students can gather enough information for this writing task from the text on pages 55–56 of the Student's Book and from the diagrams and captions in activity C. You may, however, wish to refer more able students to the website www.atmosfair.de for further reading on the subject of carbon offsetting for flights.

You should look to assess this writing task in terms of the specification's marking scheme: content and response (15 marks) and quality of language (15 marks). Award marks to students who have provided a suitable title/heading for their article and who have given a suitable concluding remark or paragraph. Students should use an appropriate tone/register for a magazine article.

Study skills: Developing good reading skills (2)

Give students tips for extending their vocabulary through reading: see the notes on building vocabulary on page 8 of this book, and refer students back to notes on filing and learning vocabulary on pages 7–8 of the Student's Book.

Remind students above all to be selective – they can't hope to note down and learn every new item of vocabulary they meet through their reading. They should choose key words and phrases that they will actually use (or need to recognise) in future. One way to do this might be to get the class, once a reading text

and its tasks have been completed, to brainstorm the key words and phrases from memory.

Familiarise students with the question types that occur in the reading part of the exam: allocating sentences to, for example, names or headlines; questions in German; questions in English (see also the AS Exam skills section at the back of the Student's Book, page 254).

The **Grammar worksheet**s for this chapter provide practice in the use of the future; and in case endings with prepositions and on adjectives.

Assessment tasks

1. Urlaub an der Nordsee

Suggested answers

1. *Was bietet die Natur den Touristen auf den Nordseeinseln?*
   Eine schöne Landschaft, das Meer und kilometerlange Strände.

2. *Was können Touristen auf den Nordseeinseln unternehmen?*
   Die Insel entdecken: Pferde reiten, Rad fahren oder Wanderungen machen.

3. *Welche Art von Urlaub wäre für Sie interessanter: Aktivurlaub oder Strand und Baden?*
   An opportunity to evaluate the relative merits of these two different types of holiday and to reach a conclusion.

4. *Ist es besser, Urlaub im Ausland zu machen als im eigenen Land? Was meinen Sie?*
   Students outline their opinions on this, offer reasons and then reach a conclusion.

2. Hotel City

This task represents a formal letter of complaint and students should ensure they choose the correct register.

3. Hörtext: Europatour

Answers

a trampen

b Geldstrafe

c nichts

d entwertet

4. Welt der Berge

 Suggested answers

1. Sie haben als Bauern von der Landwirtschaft gelebt/Ihr Leben war einfach/Sie haben gemeinsam mit der Natur gelebt.

2. Dass Tourismus die Alpen nicht bedroht/Dass die Touristen die Alpen respektieren.

3. Diese Touristen bringen Geld in die Berge.

4. Der Bau von riesigen Hotels zerstört die Natur.

5. Weil die Temperaturen steigen, schmelzen die Gletscher. So verändert sich die Landschaft und es wird nicht genug Trinkwasser geben.

6. Es könnte Felsstürze und Lawinen geben.

7. Urlauber sollen mit öffentlichen Verkehrsmitteln fahren/lokale Produkte kaufen/keine „Fun-Sportarten" betreiben.

8. Beim Wandern auf den markierten Pfaden laufen/Keinen Müll liegen lassen/Tiere und Pflanzen in Ruhe lassen.

Unsere Welt: Umweltfragen

Topic areas for Einheit 4

Edexcel topic	Topics/Grammar/ Study skills covered in the chapter	Coverage in *Edexcel German for A Level Student's Book*
The world around us: environmental issues (Unsere Welt: Umweltfragen)	Weather (Das Wetter)	1 Wetterprognose p. 62 2 Klimaerwärmung in Deutschland, Österreich und der Schweiz p. 63 3 Was verursacht die Erderwärmung und wie kann man sie bremsen? p. 65
	Pollution (Die Umweltverschmutzung)	4 Eine verseuchte Welt p. 68 5 Kann man als Einzelner einen Unterschied machen? p. 69 6 GESUCHT: Energieträger ohne Nachteil! p. 71
	Recycling (Das Recycling)	7 Was gehört wohin? p. 72 8 Ist die Gelbe Tonne am Ende? p. 73 9 Einweg oder Mehrweg – welcher Weg ist besser? p. 74
	Grammar	The comparative and superlative p. 64 The imperative p. 67 Conditions (*wenn*-clauses) p. 70 Interrogatives (question words) p. 77
	Study skills	Tips for the speaking task; including factual questions, personal opinions and further discussion on chosen topic area p. 76

General notes for this topic

- A lot of new vocabulary will be required for this topic that was not covered at GCSE. However, you could briefly revise GCSE weather vocabulary (for the section *Das Wetter*) and GCSE transport vocabulary (for the section *Die Umwelt-verschmutzung*). Before doing the section *Das Recycling* you could also recap GCSE shopping vocabulary, e.g. *die Dose, die Zahnpastatube, die Flasche, der Joghurtbecher*, etc.

- Pollution from transport (cars, aeroplanes, etc.) is covered in Chapter 3 (section on *Verkehr*, pages 53–57), so a quick recap of this material would be useful.

- Students could use the German–English section of a large dictionary to find compound nouns starting with *Umwelt-, Klima-, Energie-, Atom-*, etc. They could then use the English–German section to find other words or phrases related to 'environment(al)', 'climate', 'pollution', 'energy', 'carbon dioxide', 'nuclear', 'traffic', 'transport', etc.

- Make sure students have a bank of nouns, verbs and adjectives for describing pollution, contamination, poisoning (*verschmutzen, verseuchen, belasten, vergiften*, etc. plus associated nouns/adjectives).

- Ask students to guess then discuss the meaning of the following terms: *umweltfreundlich; umweltfeindlich; Luftverschmutzung; Bodenver-schmutzung; Wasserverschmutzung; Meeresver-schmutzung; Lärmbelastung; Altglas; Recyclingpapier; Einwegflasche; Mehrwegflasche*. Can they think of concrete examples for the various types of pollution?

Further reading

Website for the TV programme *neuneinhalb*: lots of information about climate change
www.wdr.de/tv/neuneinhalb/extra_klima.phtml
www.wdr.de/tv/neuneinhalb/lexikon/klimawandel.phtml

Austrian branch of Greenpeace; information on a wide variety of environmental issues
www.greenpeace.at

Swiss website for the WWF (World Wide Fund for Nature) (originally founded in Switzerland): again, information on a wide variety of environmental issues
www.wwf.ch

News website with search engine: try typing in *Umwelt* or *Klimawandel*
www.focus.de

Another news website with search engine
www.welt.de

Official website of *der Grüne Punkt* and *das Duale System*
www.gruener-punkt.de

Website against nuclear power
www.antiatomszene.info

German environmental pressure group affiliated to Friends of the Earth
www.bund.net

Website promoting the use of reusable drinks packaging
www.mehrweg.org

Website of the Germany Ministry for the Environment (*Bundesministerium für Umwelt, Naturschutz und Reaktorsicherheit*)
www.bmu.de

Zum Einstieg

Students will probably not know much subject-specific vocabulary for this topic before they start, beyond what they have gathered from the 'General notes for this topic' above. The following suggestions use vocabulary that is as simple and general as possible, however, you may still need to prompt students with some key words (e.g. CO_2, *Regenwald*, *Naturkatastrophe*, etc.) or suggest the use of a dictionary, in order for them to discuss the questions.

Examples of responses you might expect or elicit from students:

1. *Welche Umweltprobleme gibt es heute? Welches Problem ist Ihrer Meinung nach das größte?*
   * Es gibt immer mehr Leute auf der Erde (die Weltbevölkerung wächst ständig).
   * Wir verbrauchen zu viel Energie.
   * Unsere Verkehrsmittel (z.B. das Auto, das Flugzeug) sind nicht sehr umweltfreundlich.
   * Wir produzieren zu viel CO_2.
   * Die Erde wird immer wärmer.
   * Es gibt immer mehr Naturkatastrophen.
   * Wir produzieren zu viel Abfall.
   * Die Industrie produziert viele gefährliche/giftige Chemikalien.
   * Es gibt viel Verschmutzung, z.B. Luftverschmutzung, Wasserverschmutzung, Meeresverschmutzung.
   * Die Umweltverschmutzung hat eine negative Wirkung auf die Gesundheit von Menschen, Tieren und Pflanzen.
   * Wir zerstören die Regenwälder.
   * Viele Tiere und Pflanzen sterben aus.
   * Meiner Meinung nach ist das Problem des/ der... das bedrohlichste.

2. *Was wissen Sie über den Klimawandel? Hat sich das Wetter Ihrer Meinung nach in den letzten zehn Jahren geändert?*
   * Die Erde wird wärmer, weil wir zu viel CO_2 produzieren.
   * Der Treibhauseffekt verursacht den Klimawandel.
   * Das Eis schmilzt.
   * Meiner Meinung nach hat sich das Wetter in den letzten zehn Jahren sehr/nicht geändert.
   * Das Wetter wird immer stürmischer.
   * Es gibt immer mehr Stürme und Überschwemmungen.
   * Es gibt mehr Regen.
   * Es gibt weniger Schnee im Winter.
   * Die Sommer werden immer wärmer.

3. *Was kann man als Einzelne(r) tun, um Energie und Wasser zu sparen?*
   * Man kann Lichter ausmachen.
   * Man kann die Heizung herunterdrehen/weniger heizen.
   * Man kann effiziente Haushaltsgeräte kaufen.
   * Man kann Kleider draußen auf der Wäscheleine trocknen.
   * Man kann gute Isolierung im Haus haben.
   * Man kann Fenster und Türen schließen.
   * Man kann weniger Auto fahren.
   * Man kann öffentliche Verkehrsmittel benutzen.
   * Man kann duschen statt baden.
   * Man kann weniger Wasser im Garten benutzen.

4. *Welche Alternativen zu fossilen Brennstoffen gibt es heutzutage?*
   - Man kann Energie von der Sonne, vom Wind und vom Wasser bekommen.
   - Man kann verschiedene Öle von Pflanzen benutzen z.B. von Raps oder Sonnenblumen.

5. *Warum ist Müll ein Problem? Was für Recycling-Initiativen gibt es, wo Sie wohnen?*
   - Müll ist ein Problem, weil es schmutzig ist/wir immer mehr Müll produzieren/wir den ganzen Müll nicht mehr in Mülldeponien begraben können usw.
   - Bei mir gibt es Recyclingcontainer/Altglascontainer usw.
   - Wo ich wohne, sammelt man alte Handys/alte Kleider usw.

- Revise use of *werden* meaning 'to become' (i.e. not with the passive) with the phrase *immer +* comparative, e.g. *Die Erde wird immer wärmer; Die Sommer werden immer wärmer; Das Wetter wird immer stürmischer.*
- Revise or introduce the phrase *eine negative/positive Wirkung auf etwas* (accusative) *haben*, e.g. *Die Umweltverschmutzung hat eine negative Wirkung auf die Gesundheit von Menschen, Tieren und Pflanzen.*
- Revise or introduce useful verbs such as *verursachen, zerstören.*
- Revise or introduce useful reflexive verbs such as *sich ändern, sich verschlechtern,* and check that students know how to manipulate the reflexive pronoun.
- Revise or introduce use of the phrase *Meiner Meinung nach…* with the correct word order.
- Revise use of modals (*man kann* + infinitive at end).
- Revise word order after *weil.*

Follow-up questions

- Was können wir dagegen machen?
- Wie kann man diese Probleme lösen?

Das Wetter

1 Wetterprognose

You may wish to read and discuss the cartoons before students start this activity to ensure students understand them.

 Answers

1. Wetterextreme: der Wirbelsturm, der Orkan, der Tornado, die Dürre, die Hitzewelle, der Starkregen.

2. Naturkatastrophen: der Wirbelsturm, der Orkan, der Tornado, die Dürre, der Waldbrand, die Überschwemmung, der Erdrutsch.

3. Geografische Begriffe: das Klima, die Erde, die Eismasse, der Nordpol, der Südpol, der Meeresspiegel, die Küste, die Insel, das Meer, die Wüste, der Gletscher, der Fluss, der Permafrost, die Alpen, das Korallenriff, der Wald, die Savanne, das Polargebiet, das Gebirge.

4. Leute, die viel über das Thema wissen: der Wissenschaftler (die Wissenschaftlerin), der Experte (die Expertin), der Forscher (die Forscherin).

5. Mehr werden: steigen, zunehmen, häufiger werden, intensiver werden, sich ausbreiten.

6. Weniger werden: abschmelzen, schmelzen, austrocknen, verschwinden, auftauen (das Auftauen), aussterben.

 Suggested answers

Cartoon a: Schmilzt noch mehr Eis, könnten ganze Küsten oder Inseln überflutet werden/Auch Überschwemmungen nehmen wegen Starkregen dramatisch zu.

Cartoon b: In den letzten Jahren wurden Dürren und Hitzewellen häufiger und intensiver. Wüsten breiten sich immer weiter aus.

Cartoon c: Die Eismassen an Nord- und Südpol schmelzen ab. Tiere in den Polargebieten sind gefährdet.

Cartoon d: Säugetiere erwachen früh aus dem Winterschlaf.

C Emphasise to students the importance of using their own words rather than lifting material straight from the text.

Suggested answers

1. Weil das Polareis abschmilzt.

2. Küstenregionen und Inseln könnten überflutet werden.

3. Weil das Meereswasser jetzt wärmer ist, und Wirbelstürme entstehen nur bei Meerestemperaturen von mindestens 26 Grad.

4. Weil es mehr regnet als früher.

5. Es gibt Erdrutsche.

6. Vögel fliegen nicht mehr in den Süden und die Wärme weckt Säugetiere früh aus dem Winterschlaf.

7. Politiker, Geschäftsleute und Einzelne auf der ganzen Welt.

8. Es könnte bis Ende des Jahrhunderts einen Temperaturanstieg von 6 Grad geben.

Extension

Students could discuss the negative effects of climate change on people in developing countries, e.g. *Was für negative Konsequenzen haben Wetterextreme und Naturkatastropen für Menschen, die in Entwicklungsländern wohnen?* You could supply the following key words and phrases as prompts (perhaps written up on the board as a basis for a brainstorming session via spidergrams or a flowchart): *die Ernährung, die Gesundheit, die Armut, die Infrastruktur, die Landwirtschaft, die Unterkunft, ohne Obdach, kein Obdach haben, die Ernte, die Missernte, die Ernte fällt aus, die Dürre, die Überschwemmung, die Tsunami, der Orkan, Krankheiten, die durch das Wasser übertragen werden, die Malaria, die Cholera, der Schaden, der Todesfall, das Todesopfer.*

2 Klimaerwärmung in Deutschland, Österreich und der Schweiz

Before students listen to the recording, you might like to show some photos of severe weather as a starting point: describe the photos to students in German and/or ask them questions.

B This activity aims to focus students' attention on some comparative and superlative forms before they get to the grammar box on page 64 of the Student's Book.

Suggested answers.

1. Die Sturmflut verlief weniger katastrophal als befürchtet.

2. Die Wellen schlugen drei Meter höher auf als sonst.

3. An der nordfriesischen Küste galt die höchste Warnstufe.

4. Die Alpen erleben das wärmste Wetter seit 1300 Jahren.

5. Die Winter werden feuchter und die Sommer trockener.

6. Weniger hoch gelegene Skigebiete werden ihre Schneesicherheit verlieren.

7. Es wird zu warm für Kunstschnee aus Schneekanonen sein.

8. Die Winter werden immer wärmer und schneeärmer.

9. Der Druck auf die höher gelegenen Skigebiete wird immer stärker.

 Suggested answers

Wo?	Was?	Wann?	Irgendwelche Folgen erwähnt?
Europa, Deutschland, Nordrhein-Westfalen	ein Orkan mit Windgeschwindigkeit von bis zu 200 Stundenkilometern	im Januar 2007	Hausdächer, Fahrzeuge und 25 Millionen Bäume in Nordrhein-Westfalen zerstört; mindestens 10 Menschen ums Leben gekommen und Schaden liegt bei 4,6 Milliarden Euro in Deutschland
am Tschierva-Gletscher in der Schweiz	der Gletscher schmilzt: er hat 1100 Meter Eis verloren	in den letzten 150 Jahren	–
in Nord- und Ostsee	Wassertemperaturen um 1,1 Grad Celsius gestiegen	in den vergangenen 40 Jahren	typische Mittelmeerfische wie Anschovis, Sardinen und Schwertfische werden gefangen
an der Nordseeküste, in Bremerhaven, an der Nord-friesischen Küste	Sturmflut: die Wellen in Bremerhaven waren drei Meter höher als an anderen Orten; an der nord-friesischen Küste gab es die höchste Warnstufe Violett	–	Schaden liegt bei Millionen Euro
An Wintersport-orten in Österreich	Schneemangel wegen steigender Temperaturen: feuchtere Winter und trocknere Sommer	das wärmste Wetter seit 1300 Jahren; schlimme Folgen in den nächsten Jahrzehnten	70 Prozent der Wintersportorte werden an Schneemangel leiden; niedrige Skigebiete verlieren ihre Schneesicherheit; zu warm für Schneekanone; der Druck auf die höher gelegenen Skigebiete wird immer stärker

C Students could be informally appraised during this discussion for accuracy of language (including accuracy of pronunciation and intonation), range of lexis and variety of structures appropriate to AS level, and the spontaneity and fluency of their communication.

Vocabulary for these discussion questions can be gleaned from the reading text *Wetterprognose* on page 62 of the Student's Book and the audio extract *Klimaerwärmung in Deutschland, Österreich und der Schweiz* on page 63. You may, however, wish to suggest some further key words or phrases for the last question: *Was macht man, um solche Ereignisse in Zukunft zu vermeiden?*, e.g. *der Hochwasserschutz, mit Sandsäcken schützen, die Baupolitik, die Schwemmebene.*

3 Was verursacht die Erderwärmung und wie kann man sie bremsen?

- You could discuss the meaning of the illustrations with students before they read the text and do the activities.
- There are three simple non-subjunctive *wenn*-clauses in this text, which could be used to revise the verb, comma, verb pattern of word order:
  Wenn man fossile Energiestoffe verbrennt, entsteht CO_2 (Kohlendioxid).
  Wenn die Sonne auf die Erde scheint, erwärmt sich die Erde.
  Wenn zu viele Abgase in der Atmosphäre sind, wird die Gasschicht um die Erde immer dichter.

A You could point out to students that finding and noting down linked verbs/nouns/adjectives in this way is a good way to broaden their vocabulary.

Verb	Nomen	Adjektiv
verbrennen	die Verbrennung	brennbar
verursachen	die (Haupt)ursache	verursacht
sich erwärmen	die (Erd)erwärmung, die Wärme	warm
verstärken	die Verstärkung	stark
produzieren	die Produktion, das Produkt	produktiv
bremsen	die Bremse	bremsend
verzichten (auf etwas)	der Verzicht	verzichtbar
erneuern	die Erneuerung	erneuerbar
verbrauchen	der Verbraucher, der Verbrauch	brauchbar
sparen	die Einsparung, der Sparer	sparsam
herstellen	die Herstellung	herstell-bar
heizen	die Heizung	beheizt

B **Answers**

1. Das gelangt in die Atmosphäre.
2. die Glühbirne
3. der Strom
4. die Tiefkühl-Fertigkost
5. Haushaltsgeräte
6. der Ökostromanbieter
7. die Wärmedämmung

C **Suggested answers**

1. The burning of fossil fuels such as oil, coal and gas, because this releases CO_2 into the atmosphere, which exacerbates the greenhouse effect.

2. The CO_2 produced by plants and trees forms a layer of gas around the Earth. This layer prevents the Earth from getting too cold, because it traps some of the sun's heat and stops it all escaping into space.

3. The layer of gas gets thicker and thicker and not enough of the sun's warmth is able to escape into space. This means that the Earth can get too hot.

4. We can do without fossil fuels, use renewable energy forms such as wind and solar power, and reduce the amount of energy we consume.

5. It saves money.

D **Answer**

The WWF advertisement corresponds to the following tip from the text on page 65 of the Student's Book: *Schalte die Stand-by Knöpfe an Computer und TV immer aus.*

Exercise F on **Extension activities** page 191 provides a short listening and reading activity on the WWF advertisement. The other two exercises provided are extension activities.

E You should look to assess this writing task in terms of the specification's marking scheme: content and response (15 marks) and quality of language (15 marks). Award marks to students who have provided a suitable title/heading for their article, have clearly addressed all the bullet points, and have given a suitable concluding remark or paragraph. Students should use appropriate tone/register for a magazine article.

Extension

As an extension to this activity, pairs of students could also convert all the tips on page 65 from the *du* form imperative to the *Sie* form imperative. Refer them to the grammar box on page 67 of the Student's Book.

Die Umweltverschmutzung

4 Eine verseuchte Welt

Before students read the texts, you could discuss the accompanying visuals as a starting point, e.g.:
* *Was sehen Sie hier auf diesem Bild?*
* *Wie ist das Wasser hier?*
* *Warum könnte das Wasser für dieses Kind gefährlich sein?*
* *Was bedeutet das Wort „Sondermüll"?*
* *Warum hat die Frau das Wort „Sondermüll" auf der Stirn?*

 Answers

1. verseuchtes Trinkwasser
2. Umweltbelastung durch gefährliche Schadstoffe
3. sind auf umweltbedingte Krankheiten zurückzuführen
4. verschmutzte Luft durch Herdfeuer im Haus
5. Dauergifte
6. Schwermetalle in gestrandeten Walen
7. die abgelegensten Teile der Welt
8. gelangen in die Nahrungskette
9. krebserregend
10. schädigen Erbgut oder Fruchtbarkeit

 Answers

1. Falsch. Weltweit sterben jährlich rund 13 Millionen Menschen wegen Umweltverschmutzung.
2. Richtig.
3. Richtig.
4. Falsch. Pestizide, Schwermetalle, Dioxine und PCB sind alle langlebige Schadstoffe oder Dauergifte.
5. Falsch. Man findet Dauergifte auch in sehr abgelegenen Regionen der Welt, wo es überhaupt keine Industrie gibt.
6. Richtig.

Extension

Students could practise formulating questions and expressing statistics in pairs. Person A makes up questions about the statistics in the text *Millionen Tote durch Umweltverschmutzung* and Person B answers the questions using information from the text, e.g.

Person A: *Wie viele Todesfälle in Europa sind auf umweltbedingte Krankheiten zurückzuführen?*

Person B: *Rund 1,8 Millionen.*

Remind students that 'one point eight million' is *eins komma acht Millionen* in German.

5 Kann man als Einzelner einen Unterschied machen?

In this recording there are five examples of the conditional:
* *Wenn wir Menschen nicht auf der Erde wären, könnten die Tiere ja in Frieden leben und gesund bleiben und müssten nicht hilflos zusehen, wie wir ihre Lebensräume zerstören und alles kaputt machen.*
* *Ich würde sagen, ich versuche vor allem, sehr kurze Autofahrten zu vermeiden.*
* *Ich weiß auch, dass ich mehr machen könnte.*
* *Ich könnte kein einzelnes Umweltproblem als Problem Nummer eins bezeichnen.*
* *Ich würde sagen, dass ich schon ziemlich umweltbewusst bin.*

Refer students to the grammar box on conditions on page 70 of the Student's Book.

 Answers

1. die Verseuchung
2. Lebensräume zerstören
3. mit verseuchter Muttermilch stillen
4. Mülltrennung
5. Mehrwegprodukte
6. machtlos
7. Kraftwerke
8. Dreck in die Luft pumpen
9. umweltbewusst
10. das große Ganze beeinflussen
11. eine klimafreundliche Wirtschaft
12. die notwendigen Technologien

Suggested answers

Name	Bedrohlichste Umweltprobleme	Individueller Beitrag zum Umweltschutz	Kann der Einzelne etwas leisten?
Renate	die Erderwärmung, die chemikalische Verseuchung, z.B. Zerstörung der Lebensräume von Tieren, verseuchte Muttermilch	Trennt Müll, kauft Recyclingpapier und Mehrwegprodukte, unterstützt Umweltschutzorganisationen mit Spenden, vermeidet das Autofahren und das Fliegen, benutzt wo möglich öffentliche Verkehrsmittel, fährt kurze Strecken mit dem Fahrrad oder geht zu Fuß, spart Energie, macht Lichter aus, benutzt Energiesparlampen, duscht anstatt zu baden.	Ja, wenn man nicht zu faul oder vergesslich ist.
Erich	der Klimawandel	Trennt Müll, spart Energie, kauft Produkte mit möglichst wenig Verpackungsmaterial, arbeitet als Freiwilliger in einem Naturschutzgebiet.	Fühlt sich als Einzelner machtlos; man kann aber seine unmittelbare Umwelt beeinflussen, selbst wenn man international wenig machen kann.
Sabine	kein Hauptproblem: alle miteinander verbunden	Informiert sich; versucht, Industrie und Politik zu beeinflussen; Mitglied bei Greenpeace und dem Bund für Umwelt und Naturschutz Deutschland; macht bei Demos mit; schreibt E-Mails an Politiker und Geschäftsführer.	Ja. Man sollte als Einzelne(r) versuchen, die Regierung und Firmen zu beeinflussen.

C Students could be informally appraised during this discussion for accuracy of language (including accuracy of pronunciation and intonation), range of lexis and variety of structures appropriate to AS level, and the spontaneity and fluency of their communication.

Speaking skills

Speaking is probably the most challenging skill in a foreign language as you need many different skills at once: grammar, vocabulary, pronunciation and intonation, word order, listening… and no time to plan or review what you're saying as you go along! Stress, therefore, that while the aim is to develop more accuracy and more complex language, some mistakes are to be expected. It's a balance between accuracy and confidence. In other words, it's better to say lots of things with a few mistakes than hardly anything because they are afraid to make a mistake.

Encourage students to talk as much as possible in German: in class, to fellow learners, to a friendly native speaker, even to themselves! More practice = more confidence. Get them to practise speaking from headings/key words/brief notes rather than reciting

swathes of pre-learnt material. They could try recording mini talks on a chosen general topic, speaking just from brief notes, and having a go at sample papers. See the Exam techniques section at the back of the Students' Book, page 253, for information on Edexcel Unit 1 mark schemes and assessment criteria.

Extension activities page 192 provides support for this speaking activity.

6 Gesucht: Energieträger ohne Nachteil!

 Answers

1. Absatz 3
2. Absatz 7
3. Absatz 5
4. Absatz 2
5. Absatz 4
6. Absatz 1
7. Absatz 6

Suggested answers

1. Because it can use a variety of plant and animal materials (e.g. wood, straw, plant oils, organic waste, dung) to make a variety of end products (electricity, heat, fuel for cars).

2. Because it only produces exactly as much CO_2 as the plant or animal used up when it was alive and growing: the overall balance is therefore zero.

3. Because it means less transportation, less dependence on foreign imports and less susceptibility to shortages and crises on the world energy market.

4. Because they do not require the building of enormous dams, which can impinge upon the environment and the human rights.

 Suggested answers

	Verfügbarkeit	Erneuerbarkeit	CO₂-Emissionen	Schadstoff-emissionen und Abfälle	Weitere Auswirkung auf Landschaft und Umwelt
fossile Brennstoffe	nur begrenzt verfügbar	erschöpfbar/nicht erneuerbar	produziert zusätzliches CO_2	produziert schädliche Abgase und Treibhausgase	*(steht nicht im Text)*
Atom-energie	nur begrenzt verfügbar	erschöpfbar/nicht erneuerbar	*(steht nicht im Text)*	produziert gefährliche Abfälle	*(steht nicht im Text)*
Biomasse	weltweit verfügbar	unerschöpflich/ erneuerbar	CO_2-neutral	produziert Treibhausgase wie Methan und Schadstoffe wie Stickoxide und Staubpartikel	nimmt viel Platz; benötigt viel Unkrautvernich-tungsmittel und Dünger; konkurriert mit der Nah-rungsmittelproduktion; Regenwälder werden für den Rapsanbau abgeholzt
Wind-energie	vor Ort erzeugt	unerschöpflich/ erneuerbar	keine	keine	zurzeit teuer; verursacht Lärm und verdirbt das Landschaftsbild
Solar-energie	vor Ort erzeugt	unerschöpflich/ erneuerbar	keine	keine	zurzeit teuer; benötigt viel Platz für die Massenproduktion
Wasser-kraft	vor Ort erzeugt	unerschöpflich/ erneuerbar	keine	keine	zurzeit teuer; große Staumauern können umweltfeindlich sein und Menschenrechte verletzen

D Students should use the notes they made in activity C when writing their report. You could teach them some phrases for describing advantages/ disadvantages. Encourage students to make sure the tone and register of their report are appropriate to a magazine article.

You should look to assess this writing task in terms of the specification's marking scheme: content and response (15 marks) and quality of language (15 marks). Award marks to students who have given advantages and disadvantages for each of the bullet points, and have used the appropriate tone/register.

E Encourage students to give one or two simple reasons for their choice, using language from the text on p. 71 and their notes from Activity C.

Das Recycling

7 Was gehört wohin?

 Answers

1. Konservendosen
2. Elektrogeräte
3. Windeln
4. Eierkartons
5. Gartenabfälle
6. Konservengläser
7. Altkleider
8. Druckerpatronen
9. Handys
10. Styroporverpackungen

Suggested answer for final question

Jede Verpackung zu spülen verbraucht viel Wasser und ist daher nicht umweltverträglich.

 Suggested answers

- Konservendosen kommen in die Gelbe Tonne: Sie werden recycelt.
- Elektrogeräte gehören in die Elektro-Altgeräte-Sammlung: Die Wertstoffe werden wiederverwertet.
- Windeln kommen in die Restmülltonne: Sie werden in der Müllverbrennungsanlage verbrannt.
- Eierkartons gehören in die Altpapiertonne: Sie werden recycelt/zu Recyclingpapier verarbeitet.
- Gartenabfälle kommen in die Biotonne: Sie werden zu Kompost verarbeitet.
- Konservengläser gehören in den Altglascontainer: Sie werden recycelt/zu Recycling-Glas verarbeitet.
- Altkleider gehören in die Altkleidersammlung: Sie werden wiederverwendet.
- Druckerpatronen gehören in die Druckerpatronen-sammlung: Die Wertstoffe werden wiederverwertet.
- Handys gehören in die Handysammlung: Die Wertstoffe werden wiederverwertet.
- Styroporverpackungen kommen in die Gelbe Tonne: Sie werden recycelt.

Extension activities page 193 provides support for this speaking activity.

8 Ist die Gelbe Tonne am Ende?

Before students listen to the recording you might like to use the following short passage to give students a bit of background information about the *Duales System*.

Die Mülltrennung kostet nicht nur Mühe, sondern auch viel Geld: Die Hersteller dürfen das Grüne-Punkt-Symbol nur auf ihre Verpackung drucken, wenn sie einen bestimmten Geldbetrag an das so genannte Duale System Deutschland oder DSD zahlen. Mit dem Geld – rund zwei Milliarden Euro im Jahr – organisiert das Duale System die Leerung der Gelben Tonnen, die Sortierung und die anschließende Wiederverwertung. Das Geld ist in der Regel im Kaufpreis von Bechern und Tüten enthalten: Es zahlt also der Verbraucher. So kostet die Mülltrennung jeden Deutschen im Jahr circa 25 Euro.

You could also revise/introduce phrases that can be used to qualify figures, e.g.:
knapp 30 Kilogramm = just under 30 kilograms
weit über fünf Millionen Tonnen = well over five million tonnes
rund/ca./zirka 520 Kilogramm = about/approximately/roughly 520 kilograms

 Answers

1. Satz 5 (F)
2. Satz 7 (R)
3. Satz 4 (R)
4. Satz 1 (R)
5. Satz 8 (PJR)
6. Satz 10 (PJR)
7. Satz 6 (R)
8. Satz 2 (R)
9. Satz 9 (PJR)
10. Satz 3 (PJR)

Answers

Statistic from listening extract illustrated by graph: Pro Kopf im Jahr werden knapp 30 Kilogramm so genannter Leichtverpackungen in Gelben Tonnen gesammelt.

Themes from listening extract echoed by the cartoon:
- Deutschland ist Weltmeister im Mülltrennen.
- Es gibt viele verschiedene Tonnen für die Mülltrennung: die Gelbe Tonne, die Graue Tonne, die Altglastonne, die Papiertonne und die Biotonne.
- Die Mülltrennung kostet Mühe.
- Experten zweifeln daran, dass die mühsame Trennung überhaupt sinnvoll ist.
- Wie wird man die Verbraucher überzeugen können, dass sie bei einem Ein-Tonnen-System ihren ganzen Müll bunt gemischt in eine einzelne Tonne schmeißen dürfen?

 Suggested answers

1
- Weil sie nur einen kleinen Teil des gesamten Hausmülls behandelt.
- Weil nur zwei Drittel der eingesammelten Verpackungen tatsächlich recycelt werden.
- Weil der Rest der Verpackungen dann sowieso wie der normale Hausmüll in einer Müllverbrennungsanlage landet.
- Weil die Mülltrennung teuer und mühsam ist.
- Weil neue Sortiermaschinen Wertstoffe viel effizienter aus gemischtem Hausmüll automatisch sortieren können.

2. Man sammelt den ganzen Hausmüll in einer einzelnen Tonne ein. Dieser bunt gemischte Müll kommt dann in eine Sortieranlage, wo Maschinen fast alle Wertstoffe aus dem Müll sortieren.

3. Es ist billiger (statt 1000 Euro nur 200 Euro pro Tonne Müll), weil man statt vieler verschiedener Tonnen nur eine einzelne Tonne abholen muss. Es ist effizienter, weil man alle Wertstoffe zur gleichen Zeit und am selben Ort automatisch sortieren kann. Es ist umweltverträglicher, weil die neuen Sortiermaschinen fast alle Wertstoffe, sogar verschiedene Plastikarten und Glasfarben, wiedergewinnen können.

Extension

Students could practise using interrogatives (presented in the grammar box on page 77) by quizzing each other on the statistics presented in the graph and in the radio report, e.g. *Wie viel…? Welcher Anteil an…?*

9 Einweg oder Mehrweg – welcher Weg ist besser?

There are two examples of the *Sie* form of the imperative in the text: *Kaufen Sie Getränke nach Möglichkeit in Mehrwegflaschen und vermeiden Sie Einwegverpackungen!* Refer students to the grammar box on the imperative on page 67 of the Student's Book.

 Answers

1. Pfandpflicht
2. Einweggetränkeverpackungen
3. Kunststoff
4. Weißblech
5. Pfandgeld
6. Mehrwegflaschen
7. Abfüllbetrieb
8. Rohstoffe

Students need to gather information from two sources for this activity: from the reading text *Einweg oder Mehrweg – welcher Weg ist besser?* and from the listening extract *PET-Flaschen: Was wird daraus?*

Suggested answers

	Single use drinks packaging	Reusable drinks packaging
1. Can be made of what materials?	Glass, plastic (PET), aluminium or tinplate	Glass or plastic (PET)
2. Used for what sort of drinks?	Beer, mineral water, fizzy drinks like lemonade or cola	Beer, mineral water, fruit juices
3. Refundable deposit required?	Yes; higher than the deposit for reusable packaging	Yes
4. Can be used how many times?	Once	Glass: up to 50 times PET: up to 25 times
5. What happens to packaging once returned?	PET cannot be made into drinks packaging again for hygiene reasons; about 500 million or 40–50% of PET bottles are sent to China per year to be made into fleece fibres for clothing.	It gets returned to the producer who cleans it then refills it; eventually gets recycled.
6. What transport required?	Often transported half-way around Europe to reach the point of sale; additional transport needed for the recycling; if PET is sent to China long distances are involved to get it there, then it comes all the way back again when German retailers purchase it in the form of fleece jackets.	Reusable bottles are mainly used by local producers, so transport distances are not so great.
7. Environmentally friendly?	No; uses more materials and energy; produces more waste, e.g. an average family using only single-use packaging would produce more than 650 litres of waste drinks packaging in a year.	Yes; uses far less materials and energy and produces much less waste, e.g. one 0.5 litre reusable PET bottle can replace just under 38 drinks cans und a crate of 20 reusable glass bottles can replace 1000 single-use bottles.
8. Do consumers bother to return the packaging?	Yes, because the deposit is higher than on reusable packaging so they are worth more.	Press reports say more reusable bottles are being thrown away since the introduction of the obligatory deposit system on single-use packaging, perhaps because the deposit on single-use packaging is higher.

C You could supply students with some key words to support them in answering the second question: *Was machen Sie persönlich, um weniger Verpackungsmüll zu produzieren?*, e.g. *die Plastiktüte, die Papiertüte, die Plastikfolie, die Mehrwegverpackung, die Mehrwegtüte, unnötige Verpackungen, verzichten auf + accusative, boykottieren, die Verpackungsindustrie, recyclebar, wiederverwendbar, wiederverwertbar.*

Students could be informally appraised during this discussion for accuracy of language (including accuracy of pronunciation and intonation), range of lexis and variety of structures appropriate to AS level, and the spontaneity and fluency of their communication.

D Make sure students know phrases for starting and ending a formal letter, e.g. *Sehr geehrte Damen und Herren; Hochachtungsvoll...* Students can draw on information from the reading text *Einweg oder Mehrweg – welcher Weg ist besser?* and from the listening extract *PET-Flaschen: Was wird daraus?* for this writing task.

You should look to assess this writing task in terms of the specification's marking scheme: content and response (15 marks) and quality of language (15 marks). Award marks to students who have started and ended their letter with appropriate phrases, and have clearly addressed all the bullet points. Students should use the appropriate tone/register for a protest letter.

Study skills: Tips for the speaking task

Refer students also to Arbeitsbatt: *Ways to keep the conversation going* (see Dynamic Learning Home Edition). You could advise students on ways to practise pronunciation and intonation:

* Listen to a paragraph from a listening extract, then read aloud the same paragraph from the transcript (and perhaps record it), trying to imitate pronunciation, rhythm and intonation as closely as possible. Compare with the original recording and try to identify the differences: keep repeating this until it sounds as close as possible to the German speaker.
* Read written material out loud in class (for less confident learners: in pairs), and ask others (your partner) for feedback on which bits are good and not so good – often pronunciation mistakes are so ingrained you can't hear your own any more.
* Note where stresses fall when learning new words: check in the dictionary, where the stressed syllable is usually indicated in some way.
* Look in the mirror to see what your mouth and tongue are doing when practising difficult sounds, e.g. *r, ch*.

The **Grammar worksheet** for this chapter provides practice in comparatives and superlatives; the use of the imperative; and using *wenn*-clauses with the indicative.

Assessment tasks

1. Naturkatastrophen: Klimawandel birgt neue Gefahren

 Suggested answers

1. *Wo erlebt man Naturkatastrophen wie Überschwemmungen?*
   In Ländern wie den USA oder Südostasien, aber auch in Europa – in den letzten zehn Jahren gab es in Deutschland sechs Überschwemmungen.

2. *Wie kommt es dem Text nach zu Überschwemmungen?*
   Der Schnee in den Bergen schmilzt, weil das Wetter so warm ist. Das Schmelzwasser fließt in die Flüsse ab, so haben die Flüsse zu viel Wasser und das Wasser tritt über die Ufer.

3. *Was sind Ihrer Meinung nach vielleicht andere Folgen des Klimawandels?*
   Students are free to come up with as many ideas and examples as possible, offering explanations for their suggestions and theories.

4. *Was tun Sie persönlich für die Umwelt?*
   Students can include all sorts and everything here: again offering reasons for their actions and potential benefits to the environment.

2. Hörtext: Energiequellen

 Suggested answers

a Durch die Verbrennung von Kohle, Gas und Öl, also fossiler Energieträger.

b Die Energiequellen werden alle erschöpft.

c Die Produktion von Atomstrom ist umweltfreundlicher.

d Weil der produzierte Müll radioaktiv ist und sich sehr lange hält./Die radioaktiven Strahlen sind schädlich und können schlimme Erkrankungen verursachen.

e Es gibt unbegrenzte Mengen von Ökoenergiequellen wie Wasser, Sonne oder Wind und sie sind umweltschonend.

f 50% unseres Strombedarfs.

g Man braucht viel Zeit für Forschung und Entwicklung, diese kosten Geld und die Wirtschaft will einen Profit sehen.

3. Keine gesunde Umwelt

 Suggested answers

a They are being poisoned by the environment.

b It increases the risk of their contracting illnesses.

c They have not got enough money to live in better areas.

d Impossible to reduce noise from road traffic/ Impossible for many families to move.

e They have traces of insect repellents and plasticisers in their blood.

4. Jugend-Aktions-Gruppen

This requires students to write an e-mail, and this represents a more informal communication. Students should be made aware of the tone and register required here.

Bildung und Erziehung

Topic areas for Einheit 5

Edexcel topic	Topics/Grammar/ Study skills covered in the chapter	Coverage in *Edexcel German for A Level Student's Book*
Education and employment (Bildung und Erziehung)	Schools in Germany (Deutsche Schulen)	1 Das deutsche Schulsystem p. 82 2 Schulen in Österreich p. 83 3 Schulstress p. 84 4 G8 p. 84
	After school (Nach der Schule)	5 Das Freiwillige Soziale Jahr p. 85 6 Die Vorteile vom FSJ p. 85 7 Ein freiwilliges Jahr im Ausland p. 86 8 Wehrpflicht p. 87 9 Interviews mit jungen Leuten p. 87
	University study (Universitätsstudium)	10 Im Osten studieren p. 88 11 Zulassung p. 89
	Current topics in education (Aktuelle Themen im Bildungsbereich)	12 Schulkleidung p. 90 13 Die Schule als Mannschaft p. 91 14 Ganztagsschule p. 92 15 Nochmals Samstagsschule? p. 93 16 Deutsch als Zweitsprache p. 94 ★ Was kostet das Studium? p. 96 17 Schülerin in Österreich p. 96 18 BAföG: Ja oder nein? p. 97
	Grammar	Relative pronouns p. 91 The imperfect tense p. 95 The pluperfect tense p. 96
	Study skills	Tips for the writing task (1) p. 86 Tips for the writing task (2) p. 94

★ Material found on Dynamic Learning Network Edition.

General notes for this topic

- The chapter aims to give students an overview of the school systems in Germany and Austria, and to introduce some of the current issues relating to education in the German-speaking world.
- Before students tackle the topic, revise GCSE vocabulary. They need to be familiar with the following words: types of school (*Gymnasium, Realschule, Hauptschule, Grundschule*); *Fach*, school subjects; *Abschlussprüfung, Unterricht, Abitur, Semester*.

Explain the following terms: *Einheitsschulkleidung, Ganztagsschule, Wehrdienst, Zivildienst, das Freiwillige Soziale Jahr, die neuen/alten Bundesländer, Matura, BAföG, Numerus Clausus.*

Further reading

Various articles about the school system and current discussion on educational topics
www.goethe.de/wis/sub/deindex.htm

Article about talented school pupils being able to attend university lectures
www.goethe.de/ins/sg/sin/wis/sub/de1032518.htm

Article about criticism of teachers in Germany
www.goethe.de/wis/sub/thm/de54297.htm

'Texte schnell erfassen'; 'Was angehende Schnellleser tun und lassen sollten': two articles about improving reading speed on the *Focus: Schule* website
www.focus.de/schule/lernen/lernatlas/tid-9043/powerreading_aid_262846.html
www.focus.de/schule/lernen/lernatlas/tid-9043/powerreading_aid_262847.html

Der Tagesspiegel: German pupils spending a year at school in Sweden compare the schools in the two countries
www.tagesspiegel.de/magazin/wissen/schule/Schule-Schweden;art295,2479363

Zum Einstieg

This section aims to review students' knowledge of the German education system and to compare it to the English system. Students should review their own school careers and state what they felt to be the positive and negative aspects of it. They should also consider the advantages and disadvantages of university study, of a gap year, and of combining university study with a job.

Pre-task suggestions:
- Students could brainstorm their knowledge of German schools.
- They could draw up a table of the positive and negative aspects of their school careers so far.

After-task suggestion:
- Ask students to write two paragraphs saying why they would like to go to university/why they would not want to go to university.

You could revise GCSE language relating to schools. The following new expressions could be introduced:
- *Ich halte... für wichtig, weil...*
- *Im Vergleich zu England...*
- *Die Vorteile/Nachteile des deutschen Systems sind...*
- *Ein Universitätsstudium*

Suggested answer

Deutsche Schulen fangen normalerweise früher als englische Schulen an, also um 8 Uhr. Das finde ich nicht gut, weil ich nicht so gerne früh aufstehe. Aber der Unterricht ist auch um 13 Uhr zu Ende und man kann nach Hause gehen. Man hat den ganzen Nachmittag frei.

Ich möchte nach der Oberstufe auf die Universität gehen. Ich interessiere mich sehr für Fremdsprachen und will Deutsch und Französisch studieren. Ich würde gerne ein Jahr im Ausland verbringen, um mein Deutsch zu verbessern.

Follow-up questions

- Wie lange dauert ein Universitätsstudium in England/Deutschland?
- In welchem Alter sollte man anfangen, eine Fremdsprache zu lernen?
- Wenn Sie ein Jahr in Deutschland verbringen, wo möchten Sie wohnen? Warum?
- Sollten alle Schüler ein Universitätsstudium machen?
- Was für Arbeit möchten Sie bei einem Freiwilligen Sozialen Jahr machen? Und wo? In England oder im Ausland?
- Sollten alle Schüler und Studenten ein Freiwilliges Soziales Jahr machen?

Deutsche Schulen

1 Das deutsche Schulsystem

 Answers

1. Grundschule
2. Realschule
3. Gymnasiast(en)
4. Realschulabschluss
5. Hauptschule
6. Gesamtschule
7. Abitur
8. Kindergarten

 Answers

1. im Alter von sechs Jahren
2. nur in einigen Fächern
3. alle Schüler besuchen dieselbe Schule
4. ist Pflicht für alle Schüler
5. aufgrund der Noten
6. unterschiedliche Niveaus
7. in fast allen Bundesländern
8. drei verschiedene Schultypen
9. es gibt viele Möglichkeiten
10. auf das Gymnasium wechseln

Students discuss in a group the advantages and disadvantages of the German school system. They should highlight those they do not like and give their reasons. They then write up their opinions. About 70% of the marks should be awarded for expressing views and opinions, with supporting reasons. Ensure students give a suitable concluding remark/paragraph.

2 Schulen in Österreich

A Answers

	Man beginnt mit…	Man verlässt diese Schule mit…
Volksschule	**6 Jahren**	**10 Jahren**
Hauptschule	**10 Jahren**	14/15 Jahren
Berufsschule	**10 Jahren**	**16 Jahren**
Allgemeinbildende **Höhere** Schule (AHS) oder **Gymnasium** oder **Mittelschule**	**10 Jahren**	**18 Jahren**

B Answers

1. Beruf, Sekretärin
2. Universität
3. Englisch, dritten, Latein, Französisch
4. Latein
5. Kurs
6. Sport, Geografie
7. Matura

3 Schulstress

A Answers

1. Seit drei Jahren.
2. Schlecht/Sie finden es ärgerlich.
3. Die Familien.
4. Dass die Kinder Stress wegen der Schule haben.
5. Die Freizeit ist nicht ausreichend/genug.
6. Sie machen bis zu 50 Wochenstunden.
7. Viel mehr.

4 G8

A Answers

1. Marcus' Sohn
2. Monikas' Tochter
3. Jasmin
4. Elly
5. Marcus' Sohn

B Answers

1. benötigt
2. völlig ausgelaugt
3. gehetzt/unter Druck
4. langfristig
5. überfordert

Extension activities page 194 provides two further related activities (reading and writing).

Nach der Schule

5 Das Freiwillige Soziale Jahr

A Answers

1. nach Abschluss ihrer Schulausbildung
2. ein Jahr lang
3. ihr gewünschter Beruf
4. unter der Aufsicht von Fachkräften
5. ausprobieren
6. im kulturellen Bereich
7. kann… absolviert werden

B Answers

1. Falsch. Das FSJ macht man nach Abschluss der Schulausbildung.
2. Richtig.
3. Falsch. Man muss 17–26 Jahre alt sein.
4. Falsch. Das FSJ kann im Ausland absolviert werden.
5. Falsch. Man kann den gewünschten Beruf ausprobieren.
6. Richtig.

Extension activities page 194 provides two further related activities (reading and writing).

6 Die Vorteile vom FSJ

 Answers

1. c **2.** a **3.** d **4.** f **5.** e **6.** b

Study skills: Tips for the writing task (1) and (2) (pages 86 and 94)

Refer students to the 'Exam techniques for AS' section at the back of the Student's Book (in particular the section 'Unit 2: Understanding and Written response' on page 254) for information on timekeeping in the Unit 2 exam and how to access the higher bands of Unit 2 assessment grids for the written task.

Emphasise to students the importance of checking their written work using a system of separate read-throughs for separate grammatical points, e.g. one read-through to check verbs, one to check adjectives, and so on.

7 Ein freiwilliges Jahr im Ausland

 Answers

1. Richtig.
2. Falsch. Sie mag Spanisch/Sie kann schon Spanisch.
3. Richtig.
4. Falsch. Sie wird bei einer Gastfamilie wohnen.
5. Falsch. Chipem ist eine Fünfzigtausend–Einwohner-Stadt.
6. Richtig.
7. Richtig.
8. Falsch. Sie bewundern sie/Sie sind neidisch.

 This exercise encourages students to reflect on the possible value of a gap year.

8 Wehrpflicht

 Answers

1. Jeder gesunde Mann, der 18 Jahre alt ist.
2. Um Deutschland im Kriegsfall zu schützen (verteidigen).
3. Nach dem Universitätsstudium.
4. Sie dürfen Zivildienst machen.
5. Beide dauern neun Monate.
6. Leute, die krank sind oder Hilfe brauchen.
7. Nein, er ist nur für Männer (Frauen machen ihn nicht).

B **Answers**

1. g **2.** d **3.** b **4.** h **5.** j **6.** f **7.** a **8.** c **9.** e **10.** i

9 Interviews mit jungen Leuten

 Answers

1. Nadja
2. Thomas
3. Dennis
4. Fritz
5. Thomas
6. Dennis
7. Fritz

B This exercise encourages students to reflect on the value of compulsory military or voluntary service.

Universitätsstudium

10 Im Osten studieren

A **Answers**

1. Keine Chance auf einen vernünftigen Job.
2. Dieses Klischee vom Leben im Ostteil Deutschlands haben viele.
3. Die alten Bundesländer konnten aufgrund dieser Entwicklung in den letzten 16 Jahren einen Bevölkerungszuwachs von ungefähr 1,5 Millionen verzeichnen.
4. Keine Studiengebühren.
5. Der gesamte Osten wirbt mit attraktiven Willkommensgeschenken oder schlauen Slogans.
6. Die Vorurteile ihrer (West–) Freunde kann sie bis heute nicht bestätigen.
7. Ich komme aus einer Kleinstadt.

 **Suggested answers**

1. Die jungen Leute fahren nach Westdeutschland.

2. Dass alles „grau" ist; dass es keine Arbeit und keine Freizeitbeschäftigungen gibt.

3. Die Leute verlassen die neuen Bundesländer und wollen im Westen wohnen.

4. Sie müssen keine Studiengebühren bezahlen; die Universitäten sind modern; sie bekommen Begrüßungsgelder und Willkommensgeschenke.

5. Man kann studieren und in der Freizeit zum Strand gehen (schwimmen gehen).

6. Jena will zeigen, dass Studenten dort willkommen sind (ein freundliches Verhältnis).

7. Sie meint, dass sie Vorurteile (ein falsches Bild von den neuen Bundesländern) haben.

8. Sie findet es sehr gut (Es gefällt ihr sehr).

9. Dass sie mit anderen jungen Menschen zusammen war und dass die Stadt größer als ihre Heimatstadt war.

11 Zulassung

 Answers

1. Auswahlverfahren

2. eine Auslese einführen

3. die Zulassung zum Studium

4. in die Beurteilung miteinbezogen

5. ein deutlicher Rückgang

6. eine umstrittene Hürde

7. Er bestätigt nur die Abiturnote.

8. Ohne Teilnahme sinken die Chancen auf eine Zulassung erheblich.

9. Das Ergebnis wird berücksichtigt.

 Answers

1. Falsch. Karlsruhe will das Auswahlverfahren in der Zukunft einführen.

2. Richtig.

3. Richtig.

4. Richtig.

5. Richtig.

6. Falsch. Der Medizinertest hat dasselbe Resultat wie das Abitur ergeben.

7. Richtig.

8. Falsch. Der Test wird an 17 anderen Universitäten gemacht.

 Students write about various aspects of university study. You should look to assess students' writing in terms of the specification's marking scheme: content and response (15 marks) and quality of language (15 marks).

Extension activities page 195 provides a further reading and writing activity.

Aktuelle Themen im Bildungsbereich

12 Schulkleidung

 Answers

1. e 2. c 3. h 4. g 5. a 6. i 7. j 8. d 9. b 10. f

 Answers

Sentences 3, 4, 5, 7.

Extension activities page 196 provides a further reading activity.

13 Die Schule als Mannschaft

 Answers

1. Umfrage

2. Team

3. Idee

4. freiwillig

5. Logo

6. Freizeitkleidung

7. bestellt

14 Ganztagsschule

 Answers

1. Ina–Sophie

2. Ina–Sophie

3. Katharina

4. Ina–Sophie

5. Lisa

6. Margarita

7. Chris

8. Tina

9. Lisa

 Answers

1. Begeisterung

2. rennt

3. die Zeit… ist knapp

4. stimmt (ihm) zu

5. vor kurzem

6. Zeitmangel

7. schlapp

8. ergänzt

9. bedauern

Extension activities page 197 provides a related speaking activity, and some grammar practice (relative pronouns; past tenses).

15 Nochmals Samstagsschule?

 Answers

1. Anika Liedtke

2. Peter Bitomsky

3. Mariele Ehmanns

4. Hans Höroldt

5. Anika Liedtke

6. Mariele Ehmanns

7. Hans Höroldt

8. Peter Bitomsky

 Students discuss various activities to do with school and their importance.

16 Deutsch als Zweitsprache

 Suggested answers

1. Acting out a children's story.

2. Various props, including stuffed toys (bear and tiger), a pound of bananas and a wooden box.

3. They find it very difficult, because their knowledge of German is limited.

4. Non-German; Turkish and Arabic.

5. They don't know things German children take for granted (names of colours and animals; names of objects; genders of nouns).

6. Only between 30 and 40.

7. 12 pupils.

8. They will increase from 4 to 6.

9. Very. More than 1 in 5 pupils get to the grammar school.

 This exercise gives students the opportunity to consider the problems facing immigrant children in school and the methods used to teach them.

 Students write about either the importance of school uniform or the length of the school day. You should look to assess students' writing in terms of the specification's marking scheme: content and response (15 marks) and quality of language (15 marks). About 70% should be awarded for expressing views and opinions, with supporting reasons.

17 Schülerin in Österreich

 Answers

Sentences 2, 3, 6, 7.

18 BAföG: Ja oder nein?

 Answers

1. Falsch.

2. Richtig.

3. Richtig.

4. Nicht im Text.

5. Falsch.

6. Falsch.

7. Falsch.

8. Richtig.

9. Falsch.

The **Grammar worksheet** for this chapter provides practice in the use of relative pronouns; the imperfect tense; and the pluperfect tense.

Assessment tasks

1. Angst und Leistungsdruck in der Schule

1. *Wie fühlen sich viele Jugendliche in der Schule?*
   Sie fühlen sich unter Leistungsdruck, gestresst und haben Angst vor schlechten Noten.

2. *Warum haben viele Jugendliche Angst vor dem Sitzenbleiben?*
   Sie meinen, sie verlieren vielleicht ihre Freunde, die Anderen werden sie für „weniger intelligent" halten und sie fürchten auch die Reaktionen ihrer Eltern.

3. *Warum meinen Sie, dass Eltern ihre Kinder manchmal unter Leistungsdruck setzen?*
   Ideas along the lines of wanting a better future for their children, competitive nature of the world of work, the selective system which operates still in German-speaking and many other countries, etc.

4. *Was soll man Ihrer Meinung nach tun, um Schüler richtig zu motivieren?*

A potential Pandora's Box here! Students can draw on their own experiences as well as offering other suggestions backed up by concrete examples.

2. Abitur mit 14 Jahren

 Suggested answers

a   She has passed her Abitur but is younger than is normal: only 14 and usually pupils take the Abitur when they are 18 or 19.

b   When she started school, she went straight into Y3 and then she skipped Y5.

c   They got on well.

d   She is not very good in practical subjects and her father excused her from PE lessons.

e   She is going to study medicine.

3. Hörtext: Soll Schuluniform Pflicht werden?

 Suggested answers

a   Sie steht ganz hinter dem Konzept.

b   Sie verstehen sich gut, es gibt keine Diskriminierung, keine Cliquen, alle werden akzeptiert.

c   Probleme wie Mobbing und Gewalt lösen.

d   Alle Schüler sehen gleich aus. Man weiß nicht, ob ein Schüler arm oder reich ist oder welcher Religionsgemeinschaft er angehört.

e   Uniformen erinnern immer noch an die Nazi-Zeit.

f   Die Freiheit, sich so zu kleiden, wie man will.

g   Wenn sie mitentscheiden, welches Design die Schuluniform haben soll.

4. Bezahlte Auslandsjobs

While this is an e-mail, the register and tone should be fairly formal. Students should be reminded of the modes of address.

Die Welt der Arbeit

EINHEIT 6

Topic areas for Einheit 6

Edexcel topic	Topics/Grammar/ Study skills covered in the chapter	Coverage in *Edexcel German for A Level Student's Book*
The world of work (Die Welt der Arbeit)	Earning extra money (Geld nebenbei)	1 Arbeitspraktikum in England p. 102 2 Michaela arbeitet als Kellnerin p. 103 3 Schule und Job sind vereinbar p. 103 4 Ein Teilzeitjob p. 104 5 Wie finanziere ich mein Studium? p. 106 6 Model p. 107
	Different styles of working (Heute arbeitet man anders)	7 Mobile Mitarbeiter p. 108 8 Pendler berichten p. 109 9 Callcenter p. 110 10 Arbeitsstellen heute p. 112 11 Tipps für die Arbeit zu Hause p. 113
	All types of work (Allerlei Arbeiten)	12 Postbote p. 114 13 Ein Dolmetscherin p. 115 14 Wie bekomme ich eine Arbeitsstelle? p. 116 15 Arbeitslosigkeit p. 117
	Grammar	The subjunctive (Konjunktiv 2) p. 105 Personal and possessive pronouns p. 110 Impersonal verbs p. 114
	Study skills	Revision tips (1); making a timetable and revising topic content p. 108 Revision tips (2); revising grammar, structures and vocabulary p. 111

General notes for this topic

- Before students begin the chapter, revise GCSE vocabulary. They need to be familiar with the following words: *Arbeitsstunden, Lohn, Erfahrung, Arbeitspraktikum, Beruf, jobben*, names of various jobs (e.g. *Kellner, Putzfrau, Postbote, Dolmetscher*), *Fremdsprache, Muttersprache, Streik, Berufswunsch, arbeitslos, Arbeitslosigkeit.*
- Explain the following terms: *Unabhängigkeit, Konsumdruck, Schichtarbeit, Auftrag, selbstständig, Pendler, Mitarbeiter, Vollzeitstelle, Teilzeitstelle, Vertrag, Lebenslauf, Ausbildungsplatz, Vorstellungsgespräch.*

Further reading

Arbeit ist Arbeit… ist Arbeit… ist was?
Goethe Institut online article about the balance between work and free time
www.goethe.de/ges/soz/dos/arb/alw/de1693783.htm

Allroundtalente gesucht
Goethe Institut online article about the changing shape of jobs and the need for flexibility and mobility
http://www.goethe.de/ges/soz/dos/arb/piw/de16780 10.htm

Der Kampf zur Arbeit
Focus online article about the difficulty of getting to work during a rail strike
http://www.focus.de/finanzen/news/bahnstreik_aid_ 139219.html

Das erste Geld macht Arbeit
Focus online report of a statistical survey about pupils who have part-time jobs
http://www.focus.de/schule/familie/ratgeber/schueler jobs_aid_24672.html

Arbeit trotz Rente
ZDF Report about pensioners who have to work to top up their pension
http://reporter.zdf.de/ZDFde/inhalt/6/0,1872,52546 62,00.html?dr=1

Schon wieder Montag
ZDF Report about long-distance commuters (link to video of programme)
http://reporter.zdf.de/ZDFde/inhalt/21/0,1872,7162 837,00.html

Zum Einstieg

The section aims to:
* discuss the part-time jobs students have.
* discuss the reasons for having a part-time job and the viability of combining this with one's studies.
* get students to think about the advantages and disadvantages of different ways of working (e.g. working from home; job sharing; commuting).
* consider what is important in selecting a future career and the qualifications required.
* get students to think about what 'having a good job' entails.

Pre-task/after-task suggestions:
* Students talk about their own part-time jobs.
* Students talk about their parents'/grandparents' jobs; the differences between work today and work in previous generations.
* Students consider the importance of various jobs; how much people in various jobs earn and whether the salary is justified (e.g. doctor, footballer, pop star, pilot, refuse disposal worker).

Key words and phrases:
* *Ich finde es gut/nicht gut, dass Schüler und Studenten einen Nebenjob haben, weil…*
* *Die Qualifikationen für diesen Beruf sind…*
* *Ich will nebenbei verdienen, weil ich das Geld für… brauche.*
* *Das Wichtigste an einem Beruf ist…*

Follow-up questions

* Welche Berufe finden Sie gut? Welche finden Sie nicht gut? Warum?
* Möchten Sie denselben Beruf wie Ihr Vater/Ihre Mutter haben?
* Was ist bei der Arbeit wichtiger? Dass der Lohn gut ist oder dass die Arbeit Spaß macht?
* Wie wichtig ist Freizeit, wenn man arbeitet? Wie viel Freizeit soll man haben? Wie weit von dem Arbeitsplatz soll man wohnen?

Geld nebenbei

1 Arbeitspraktikum in England

 **Suggested answers**

1. Sie ist mit einer Bekannten der Gastfamilie (im Auto) gefahren.
2. Sie können (in der Kantine) essen, (im Supermarkt) einkaufen und ins Internet gehen.
3. Weil ihre Arbeit uninteressant war (nichts mit der Produktion einer Zeitung zu tun hatte).
4. Sie hat fotokopiert und hat eine Powerpoint-Präsentation zusammengefügt.
5. Mittwoch und Donnerstag in der ersten Woche; Montag in der zweiten Woche.
6. Eine Praktikantin hat ihr bei der Arbeit geholfen.
7. Sie hat nur einen halben Tag gearbeitet.
8. Sie hat ihr ein Geschenk (eine kleine Standuhr) gegeben.

B Students write about work experience, using the article they have read as a basis. You should look to assess students' writing in terms of the specification's marking scheme: content and response (15 marks) and quality of language (15 marks). About 70% should be awarded for expressing views and opinions, with supporting reasons. Ensure students give a suitable concluding remark/paragraph.

2 Michaela arbeitet als Kellnerin

 **Answers**

Students might mention the following points. (It is possible to mention some points under different headings.)

- *Die Arbeitszeiten*
  Passten im Großen und Ganzen gut: abends geöffnet; konnte bis 5 Uhr an der Uni sein; manchmal bis spät in die Nacht gearbeitet; schwierig, wenn sie um 8 Uhr eine Vorlesung hatte. Nur 2–3 Mal in der Woche gearbeitet.
- *Michaelas Meinung über den Job*
  Keine einfache Arbeit: stehen, Teller tragen, im Kopf rechnen.
  Aber hat viele Leute kennen gelernt. Eine schöne Zeit.
- *Die Probleme*
  Man muss immer nett und freundlich sein; man muss aufpassen, dass die Kasse stimmt.
- *Trinkgelder*
  Stundenlohn wenig; man verdient Geld durch die Trinkgelder.
- *Die Gäste im Lokal*
  Meistens junge Leute; viele sind Freunde geworden. Manchmal kamen die alten Gäste: erzählten von früher.

 Answers

1. tagsüber

2. solange jemand im Lokal war

3. hin und wieder

4. wenn am Schluss die Kasse nicht gestimmt hat

5. Man muss auch ständig nett sein.

6. Der Stundenlohn, das war sehr wenig Geld.

7. wollte diese Zeit frei haben

C Students write about various aspects of a part-time job and their opinions of it. You should look to assess students' writing in terms of the specification's marking scheme: content and response (15 marks) and quality of language (15 marks). About 70% should be awarded for expressing views and opinions, with supporting reasons. Ensure students give a suitable concluding remark/paragraph.

3 Schule und Job sind vereinbar

 **Answers**

1. d 2. g 3. k 4. a 5. i 6. f 7. b 8. c 9. j 10. h 11. e

B **Answers**

Correct: sentences 4, 5, 6, 7.

False (possible corrections):

1. Sabrina arbeitet an der Kasse in einem Supermarkt; Manuel arbeitet im Hotel.

2. Er will Erfahrung im Berufsleben sammeln.

3. Alle haben Geschwister.

8. Die Stelle hat meistens nichts mit dem gewünschten Beruf zu tun.

Extension activities pages 198–199 provides two further related activities (reading and writing).

4 Ein Teilzeitjob

 Answers

1. Ab dem zweiten Studienjahr.

2. Freunde von ihren Eltern.

3. Dienstag Nachmittag.

4. Jemand (der Koch) war krank (ist nicht gekommen).

5. Den Boden, die Toilette und die Fenster putzen.

6. Die, die den ganzen Tag dort sind (die Verkäuferinnen).

7. Sie hat Bücher ausgeliefert und Dinge zur Post gebracht.

8. Im Winter.

9. Sand mit kleinen Steinen.

10. An den Schuhen von den Kunden.

11. Es gab nur ein bisschen Staub.

B **Answers**

1. gegeben

2. kannten

3. Verkäufer

4. gebracht

5. geschlossen

6. unangenehm

5 Wie finanziere ich mein Studium?

A **Answers**

1. Jens

2. Sarah

3. Jakob

4. Sarah

5. Jakob

6. Jens

7. Jakob

8. Jens

 **B** Students discuss the jobs they have read about. They consider the working hours of each person and whether the jobs fit well with their studies. They present the results of their discussion to the group.

6 Model

A Answers

Correct: sentences 3, 5, 6, 7.
False (possible corrections):

1. Sie studiert im achten Semester.

2. Viele Mädchen studieren und sind gleichzeitig Model.

4. Sie hat Musikvideos gemacht und in einem Werbefilm gearbeitet.

8. Sie wird als Model weiterarbeiten.

9. Sie will nicht am Schreibtisch sitzen.

B A suitable translation would be:

1.	Doch der Job hat auch seine Nachteile.	*But (However) the job also has its disadvantages.*
2.	„Am Anfang	*"At the outset (beginning)*
3.	lief es zeitlich noch ganz gut,	*it was quite easy to organise my time.*
4.	erst später wurde es schwer,	*It was only later that it became (Only later did it become) difficult*
5.	Studium und Job unter einen Hut zu bringen",	*to combine the job with my studies",*
6.	sagt die Studentin.	*says the student.*
7.	Aber… das wird nicht gerne gesehen.	*But people don't like you/ But it's not the done thing*
8.	einen Auftrag abzulehnen,	*to turn a contract down.*
9.	Nur… macht Jelena wirklich mal Pause.	*Jelena only really takes a break from work*

10.	in der Prüfungsphase	*when she has exams (at exam time).*
11.	Das geht natürlich auf Kosten des Studiums:	*Of course that only works at the expense of her studies.*
12.	„Wenn ich den Job nicht hätte,	*"If I didn't have the job,*
13.	könnte ich sicher … schreiben",	*(then) I could definitely get*
14.	bessere Noten	*better marks",*
15.	gesteht sie.	*she admits.*
16.	Nach dem Studium	*After her studies*
17.	wird sie	*she doesn't intend (won't)*
18.	dem Beruf… den Rücken kehren.	*(to) turn her back on the job*
19.	allerdings nicht so schnell	*so quickly.*
20.	Was sie genau machen will,	*She still doesn't know… do.*
21.	weiß sie aber noch nicht.	*… exactly what she wants to do.*
22.	„Auf jeden Fall	*"In any case*
23.	will ich… arbeiten.	*I want to work*
24.	selbstständig	*independently.*
25.	Durch die viele Abwechslung	*As (my present job) has so much variety/Because of the variety*
26.	in meinem jetzigen Job	*in my present job,*
27.	kann ich mir schwer	*I find it difficult*
28.	vorstellen,	*to imagine myself*
29.	irgendwann	*ever*
30.	am Schreibtisch zu sitzen."	*sitting at a desk".*

Spelling errors would render a section incorrect.
30 marks divided by 3 gives a mark out of 10.

Study skills: Revision tips (1) and (2)

Try to spend some time with each student identifying their individual problem areas for priority revision. You could give the design of a personal revision timetable as a formal homework task. Follow up the task with individual feedback to help students tailor their timetable to the type of learner they are and the areas they need to prioritise.

You could also hold a whole-class discussion on techniques for revising grammar, vocabulary and topic content so that students can share ideas and strategies.

Make sure you provide plenty of opportunities for students to do sample papers under timed conditions.

Heute arbeitet man anders

7 Mobile Mitarbeiter

 Answers

1. Drinking a cup of coffee.

2. Five years.

3. It can take him two hours to reach the office.

4. He sets off between 4 and 5 p.m. and it takes him an hour and a half.

5. For example, people who work more than 50 km from where they live, or who travel more than an hour to their place of work.

6. They have bought a flat (second home) near where they work and only come home at weekends.

7. He leaves home at 5.15 a.m. on Monday morning, travels by train to Darmstadt and comes homes on Friday afternoon.

8. She has to run the home and look after their two children.

9. She works as well.

8 Pendler berichten

 Answers

1. b 2. b 3. c 4. c 5. a 6. b 7. c 8. a

 Answers

Sentences 2, 4, 6, 7.

9 Callcenter

 Answers

Correct: 1, 4, 6, 8, 9.
False (possible corrections):

2. Die Arbeit ist hart und der Lohn ist schlecht.

3. Sie hat letztes Jahr begonnen, in dem Callcenter zu arbeiten.

5. Sie hat meistens nur die Hälfte verkauft.

7. Man durfte nicht sagen, in welcher Stadt man arbeitete.

10 Arbeitsstellen heute

 **Answers**

Firma in der Ferne: Maria Baumann (d, 1)
Geteilte Arbeitsstellen: Verena Kainrath (c, 2)
Arbeiten, wie es einem passt: Gabriele Berger (a, 3)
Mal hier, mal da: Frank Höllerbauer (b, 4)

 Answers

- *Arbeiten wie es einem passt*
  Vorteile: Muss nicht früh aufstehen; kann später beginnen.
  Nachteile: Students might suggest: muss später arbeiten; nicht immer da, wenn die Kunden anrufen.
- *Mal hier, mal da*
  Vorteile: man arbeitet in verschiedenen Gegenden; man kann das Land kennen lernen; man hat überall Freunde.
  Nachteile: man muss immer einen neuen Vertrag finden. Students might suggest: man hat keine Freunde in der Firma.
- *Firma in der Ferne*
  Vorteile: arbeitet zu Hause, fährt nur einmal in der Woche ins Büro; passt besser mit dem Familienleben zusammen.
  Nachteile: Students might suggest: einsam; kein Kontakt mit anderen Leuten.
- *Geteilte Arbeitsstellen*
  Vorteile: arbeitet nur vormittags; kann die Hausarbeit machen; ist zu Hause, wenn ihr Sohn von der Schule kommt; kann für ihn kochen.
  Nachteile: genauso stressig wie ein normaler Job. Students might suggest: weiß nicht immer, was am vorigen Nachmittag passierte.

Extension activities page 199 provides two further related activities (reading and speaking).

11 Tipps für die Arbeit zu Hause

 Answers

- Tip 1
  Rule: start the day well.
  Detail: start with a job that's simple/that you enjoy/that interests you.

- Tip 2
  Rule: work the same sort of day as in a firm.
  Detail: work 9–5/have a proper lunch break.
- Tip 3
  Rule: spend enough time with your family and friends.
  Detail: don't work at the weekend/go for a walk every day/meet people for lunch/get out of the house.
- Tip 4
  Rule: separate working and living areas.
  Detail: have the computer upstairs in study/close the door so family knows you are working.

 Answers

1. produktiver arbeiten
2. Tipps aus meiner eigenen Praxis
3. Beginnen Sie mit einem guten Vorsatz in den Tag.
4. (Ich) mache um fünf Uhr Feierabend.
5. Die Hauptsache ist, man kommt aus dem Haus.
6. Ich trenne meine Arbeits- und Wohnbereiche.
7. „Jetzt bitte nicht stören."

C Students discuss the various work styles they have read and heard about and state their opinions of them. You should look to assess students' writing in terms of the specification's marking scheme: content and response (15 marks) and quality of language (15 marks). About 70% should be awarded for expressing views and opinions, with supporting reasons. Ensure students give a suitable concluding remark/paragraph.

Allerlei Arbeiten

12 Postbote

A **Answers**

1. d 2. g 3. f 4. b 5. a 6. e 7. c

13 Eine Dolmetscherin

A **B** 2 Students discuss the answers to the questions with their partner and use them as the basis for a brief talk to the group.

 Answers

1. Pendlerin
2. Reporterin
3. Sprecher der Bahn
4. Reporterin
5. Pendlerin
6. Sprecher der Bahn
7. Reporterin
8. Reporterin
9. Reporterin

D **Answers**

Sentences 2, 4, 7, 8.

14 Wie bekomme ich eine Arbeitsstelle?

A Students write their own CV using the example in the book as a template.

B Students write a reply to the job advertisement, using the example as a template.

Extension activities pages 200–1 provides three further related activities (reading and writing).

15 Arbeitslosigkeit

A **Answers**

1. Sandro
2. Jenny
3. Sigrun
4. Josef
5. Sigruns Freundin
6. Jenny

Extension

You could set your students the following writing task: Lesen Sie die Texte noch einmal. Sind sie positiv, negativ, oder positiv und negativ? Schreiben Sie mit Ihren eigenen Worten warum.

Students should justify their opinion each time. You should look to assess students' writing in terms of the specification's marking scheme: content and response

(15 marks) and quality of language (15 marks). About 70% should be awarded for expressing views logically and giving supporting reasons/information.

The **Grammar worksheet** for this chapter provides practice in the use of the subjunctive (form 2, the conditional use); personal pronouns; and impersonal verbs.

Assessment tasks

1. Die Arbeit von zu Hause

 Suggested answers

1. *Warum interessieren sich einige Menschen für Telearbeit?*
   Sehr praktisch für Familien mit jüngeren Kindern: man kann die Arbeitszeit flexibler einteilen, es ist also leichter, Beruf und Familie zu vereinbaren.

2. *Was für ein Mensch muss ein Telearbeiter sein?*
   Er soll motiviert und organisiert sein. Er soll Computer und Technologie gut verstehen, weil er vielleicht elektronisch mit der zentralen Firma kommunizieren wird.

3. *Warum meinen Sie, steigt die Zahl von Telearbeitern?*
   An opportunity to draw comparisons beteen working at home and working outside the home. This invites arguments in favour of working from home and against working in e.g. an office.

4. *Was, glauben Sie, sind die Nachteile der Heimarbeit?*
   Students have the chance to present the disadvantages of working from home and to reach a conclusion, based on all the information they have presented.

2. Hörtext: Arbeitspraktikum

 Answers

a ersten

b Arbeitsplatz

c Tieren

d Gaststätte

3. Wie der Blitz Schnellimbiss

 Students are asked to write an email, but since it is a job application, the tone and register should be formal.

4. Arbeitslosigkeit

 Suggested answers

a Viele Arbeitslose wollen nicht arbeiten, weil sie zu faul sind und genug Geld von der Sozialhilfe bekommen.

b Die Arbeiter zahlen für die Arbeitslosen.

c Arbeitslose haben ein Recht darauf, Geld zu bekommen, wenn sie in einer Notsituation sind, und zufrieden und sorgenfrei zu leben.

d Viele Arbeiten werden heute von Maschinen, Robotern oder Computern gemacht. Viele Unternehmen ziehen ins Ausland, wo man für weniger Geld arbeitet, als in Deutschland.

e Nicht viel. Genug zum Leben.

f Sie wollen Geld verdienen, um sich die Sachen zu kaufen, die sie brauchen und haben möchten. Durch Arbeit bekommt der Tag einen Rhythmus.

g Sie meinen, dass sie keine Aufgabe haben und dass man sie nicht braucht, obwohl sie noch arbeiten könnten und wollen.

h Die meisten Menschen wollen einen Job haben, können aber keinen Arbeitsplatz finden.

Sitten, Traditionen, Glauben und Religionen

Topic areas for Einheit 7

Edexcel topic	Topics/Grammar/ Study skills covered in the chapter	Coverage in *Edexcel German for A Level Student's Book*
Customs, traditions, beliefs and religions (Sitten, Traditionen, Glauben und Religionen)	A federal state (Ein Bundesland)	1 Bayern p. 122 2 München p. 124
	Abortion (Abtreibung)	3 Kann man Abtreibung rechtfertigen? p. 126 4 Abtreibung p. 127
	Equal rights (Gleichberechtigung)	5 Alles unter einem Dach p. 129 6 Ganz klar: Männersache p. 131
	Animal testing (Tierversuche)	7 Kann man Tierversuche rechtfertigen? p. 133 8 Tierschutz in Österreich p. 134
	Stem cell research, cloning, in vitro fertilisation (Stammzellenforschung, Klonen, In-vitro-Fertilisation)	9 Ein paar Tatsachen… p. 137 10 Das erste deutsche Retortenbaby p. 139
	Grammar	The passive p. 125 Passive with modal verbs p. 127 The passive and 'agency' – Who did it? p. 136 The passive of verbs with direct/indirect objects p. 138
	Study skills	Gathering material p. 123 Sifting and organising the material p. 128

General notes for this topic

- This chapter has two distinct areas of study: an introduction to a geographical area and several controversial topics. The amount of time spent on each will be determined by the choice of study for the research-based essay in Unit 4 and by the interests of the teaching group.
- The geographical area in this chapter is Bavaria with a specific focus on Munich. The material and the tasks aim to direct students towards potential strands of research that can be pursued according to their interests. The skills may be transferred to any other geographical area.
- The controversial topics are demanding, both in the language required to discuss them and in the

intellectual content. The aim in this second part of the chapter is to encourage students to develop a range of language to enable them to argue for or against a point of view. This begins preparation for Unit 3. Again, the skills are transferable.

- The main grammar focus is the passive. Throughout the texts there are numerous examples of the passive in all tenses that can be used as illustrations. As students work through the A2 chapters in the Student's Book, they should be encouraged to include the passive in their written and spoken responses.
- This chapter also introduces students to translation into German with two exercises based on the textual material.

Further reading

A useful website for visitors to Bavaria with introductions to places of interest and to the geography of the region
www.spidertrip.de

A varied site with sections on tourism and the economy in the Bavarian capital
www.muenchen.de

An interesting and accessible site that includes a wealth of facts and personal stories about pregnancy and termination
www.meinbaby.info

Information about equality, sexual harassment, violence against men and women, etc. in the city of Basel
www.bs.ch/gleichberechtigung.htm

Links to recently published articles on animal research
www.databank-tierversuche.de

A link to the German society for stem cell research
www.stammzellforschung.de

Zum Einstieg

This section aims to introduce students to each topic area by giving them an opportunity to revise previously learnt material. The questions can be used to introduce each area as it arises in the Student's Book.

1. *Welche deutschsprachige Gegend kennen Sie am besten?*
   This is likely to be a description of a holiday or an exchange visit to a German-speaking country. A typical response at this stage might be: *Ich bin schon zweimal nach Berlin gefahren. Das erste Mal war vor drei Jahren mit meiner Familie. Letztes Jahr habe ich auch an einem Schüleraustausch teilgenommen.*

   Suggestions for further questions which may elicit less narrative responses:
   * *Welche historischen Sehenswürdigkeiten haben Sie besichtigt?*
   * *Was waren Ihre Eindrücke von der Gegend? (arm? wirtschaftlich stark? gut für Touristen?)*

2. *Wollen Sie mal Kinder haben? Unter welchen Umständen sollte man ein Kind nicht zur Welt bringen?*
   Students should be familiar with some useful vocabulary to help them establish a starting point for this topic. This may include: *eine Familie gründen, die Ehe, Geschlechtsverkehr, verheiratet, eine alleinstehende Mutter.* Encourage students to think of reasons why people may not want to have a child before reading the views in the section *Abtreibung.*

3. *Was für Diskriminierung gibt es in Ihrer Schule und in unserer Gesellschaft?*
   Expected reponses might include:
   * *Es gibt viel Diskriminierung gegen Frauen, alte Leute und Homosexuelle.*
   * *In unserer Schule ist Diskriminierung untersagt.*

   Follow-up questions could include:
   * *Erzählen Sie von einer Situation, in der Diskriminierung stattgefunden hat.*
   * *Gegen welche Gruppe in der Gesellschaft wird am meisten diskriminiert? Warum ist das der Fall?*

4. *Haben Tiere auch Rechte?*
   This is perhaps a more demanding topic to discuss without input from the teacher. However, it could serve as a moment to revise the names of animals. To encourage students to think in a more abstract way, the following questions could be asked:
   * *Was ist der Unterschied zwischen Menschen und Tieren?*
   * *Wann soll man Tiere töten?*

5. *Welche Verantwortungen haben Wissenschaftler? Haben sie zu viel Macht?*
   The class could be asked to come up with as many responses as possible to the pre-task question: *Was machen Wissenschaftler?*
   * *Sie versuchen, die Welt zu verstehen.*
   * *Sie erfinden neue Sachen.*
   * *Sie machen das Leben einfacher für uns.*
   * *Sie helfen uns, länger zu leben.*

Ein Bundesland

1 Bayern

The short texts aim to awaken interest in the topic. Students can focus on their particular interest, whether this is tradition, religion, sport, culture or industry.

A This speaking activity encourages students to find out more about their chosen area. Presentations could be given as an interview or as a speech with illustrations. Students should be encouraged to say as much as possible.

Suggested key details

1.

a Dirndl, Lederhosen – werden oft gesehen, vielleicht nur unter älteren Leuten und in ländlichen Gebieten.

b Das Bavaria Denkmal, andere Denkmäler, eine Beschreibung der bayerischen Flagge.

2.

a Students can attempt to find out how many churches there are in Bavaria, whether the number of synagogues has increased, how the population of Bavaria is changing, etc.

b Any of the various baroque churches in Bavaria are worth mentioning, as are the rich variety of churches in Munich.

3.

a This is bound to change with time. Students should focus on their favourite sport as it is played in Bavaria.

b The *Sautrogrennen* is a traditional race with teams sitting in a pig trough on a river or lake. This could lead to amusing descriptions and opinions.

4.

a Suggested details: *Wie viele Opern? Seine zwei Ehen; seine politischen Ansichten; seine Familie.*

b This could lead to a description of *Neuschwanstein* or to the link between Ludwig and the opera *Lohengrin*.

5.

a Located on the banks of the Danube, Ingolstadt is the second largest city in Bavaria and the headquarters of the car manufacturer Audi. It is also the birthplace of the monster created by Frankenstein in Mary Shelley's novel.

b An area in south-east Bavaria which has a high concentration of chemical companies.

Study skills: Research skills (1) and (2)

Research skills are essential for both A2 units but the emphasis is different.

Unit 3: Candidates must present, discuss and take a clear stance on any controversial or genuinely provocative issue of their choice – the issue does not need to relate directly to a German-speaking country, nor to the General Topic areas, but they do need to demonstrate factual knowledge to substantiate their opinions and arguments. Candidates then have to be able to engage in a discussion on at least two further issues (chosen by the examiner) but they do not have to argue either for or against these issues: this is more of an open discussion or debate. For this they will need to have researched a little into all of the prescribed General Topic Areas, but will not be required to have specialised factual knowledge.

Unit 4: Candidates must undertake wide research and demonstrate understanding of one of the following prescribed research areas - the research must relate to the target language culture and society:

- Geographical area (key people, events, issues – demographic, environmental, economic, social, political – customs, traditions, beliefs, religions)
- Historical study (specific period of history; key people, events, issues)
- Aspects of modern society (key events and issues, social, cultural, political plus impact)
- Literature and the arts (characters, themes and issues, social and cultural setting, styles and techniques)

Students should avoid merely factual treatment of perennial topics: for Unit 3 they should aim to show evidence of individual research and reflection and convey enthusiasm for a subject that is personally interesting to them. For Unit 4 they should aim to produce an essay that reflects their own views and opinions and has an analytical/evaluative dimension. For both units they need to show understanding of the key issues and use their material to illustrate and develop an argument and reach a sustainable conclusion.

B ✏ This writing activity builds on the previous speaking activity and should be prefaced with a discussion about how students processed the material they found. The topics here are merely suggestions, which might lead them into various areas of research including: history, language, cuisine, geographical features, politics.

1. *Der Bamberger Reiter:* the mediaeval life-size statue of a mounted knight in Bamberg cathedral is thought to represent a historical king or saint.

2. *Die Würzburger Residenz:* this exquisite Baroque palace was heavily damaged during the Second World War.

3. *Das Olympiastadion in München:* originally constructed for the Munich Olympics in 1972, the arena is now also a venue for pop concerts.

4. *Die Nürnberger Prozesse:* the series of trials between 1945 and 1949 of prominent leaders in Nazi Germany.

5. *Die bayerische Mundart:* there are some amusing websites that explore the vagaries of Bavarian dialect. As a further activity, students could listen to some of the more accessible sketches by Karl Valentin and Liesl Karlstadt.

6. *Münchener Weißwurst:* a traditional breakfast dish eaten with sweet mustard, eaten by sucking the filling from the skin.

7. *Die Passionspiele in Oberammergau:* the villagers of Oberammergau have performed the passion plays every 10 years since 1634.

8. *Fastnacht in Bayern:* students could explore how carnival is celebrated in Bavaria.

9. *Bayerns Flüsse:* most notably the rivers Danube, Inn, Isar and Main contribute to the beauty of the Bavarian countryside, but also to the industrial infrastructure.

10. *Franz Josef Strauß:* Munich airport now bears the name of this former Conservative Minister-President of Bavaria.

C 🔊 This listening exercise is a more general exercise, which provides an opportunity to reflect on the various types of people who live in Bavaria. See table below for answers.

D ✏️ 💬 This is a synoptic exercise that aims to bring together the various strands of this section. Students invent a further character who lives in Bavaria and prepare an answer similar to the one heard on the recording in the previous activity. Others in the class listen and take notes. They should be encouraged to include the following details:

- How long they have lived in Bavaria; why they moved there, etc.
- What they do, e.g. worker in a chemical factory; tourist guide.
- Their impressions of the region and the people.

2 München

A 📖 **Answers**

1. München liegt genau da, wo es der jeweilige Besucher haben will.

2. … dass München anderen deutschen Großstädten wie Berlin oder Frankfurt nicht das Wasser reichen kann.

3. Das macht den Bewohnern nicht viel aus.

4. Mietpreise über 20 Euro pro Quadratmeter sind hier keine Seltenheit.

5. … in Wirklichkeit ist die Stadt ganz anders.

6. … hat München ein wenig Probleme bei der Aufarbeitung seiner jüngsten Vergangenheit.

7. … werden jährlich Millionen von Touristen hierher gelockt.

8. Ein wahrer Magnet ist der englische Garten im Sommer.

B 📖 ✏️ As with all reading comprehensions at this level, the questions must be answered in the students' own words.

Suggested answers

1. Das ist eine Großstadt in Europa, in der man ein großes kulturelles Angebot findet.

2. Das heißt, dass die Leute eine ländliche Mentalität haben, obwohl die Stadt eine Million Einwohner hat.

3. Sie sind locker und aufgeschlossen.

4. Leute, die viel Geld haben.

5. Sie wohnen außerhalb der Stadtmitte.

6. Er fand Neuperlach schrecklich.

7. Sie mögen den Vergleich nicht.

8. Erst dann überschritt die Einwohnerzahl eine Million.

9. Um den Gedenkplatz für die Opfer des Nationalsozialismus zu besuchen.

10. Dort kann man dem Stress des Alltags entfliehen.

C (see above)

	Frau Schramm	**Mauro Righetti**	**Yasmin Meyer**
Wohnt hier seit?	Seit 8 Jahren.	Seit 1 Jahr.	Schon immer.
Beruf oder Beschäftigung?	Sängerin im Chor und Lehrerin	Jurastudent; jobbt im italienischen Restaurant	Schülerin; Abiturientin
Meinungen über die Region?	Findet die Bayern kontaktfreudig und aufgeschlossen. Und ihr Sinn für Humor gefällt ihr sehr.	Die Bayern haben eine südländische Mentalität.	Hat Probleme wegen ihrer Hautfarbe. Findet die Bayern nicht so aufgeschlossen, wie sie meinen.

This essay allows students to use the information they have read about Munich in an imaginative way. They should be encouraged to include examples of the passive in their written answer.

Extension activities pages 202–3 may be used to practise the various uses of *werden* as a verb in its own right, as the auxiliary verb for the future tense, and as the passive, at this stage only with the present and imperfect tenses.

Abtreibung

3 Kann man Abtreibung rechtfertigen?

1. Gisela
2. Franki
3. Andrea
4. Lena
5. Franki
6. Andrea
7. Lena
8. Gisela
9. Gisela
10. Franki

B It is important in this speaking task that students take a firm stance for or against. To prepare their arguments, they can begin with suggestions given in the texts. They should be reminded of useful expressions to help structure their case. These might include:
- *Meiner Meinung nach…*
- *Es liegt auf der Hand, dass…*
- *Auf keinen Fall…*

Other students can be encouraged to argue the opposite case.

C **Answers**
- *Aus welchen Gründen besuchen schwangere Frauen diese Beratungsstelle?*
  Sie haben kein Geld.
  Die Partnerschaft ist nicht in Ordnung.
  Sie sind Opfer einer Vergewaltigung.
  Sie wollen das Baby nicht zur Welt bringen.
  Sie sind noch in der Schule.

Sie wollen ihre Situation besprechen.
- *Wie kann eine Abtreibung vermieden werden?*
  Die Großeltern erziehen das Kind/Das Kind kann adoptiert werden.
- *Was halten Sie von einer solchen Beratungsstelle?*
  This question invites a personal response, e.g. *Ich finde die Beratungsstelle fantastisch, weil Frauen dort emotionelle Unterstützung bekommen können.*

D This speaking activity allows students to use the various views they have read and heard imaginatively to create a dialogue. They could prepare for this by visiting the website www.meinbaby.info.

4 Abtreibung

A It is suggested that the questions are used for pair work, but they could equally be used as a writing task.

Suggested answers

1. Niemand spricht darüber, weil man meint, dass Abtreibung Mord ist.
2. Vielleicht ist es schwierig, eine Abtreibung zu bekommen, oder alleinstehende Mutter zu sein ist heute akzeptabel.
3. Sie hatte sich von ihrem Mann getrennt und sie wollte das Kind nicht allein großziehen.
4. Sie gaben zu, dass sie ein Kind abgetrieben hatten und das war damals illegal.
5. Sie war bereit, ihren Schwangerschaftsabbruch zu besprechen.

B The writing task allows students to pull together the various strands of information that they have gleaned from the texts and to add other ideas. It is important that they make their point of view clear. Further arguments to discuss might include:
- *Die Frau hat vergessen, die Pille zu nehmen.*
- *Die katholische Kirche ist gegen Abtreibung.*

Gleichberechtigung

5 Alles unter einem Dach

 **Answers**

1. b 2. a 3. b 4. c 5. c 6. a 7. b 8. a 9. a 10. b

As a preparation for the next exercise, students may complete activity D on **Extension activities** page 204.

B 📖 💬 This task is designed to build on the skill of presenting a case for or against something. The suggestions are intended to be provocative so that strong opinions can be voiced. It is useful at this stage in the course for students to prepare their case in writing first, so that they can feel confident when speaking. In preparation, they should be reminded of useful sentence stems such as:

- *Erstens…/Zweitens…*
- *Außerdem…*
- *In dieser Situation…*
- *Es scheint mir, dass…*

Those responding to the presentation by one student can be encouraged to use expressions of disagreement, such as:

- *Das stimmt gar nicht.*
- *Da sind Sie im Unrecht.*
- *Ich kann das überhaupt nicht akzeptieren.*

C ✏️ In this first A2 chapter it is sensible to encourage students to start thinking about translating from English into German as they are required to do in Unit 4. The sentences here are based on language from the preceding text, which may reduce the need to use a dictionary.

Suggested translations

1. Ich habe den Haushalt geführt und für die Kinder gesorgt.
2. Mein Mann und ich haben eine gute Rente.
3. Es ist schwierig, alleine zurechtzukommen.
4. Schwule Paare fühlen sich oft benachteiligt.
5. Das Gesetz ist unfair/ungerecht.
6. Die Tür zum Restaurant war für meinen Rollstuhl zu eng.
7. Ich kann meinen Wagen überall parken, weil ich behindert bin.
8. Ich habe den Berliner Dialekt nicht verstanden.
9. Es ist wichtig, mit deinen Freunden in deiner Muttersprache zu sprechen.
10. Viele Leute betrachten Deutschland als ihre neue Heimat.

6 Ganz klar: Männersache

A 📖 **Answers**

1. Richtig.

2. Falsch. Der Boys Day ist für 12- bis 16-jährige Schüler.
3. Falsch. Wir wissen nicht genau, was an dem Boys Day passiert.
4. Richtig.
5. Falsch. Der Boys Day wird von vielen Leuten begrüßt.
6. Falsch. Viele Leute sind gegen Moschees in Deutschland.
7. Falsch. Gleichberechtigung ist ein großes Thema unter Politikern.
8. Richtig.
9. Falsch. Die multikulturelle Gesellschaft ist noch nicht funktionsfähig.
10. Richtig.

B 💬 This activity encourages dictionary work and is an opportunity for students to explain German expressions in another way.

Suggested answers

1. auf dem zweiten Platz sein
2. Vorurteile abbauen
3. Tendenzen/was man gerne macht
4. gute Beispiele von anderen Männern
5. Leute, die die gesellschaftliche Situation ändern wollen
6. der ganze industrielle Westen
7. versteckt bleiben
8. Diskiminierung in alltäglichen Situationen

C 📖 ✏️ The questions are designed to make students read the texts more closely and then to formulate their own opinions.

Suggested answers

1. Es wird erwartet, dass bestimmte Jobs für Frauen geeignet sind.
   Frauen ergreifen selten einen Beruf bei der Polizei oder bei der Feuerwehr.
   Frauen werden von der Gesellschaft nicht genug gefördert.
   Frauen haben nicht genug Einfluss in ihrem Beruf.
   Für Fremde ist es schwierig, ihrer Religion zu folgen.
   Wenn man eine andere Hautfarbe hat, ist das Leben kompliziert.

Als Fremder wird man selten nach seinen persönlichen Qualitäten beurteilt.
Fremde finden es schwierig, einen Job zu finden.

2.

a Jungen spielen mit technischen Geräten.

b Mädchen sind besser geeignet für typisch weibliche Berufe.

c Ausländer sind gefährlich.

3. This is a more open-ended question. It could evoke responses about women in the armed forces, male primary teachers or Muslim children in German schools.

 Answers

1. bevorzugt

2. einfach

3. selten

4. Wahrheit

5. zufrieden

6. Hindernisse

7. nicht

8. zusammenziehen

 The website http://technorati.com/videos/tag/Gleichberechtigung has links to many interesting articles on this topic. Students could be encouraged to support their findings with anecdotal evidence.

 This essay moves away from the more narrative essays previously set. The five bullet points should serve as a writing frame, which will produce a coherent paragraph structure. It would be useful to remind students of the requirements for the discursive essay as listed on page 25 of the Edexcel booklet Getting Started. The mark scheme for this type of essay is on pages 45–46 of the Edexcel specification.

Tierversuche

7 Kann man Tierversuche rechtfertigen?

Useful vocabulary for this topic can be introduced using **Extension activities** page 205.

 Answers

1. Erwin	6. Melis
2. Sven	7. Sven
3. Kirsten	8. Kirsten
4. Kirsten	9. Eva
5. Erwin	10. Melis

B **Answers**

1. ein umstrittenes Thema

2. notwendig

3. allerdings

4. ausrotten

5. völlig

6. umgebracht

7. Arzneimittel

8. deswegen/deshalb

9. Grundlage

10. reichlichst

C This synoptic task allows students to pick the arguments from the text, add to them by researching on the Internet, listen to each other's findings and practise justifying an argument.

D The skills of argument are transferred here to other related issues, any of which can be used as the basis for discussion in Unit 3. Again, it is important to prepare the argument and then to react to the others in the group.

E This writing task brings together the arguments in this section. Students write an article for a local newspaper explaining why they are committed to animal welfare.

8 Tierschutz in Österreich

 Suggested answers

Some of the answers are interchangeable.

1. d 2. g 3. b 4. a 5. h 6. k 7. c 8. i 9. j 10. e

 This speaking activity allows students to pick out arguments from the text and to give a personal response. They should be encouraged to listen to each other and to respond accordingly with such expressions as:

- *Da gebe ich Ihnen Recht!*
- *Das könnte ich nicht machen.*
- *Ich stimme damit überein.*

In each instance they should also be encouraged to justify their points of view.

 This more structured activity, which is best done in pairs, enables students to transfer the language of argument to create an imaginary dialogue.

 Suggested answers

1. heute Nachmittag/von 12 bis 16 Uhr

2. Tiere werden gezüchtet/sie werden dann ausgeliefert

3. Leute, die gegen Tierversuche sind, sind oft Vegetarier.

4. Information lesen/Reden hören/mit anderen Leuten plaudern

E

1. Suggested answers:
   Positiv: Die Demonstration hat ruhig angefangen.
   Die Reden waren informativ.
   Negativ: Jemand hat ein Fenster eingeschlagen.
   Es wurde gewalttätig.
   50 Leute wurden verletzt.

2. This gives students the opportunity to write a short account of their part in the demonstration by building on what they have heard.

Stammzellenforschung, Klonen, In-vitro-Fertilisation

9 Ein paar Tatsachen

A **Answers**

1. im Anfangsstadium der menschlichen Entwicklung

2. in nicht allzu ferner Zukunft

3. eine (solche) Heilungschance

4. gegenwärtig

5. gesetzlich verboten

6. erzeugen

7. sind viele Fragen offen

8. die Risiken

9. die große Mehrheit

10. auf dem üblichen Weg

 **Answers**

1. Fortschritte

2. retten

3. Quelle

4. benötigen

5. tiefgefrorene

6. Zwecke

7. vertretbar

 The outcome of this research-based task will depend on which sites students find and on their personal interests. Check students are familiar with the forms and structures of the passive. They should be encouraged to use examples of the passive in their presentations.

10 Das erste deutsche Retortenbaby

A **Suggested answers**

1. Ein Frauenarzt spezialisiert sich auf die medizinische Behandlung von Frauen.

2. Er hat ein Embryo im Glas erzeugt.

3. Er war wahrscheinlich sehr stolz/sehr aufgeregt, weil das zum ersten Mal gelungen war.

4. Vielleicht waren sie neidisch oder neugierig oder sogar skeptisch.

5. Der Brutschrank konnte die richtige Temperatur halten.

6. Weil das Thema sehr kontrovers ist.

 Students list positive and negative arguments.

- Positiv: Man kann eine existierende Technik nicht verbieten.
  Ohne ein Baby fühlen sich viele Frauen unerfüllt.
  Die Prozedur ist heute sicherer als früher.
  Es gibt ein Embryonenschutzgesetz.

- Negativ: Das ist eine Gefahr für die Zukunft.
  Es gibt keine einheitliche Gesetzgebung.

Das ist unnormal und unnatürlich.
Man erzeugt Babys genau wie Autos (am Fließband).
Ärzte können nicht 100% sicher sein, dass das Baby gesund sein wird.
Probleme könnten auftauchen.
Es gibt zu viele Missbrauchsmöglichkeiten.

 Answers

1. unmöglich

2. unfruchtbar

3. Lösung

4. verständnisvoll

5. relaxt

6. Berufe

7. schwanger

This synoptic task encourages students to use the language of persuasion that they have learnt in this chapter in the context of organ donation. The emphasis should be on presenting a case and justifying it to others who disagree.

This translation into German is based on language used in the text. It is divided into only 20 sections for marking, rather than the 30 that will be used in the Edexcel examination. At this early stage in the A2 course, award 20 marks and divide by 2 to give a mark out of 10.

Suggested key

1.	Many people	*Viele (Leute)*
2.	think	*glauben,/denken,*
3.	that	*dass*
4.	scientists have	*Wissenschaftler… haben.*
5.	too much power.	*zu viel Macht*
6.	Medical research	*Medizinischer Fortschritt*
7.	is necessary,	*ist nötig/notwendig,*
8.	but nobody	*aber niemand*
9.	knows exactly	*weiß genau,*
10.	what the risks are.	*was die Risiken sind.*
11.	Stem cell research,	*Stammzellforschung*
12.	for example,	*zum Beispiel/z.B.*
13.	seems	*scheint*
14.	to be successful.	*erfolgreich zu sein.*

15.	However,	*Aber/Jedoch (plus correct word order)*
16.	it could	*sie könnte*
17.	be linked	*… verbunden werden.*
18.	to human cloning.	*mit menschlichem Klonen*
19.	Most people think	*Die meisten Leute denken,*
20.	that this is not ethically justifiable.	*dass das nicht ethisch vertretbar ist.*

The **Grammar worksheet** for this chapter provides practice in the use of the passive, including with modal verbs and with *von* and *durch* plus 'agency'.

Assessment tasks

1. Translation

Suggested key, bearing in mind the need to insist on correct German word order.

1.	Last year	*Letztes Jahr*
2.	Paul spent	*verbrachte Paul*
3.	Christmas	*Weihnachten*
4.	with his exchange partner Inge	*mit seiner Austauschpartnerin Inge*
5.	and her family	*und ihrer Familie*
6.	in a little village	*in einem kleinen Dorf*
7.	in the north	*im Norden*
8.	of Bavaria.	*Bayerns.*
9.	He quickly discovered	*Er entdeckte schnell,*
10.	that this is	*dass dies… ist.*
11.	the most important festival	*das wichtigste Fest*
12.	in the country.	*des Landes*
13.	Decorated trees	*Geschmückte Bäume*
14.	and pretty candles	*und hübsche Kerzen*
15.	could be seen	*waren… zu sehen.*
16.	in windows	*in den Fenstern*
17.	everywhere.	*überall*
18.	In the town centres,	*In den Stadtmitten*
19.	market stalls	*Marktstände*
20.	sold toys	*verkauften… Spielzeuge*
21.	and sweets.	*und Süßigkeiten.*

22.	On Christmas Eve	*Am heiligen Abend*
23.	Inge's parents	*Inges Eltern*
24.	and two brothers	*und zwei Brüder*
25.	celebrated together	*feierten… zusammen*
26.	and gave each other	*und sie schenkten einander*
27.	expensive gifts	*teure Geschenke,*
28.	while	*während*
29.	a wonderful aroma	*ein wunderbarer Geruch*
30.	came from the kitchen.	*aus der Küche kam.*

2. Creative writing

Work will be marked according to the criteria for creative and discursive essays (see the Edexcel specification, page 45f.).

a Students will write a creative essay about a traditional festival in the German-speaking world, based on the photograph offered as a stimulus. Their work will be marked according to its relevance to the stimulus, and the extent to which they have engaged appropriately with the task. The students will be expected to organise and develop their ideas within their essay.

b This stimulus gives students an opportunity to continue a story whose scene is set by means of the opening clause. It is anticipated that students will be able to write appropriately about matters of diversity and difference.

c Students will write a reasoned argument for and/or against experiments on animals. The best candidates will address the task appropriately and will organise and develop their ideas clearly and effectively.

d Students will present their arguments for and/or against abortion. The best answers will show a reasoned understanding of the subject and the essay will be well structured.

3. Research-based essay

Work will be marked according to the criteria for research-based essays (see the Edexcel specification, page 47).

e Students will write about the economic factors peculiar to the area or city which they have studied, evaluating their importance and giving reasons for their answer.

f Students will write about which political figures are important for the area they have studied, and will give a critical evaluation of their importance. The question asks for more than one political figure to be discussed, and students must bear in mind that an essay on one figure only would not attract a high mark.

Lebensstile, Gesundheit, Bildung und Arbeit

Topic areas for Einheit 8

Edexcel topic	Topics/Grammar/ Study skills covered in the chapter	Coverage in *Edexcel German for A Level Student's Book*
Lifestyle, health and fitness, education and the world of work (Lebensstile, Gesundheit, Bildung und Arbeit)	Addictions (Abhängigkeit und Sucht)	1 Abhängigkeit p. 144 ★ Eine moderne Krankheit p. 144 2 Eine Spielerkarriere p. 145
	Eating disorders (Ess-Störungen)	3 Anormales Essverhalten p. 146 4 Bulimie p. 148
	Legalisation of cannabis versus smoking ban (Zwischen Rauchverboten und Legalisierungsdebatten)	5 Unterschiedliche Regelungen p. 150 6 Meinungen zum Rauchen p. 151 ★ Wer hat Recht p. 152
	Women: career versus babies (Die Rolle der Frau in Arbeit und Beruf)	7 Frauen und Kinder in Deutschland p. 152 8 „Frauen in Führungspositionen" p. 155 9 Doppelt belastet! p. 156
	Work–life balance (Die richtige Lebensbalance)	10 Arbeitszufriedenheit p. 158 11 Stress p. 159 12 Lebensbalance p. 160 13 Einfach mal abschalten p. 161 14 Einen Ausgleich finden p. 162
	Grammar	Indirect or reported speech p. 146 Forms of the verb in indirect speech p. 155 Tenses in reported speech p. 161
	Study skills	Debating skills (1) p. 149 Debating skills (2) p. 154

★ Material found on Dynamic Learning Network Edition.

General notes for this topic

- Chapter 8 starts by focusing on various types of addictions and eating disorders. Students should understand that the term addiction is often reserved for drug addictions but is nowadays also applied to other compulsions, such as shopping, gambling and overeating. Students must learn to weigh up and comment on possible causes of addiction.
- The debate regarding the legalisation of drugs, particularly that of soft drugs such as cannabis, and the banning of smokers from restaurants, bars and public buildings is an ideal platform for students to practise and develop their debating skills. The same applies to the other topics in the chapter, the role of women in society and work–life balance.
- The indirect speech is introduced, a tricky area for most native English speakers as well as for many Germans. Not all Germans are very aware of the rules that apply to indirect speech, however, in formal written language and interpretation tasks it is frequently used.

Further reading

Rauchen und seine Gefahren
Two excellent websites about the dangers of smoking with impressive statistics
www.wdr.de/tv/monitor/pdf.phtml?myP=030522d_raucher.pdf
www.krebshilfe.de/fileadmin/Inhalte/Downloads/PDFs/Praeventionsratgeber/405_hirnverbrannt.pdf

Die Rolle der Frau
A demanding but very informative summary of a study about the role of women in Germany with up-to-date figures
www.destatis.de/.../Querschnittsveroeffentlichungen/Datenreport/Downloads/CRolleDerFrau,property=file.pdf

Politische Zentrale für Bildung
A very useful magazine to order from the Bundeszentrale für Politische Bildung
www.bpb.de/publikationen/0821796152620149208010050970043,,0,Frauen_in_Deutschland.html

Karriere ist nicht alles
An excellent article in easy language about the problem of work–life balance
www.tecchannel.de/server/extra/458260/

Zum Einstieg

Personal response.

1. *Obwohl sich die meisten Menschen der Gefahren und Risiken von Nikotin, Alkohol und Drogen bewusst sind, konsumieren sie sie. Warum ist das so?*
   This topic should provoke discussion and debate. Students should be encouraged first to think of why alcohol and drugs are so popular and what the advantages and disadvantages are before talking about personal experience.

   Warum nehmen junge Leute Drogen?
   - Weil sie Langeweile haben.
   - Weil sie sich danach besser fühlen.
   - Weil sie neugierig sind.
   - Weil sie versuchen, vor persönlichen Problemen zu entfliehen.
   - Weil ihre Freunde auch Drogen nehmen.
   - Weil sie damit angeben wollen.
   - Weil sie sich mit Drogen groß, stark, cool fühlen.
   - Weil sie sich gegen Werte und Normen auflehnen wollen.
   - Weil es verboten oder illegal ist.
   - Weil es ihre Idole auch tun.
   - Weil sie gegen ihre Eltern und Lehrer rebellieren wollen.

2. *Insbesondere junge Frauen leiden überdurchschnittlich oft an Ess-Störungen, wie zum Beispiel Bulimie. Warum gerade junge Frauen?*
   A very sensitive but relevant topic. A few students might like to give an outline of their own situation, i.e. what they eat, when and where and how they evaluate their own eating habits. The class could then focus on influences such as the fashion industry, TV programmes, advertising, and their family, etc., and consider why fewer men suffer from eating disorders.
   - 90% aller Menschen mit Ess-Störungen sind junge Frauen.
   - Übergangsphase Jugendliche–Frau mit hormonellen Problemen.
   - Frauen haben ein anderes Schönheitsideal.
   - Frauen nehmen ihren Körper bewusster wahr.
   - Zielkonflikt: gute Mutter, gute Hausfrau, Karrierefrau, schöne Frau.
   - Vorbilder mit perfekten Körpern.
   - Vielzahl von Diäten und Ernährungstipps führt zu Verunsicherung.

3. *Welche Gründe sprechen für und gegen eine Legalisierung von Cannabis?*
   Students discuss the reasons for the legalisation of cannabis before trying to find reasons against.
   - Cannabiskonsumenten kommen nicht mehr in Kontakt mit Dealern von harten Drogen.
   - Cannabis wird seit über 5000 Jahren angebaut und konsumiert, es ist in vielen Ländern ein Kulturgut.
   - Oft wird das illegale Cannabis „gestreckt" (vermischt) – das kann gesundheitsgefährdende Folgen haben; legales Cannabis ist rein.
   - THC, der Wirkstoff in Cannabis, ist nicht suchtauslösend.
   - Cannabis ist im Gegensatz zu Koffein oder Nikotin nicht giftig (toxisch).
   - Cannabis ist keine Einstiegsdroge.
   - Die Polizei kann sich auf die harten Drogendelikte konzentrieren.
   - Cannabis ist ein wichtiges Mittel in der Medizin.

4. *Warum ist es richtig, dass der Staat die Bürger durch Rauchverbote schützt?*
   This topic will and should provoke controversy. Each point will invite comments and encourage discussion.

   For
   - Rauchen ist gesundheitsgefährdend.
   - Passives Rauchen gefährdet die Gesundheit von Nichtrauchern.
   - Durch das Rauchverbot stinken Kleidung und Haare nicht mehr.

- Der Staat muss seine Bürger vor den Gefahren des Rauchens schützen.
- Das Rauchverbot ermöglicht vielen Rauchern, Geld zu sparen.

Against
- Viele Dinge wie Süßigkeiten oder Fast Food sind gefährlich.
- Jeder weiß um die Gefahren und sollte frei entscheiden dürfen.
- Besser als Verbote sind Aufklärung und freie Wahl.
- Der Staat verbietet und kassiert trotzdem dank der Tabaksteuer.
- Viele Kneipenbesitzer haben Angst um ihre Existenz, weil die rauchenden Gäste zu Hause bleiben.

5. *Gibt es gute Beispiele dafür, dass eine Frau liebende Mutter vieler Kinder ist und gleichzeitig in einem Unternehmen Karriere macht?*
The discussion could start off on a more factual level – facts about the role of women in society – and then move into the more evaluative, with positive (*Befürworter*) and negative (*Gegner*) points being noted.

For
- Kinderkrippen sind sehr gut eingerichtet, das Personal ist meist sehr erfahren und kompetent.
- Durch das zusätzliche Einkommen können die Eltern dem Kind einen besseren Lebensstandard bieten.
- Warum soll eine hochqualifizierte Frau nur wegen eines Kindes nicht Karriere machen können?
- Die Kinder lernen früh soziales Verhalten in der Gruppe.

Against
- Kleine Kinder brauchen eine Mutter rund um die Uhr (oder einen Vater).
- In Kinderkrippen haben die Erzieherinnen nicht die Zeit, sich um jedes Kind individuell zu kümmern.
- Gehirnforscher sagen immer wieder, dass die ersten Jahre die entscheidenden sind – deshalb sollte mindestens ein Elternteil die Bezugsperson Nummer 1 sein.
- Deutsche Unternehmen sind nicht flexibel genug.

6. *Was sind typische Stresssituationen und wie sollte man mit ihnen umgehen?*
Students could talk about different stress situations, especially for young people, e.g. family, school, friends…
- Termindruck
- zu wenig Zeit

- Konkurrenz
- Ärger und Streit mit…
- Lärm
- Familienfeiern
- schlechte Noten
- ungerechtfertigte Kritik
- Krankheit
- Übergewicht
- Liebeskummer
- Geldprobleme
- Schlafmangel

Follow-up questions

- Kann Sport auch Nachteile haben?
- Inwieweit ist ein gesundes Leben ohne Sport möglich?
- Sollte der Staat, ähnlich wie beim Rauchen, bestimmte ungesunde Lebensmittel verbieten, z.B. Süßigkeiten, Fast Food?
- Ist die Kennzeichnung auf der Verpackung (grün = gesund, rot = ungesund) ein Weg in die richtige Richtung?
- Wie sieht ein gesundes Frühstück/Mittagessen/ Abendessen aus?
- Wie finden Sie sehr dünne Models?
- Was für einen Effekt wird das Rauchverbot haben?

Abhängigkeit und Sucht

1 Abhängigkeit

A A written exercise to check students' understanding of the text and their ability to focus on the essential.

Suggested answers

- Abhängigkeit ist der starke Wunsch oder eine Art Zwang, ein Suchtmittel zu konsumieren.
- Rauschmittel sind Stoffe, die einen Rauschzustand erzeugen oder eine Sucht befriedigen.

B The questions seek to provoke different, controversial opinions and arguments. Students should be reminded to support their opinions with concrete facts and figures.

2 Eine Spielerkarriere

A Students read an article about a gambler and his problems and then provide the information required in English.

Answers

1. He started with betting on sports on the Internet.

2. He won quite often, so he started borrowing money from members of his family in order to gamble bigger amounts.

3. More often he lost and had to borrow more and more. His debts rose and he couldn't pay back the money. He began to steal money from his parents and brothers and sisters.

4. He stopped the Internet gambling because of his girlfriend.

5. He couldn't stop gambling completely; he carried on playing slot machines after work and playing cards at the weekend.

6. His girlfriend sent him to a social worker, who was able to arrange therapy. Friedhelm had to learn to control his addiction.

7. The bank agreed on an arrangement to pay back the debts over the next 20 years.

8. Friedhelm has accepted that he is addicted. The Internet remains a big temptation, but he wants a normal life with his girlfriend and without gambling.

B An opportunity to discuss several aspects of (problem) gambling. Students should be encouraged to talk about their own experiences or about those of people close to them.

C A listening comprehension exercise.

Answers

Correct sentences: 3, 5, 6, 8.

Ess-Störungen

3 Anormales Essverhalten

A The three portraits are concerned with the dangers of eating disorders. Students have to identify information in all three passages and answer the questions in German.

Suggested answers

1. Ess-Sucht bedeutet, dass man den ganzen Tag ans Essen denken muss und große Mengen konsumiert.

2. Georg ist bei einem Spezialarzt in Behandlung. Er nimmt an einer Selbsthilfe-Gruppe teil und hält sich an einen Diätplan einer Ärztin. Zusätzlich versucht er, regelmäßig Sport zu treiben.

3. Magersüchtige fühlen sich trotz geringen Gewichts immer noch zu dick. Sie hungern oft und kontrollieren ihre Nahrungsaufnahme.

4. Maria ist stolz auf ihre Figur und hat ein schlankes Vorbild. Sie ist sehr diszipliniert und kommt einen Tag ohne Essen aus.

5. Bei Fress-Attacken konsumiert der Betroffene in kurzer Zeit riesige Mengen von Nahrungsmitteln.

6. Benny hat sich während eines Amerikabesuchs daran gewöhnt, große Mengen zu essen und leidet seitdem an Binge-Eating.

B These additional questions are a good opportunity to engage in some independent research as well as making use of the recommended German websites.

C This writing task involves identifying the main points and summarising them to find a good balance between copying specific terms from the text and using the student's own words.

Suggested answers

1. Anormales Essverhalten bedeutet, dass Menschen Ess-Störungen haben. Das bedeutet, dass sie meistens weniger oder mehr essen, als gesund und sinnvoll ist. Hinter dem anormalen Essverhalten stecken häufig psychische Probleme, insbesondere der Wunsch nach Liebe und Anerkennung.

2. Kalorienzählen ist die genaue Kontrolle dessen, was man jeden Tag isst und trinkt. Alles, z.B. ein Glas Cola oder ein Stück Kuchen, hat einen bestimmten Kaloriengehalt und wird vom Kalorienzähler genau dokumentiert, meist um abzunehmen oder ein geringes Gewicht zu halten.

3. Fasten bedeutet weniger zu essen, fast immer auf bestimmte Nahrungsmittel zu verzichten. Oft fasten Menschen aus religiösen Gründen. In der Fastenzeit, dem Zeitraum zwischen Aschermittwoch und Ostern, verzichten viele Menschen auf Alkohol und Süßigkeiten.

4. Während einer Fress-Attacke konsumiert der Betroffene in kurzer Zeit riesige Mengen von Nahrungsmitteln.

D Students debate their reactions to the text and their attitudes towards healthy and unhealthy eating.

4 Bulimie

A Students decide who says what.

Answers

Bastian: 3, 5; Christine:1, 2, 4.

B Students answer questions on the text.

Suggested answers

1. Der Begriff „Bulimie" kommt aus dem Griechischen und bedeutet übersetzt „Ochsenhunger".

2. Bulimie bezeichnet eigentlich nur den Heißhunger, aber man versteht darunter das suchtartig gestörte Essverhalten. Es wird anfallsartig alles an kalorienreicher Nahrung verschlungen, was verfügbar ist. Danach erbrechen Ess-Brech-Süchtige absichtlich auf künstliche Weise oder nehmen Appetitzügler und Abführmittel. Heißhungerattacken wechseln mit Hungerphasen.

3. Bulimie ist keine typische Modelerkrankung; auch in anderen Berufsgruppen, bei denen ein schlanker Körper wichtig ist, kommt Bulimie häufiger vor.

4. Die Betroffenen wollen vermeiden, dass die Nahrung im Körper bleibt und sie dadurch zunehmen. Das Erbrechen ist somit die ideale Gewichtskontrolle.

5. Gestörte Wahrnehmung bedeutet, dass die meisten jungen Frauen kein Gefühl mehr dafür haben, wo Schlankheit aufhört und krankhaftes Dünnsein beginnt. Sie mögen sich nicht und streben nach einem extrem schlanken Idealbild.

6. Es gibt Fälle, in denen Betroffene Alkoholprobleme haben, sich selbst verletzen, an Depressionen leiden oder ihre Probleme durch Frustkäufe kompensieren.

7. Bulimiekranke haben oft geschädigte Zähne und Speiseröhren, die die säurehaltigen Magensäfte verursachen. Es kann auch zu Herzrhythmusstörungen kommen. Einige Frauen sind auch schon an Bulimie gestorben.

8. Psychotherapeuten können versuchen, die Gründe für die Krankheit zu finden und das Essverhalten zu normalisieren, was aber ein langwieriger Prozess sein kann.

C This writing task gives students the opportunity to discuss what they already have learnt and to write an essay on a current health topic. They should consciously practise the range of vocabulary and structures required.

D Students address a series of questions on the eating problems of a young woman.

Answers

1. Ihre Freunde haben geglaubt, dass Manuela Bulimie hätte. Sie konnten sich den Gewichtsverlust nicht anders erklären. Einige Klassenkameraden haben sie gehänselt.

2. Manuela hatte sich vorgenommen, zu ihrem Geburtstag nur noch 48 kg zu wiegen. An ihrem Geburtstag wog sie nur noch 44 kg.

3. Der Tod des brasilianischen Models hat sie schockiert und nachdenklich gemacht. Daraufhin hat sie versucht, ihr Gewicht zu normalisieren.

4. Sie findet es immer noch wichtig, sehr schlank zu sein. Sie bekommt professionelle Hilfe von einer Psychotherapeutin. Sie ist überzeugt davon, dass sie nie dick sein wird.

Extension activities page 206 provides further reading and listening practice on this topic.

Study skills: Debating skills (1) and (2)

Be available for discussion with individual students who need help in choosing an issue for presentation and discussion in the Unit 3 exam.

Check that all students are comfortable with the basics of how to argue a case – have a practice debate on a controversial issue in English first if necessary.

Offer focused opportunities to practise defending an issue in class, e.g. one student makes a point and others in the class must come up with counter-arguments, which the first student must then refute.

Provide opportunities for students to do timed presentations in class.

Make sure students have sufficient facts and figures, topic-specific vocabulary and useful phrases at their fingertips.

Zwischen Rauchverboten und Legalisierungsdebatten

5 Unterschiedliche Regelungen

A 📖 Students match up the statements with the paragraphs.

Answers

1. Text 1
2. Text 3
3. Text 2
4. Text 1
5. Text 2
6. Text 3

B 💬 A discursive task in which students first answer questions related to the text before discussing the pros and cons of legalising cannabis.

C ✏️ Students could explore smoking and cannabis legislation in different EU countries and write an essay discussing the advantages and disadvantages of each one.

6 Meinungen zum Rauchen

A 📖 Students decide who says what.

Answers

1. Chris
2. Tom
3. Mark
4. Suse
5. Mareike
6. Chris
7. Tina
8. Tom

B ✏️ Translation from English into German. Difficulties should be discussed in class.

Suggested translation

Deutschland gehört zu den vielen anderen europäischen Ländern, in denen das Rauchen in Cafés, Bars und Restaurants verboten ist. Das Verbot betrifft alle Bundesländer, aber wird in den nächsten sechs Monaten noch nicht aktiv umgesetzt. Die Bestimmungen genehmigen spezielle Raucherräume, und das Rauchen in Diskos ist weiterhin erlaubt. Jeder, der beim Rauchen im Café erwischt wird, muss mit einer Strafe von bis zu 450 Euro rechnen. Ein Drittel aller Deutschen raucht.

C 🔊 A listening exercise in which students match statistics with information about smoking.

Answers

66%: 66% aller russischen Männer sind Raucher.
37%: In keinem Land der Welt rauchen mehr Frauen als in Dänemark, 37%.
34%: In Deutschland rauchen ungefähr 34% aller erwachsenen Männer.
23%: In Deutschland rauchen etwa 23% aller erwachsenen Frauen.
22%: In den neuen Bundesländern rauchen 22% aller Männer mehr als 20 Zigaretten pro Tag.
13%: In den neuen Bundesländern rauchen 13% aller Frauen mehr als 20 Zigaretten pro Tag

Die Rolle der Frau in Arbeit und Beruf

7 Frauen und Kinder in Deutschland

A ✏️ An exercise to check the students' understanding of the text.

Answers

1. Immer weniger Deutsche bekommen Babys. Die geburtenschwachen Jahrgänge haben wiederum weniger Babys.

2. Der Widerspruch besteht darin, dass die meisten Jugendlichen sich eine Familie mit Kindern wünschen, aber viele später kinderlos bleiben.

3. Mitte der achtziger Jahre waren die Mütter noch jünger, die Gruppe mit den meisten Geburten waren die 25–29-Jährigen.

4. In Deutschland fürchten sich die Menschen vor terroristischen Anschlägen. Sie sorgen sich, dass sie ihre Arbeit verlieren können. Auch haben Sie Angst davor, dass die Lebenshaltungskosten immer mehr steigen und sie im Alter nicht genug Geld für ein sorgenfreies Leben haben, möglicherweise ein Leben mit Krankheit.

5. Ein später Berufseintritt oder ein Karrieresprung Mitte 30 bedeutet für Frauen, dass der Zeitraum ein Baby zu bekommen, sehr kurz ist. Die meisten

Frauen wollen bis spätestens 40 ihre Kinder kriegen, das heißt, sie müssen sich wie in einer Rushhour beeilen.

6. Kinder verursachen hohe Kosten, deutlich höhere Kosten als die finanziellen Unterstützungen des Staates (z.B. Kindergeld). Man braucht nicht nur Geld für Kleidung oder Essen und Trinken, sondern auch Hobbys und andere Freizeitaktivitäten können sehr kostspielig sein.

B 💬 A speaking task which involves identifying the main points of the shrinking society debate before discussing the questions. Students should be encouraged to stick to the questions and use appropriate vocabulary.

8 „Frauen in Führungspositionen"

A 🎧 Students listen to the recording and identify the five correct statements.

Answers

Correct sentences: 3, 4, 6, 8, 9.

B 💬 This task is a speaking one, requiring a cross-cultural comparison of women in executive positions in Germany compared with the students' home country. It is important to remind them of the Internet as a rich source of information for this type of research.

C ✏️ An imaginative writing task to encourage reflection and understanding in which the student puts him or herself in the place of a woman being discriminated against at work. They should not exceed the number of words indicated.

9 Doppelt belastet!

A 📖 Students answer questions on the text in German.

Answers

1. Irene hat einen anspruchsvollen, zeitintensiven Beruf und muss zusätzlich noch viel Zeit in die Hausarbeit und Erziehung ihrer Kinder investieren. Das heißt, sie ist doppelt belastet, durch den Beruf und die Familie.

2. Flüge können sehr lang sein und durch die Zeitumstellung, z.B. wenn man aus Amerika kommt, muss man dann zu Zeiten schlafen, an denen man in den Tagen davor wach war und umgekehrt. Das kann sehr anstrengend sein.

3. Irenes Mann ist mit der beruflichen Tätigkeit seiner Frau nicht einverstanden. Ihr Sohn ist auch unzufrieden, da sie nicht für ihn mittags kocht. Die Tochter befürwortet die Entscheidung der Mutter, wieder zu arbeiten.

4. Irene findet ihren Job gut. Ihr gefällt es, Verantwortung zu haben, und sie genießt die Anerkennung ihres Chefs. Dafür ist sie bereit, mehr zu arbeiten, abends oder am Wochenende.

5. Die Kinder beteiligen sich nicht an der Hausarbeit, der Ehemann nur selten. Das heißt, Irene muss am Abend oder am Wochenende die ganze Hausarbeit alleine bewältigen.

6. Die Familie hat sich auseinandergelebt. Jeder geht seinen eigenen Interessen nach, die Tochter reitet, der Vater spielt Golf. Es gibt keine gemeinsamen Mahlzeiten mehr. Der Sohn hat Probleme in der Schule.

B 💬 Students discuss the topic to form their opinion on the double burden of waged work and household responsibilities in today's society.

C ✏️ A writing activity for students to reflect on the role of women in the world of work and in the family environment. Students should be encouraged to talk about their own experiences and about those of people close to them. They should not exceed the number of words indicated.

D ✏️ **Suggested Answer**

Im 20. Jahrhundert haben verschiedene Gesetze den Frauen das Wahlrecht gegeben und sexuelle Diskriminierung auf der Arbeit und in vielen anderen Lebensbereichen verboten. Der Kampf der Frauen für Gleichberechtigung war lang. Ist er endlich gewonnen worden? In vielen Fällen sind die Männer immer noch die Hauptgeldverdiener. Aber sollten Männer mehr verdienen als Frauen? Theoretisch sollten Frauen den selben Lohn bekommen, wenn sie die selbe Arbeit verrichten. Aber laut einer europäischen Studie bekommen 15% der Frauen in der EU weniger für die gleiche Arbeit.

Die richtige Lebensbalance

10 Arbeitszufriedenheit

 Two writing tasks where students first answer some comprehension questions and then note down possible measures to improve job satisfaction.

 Students discuss the importance of job satisfaction for people. They could make lists of what steps could be taken to improve job satisfaction in general. They could talk specifically about their own experiences and about those of family members and friends. Finally, they could debate how they would go about making their school a better place.

Extension activities page 207 provides three further activities (reading, speaking, writing) on this topic.

11 Stress

 Students decide who says what.

Answers

1. Horst

2. Ludwig

3. Lea

4. Angela

5. Lea

6. Ludwig

7. Angela

8. Horst

B Students answer questions on the text in German.

Answers

1. Horst leidet unter Termindruck und einem strengen Chef. Angela arbeitet in einem Beruf, in dem man wenig verdient. Das führt zu finanziellen Problemen, die sich nur mit Hilfe von Familienmitgliedern und Freunden lösen lassen. Das belastet sie. Ludwig ärgert sich über fast alles, angefangen von Verkehrsstaus bis hin zum Kinderlärm. Lea hat Angst vor Prüfungen, weil sie unter großem Erwartungsdruck steht.

2. Horst ist gereizt, hat Schlafprobleme, und andere müssen seinen Frust ausbaden. Angela kann bei Schulden ihre Freizeit nicht mehr richtig genießen, es stört sie die finanzielle Abhängigkeit. Ludwig hat körperliche Probleme, sein Blutdruck ist zu hoch und er regt sich schnell auf. Lea träumt schlecht, hat Schwierigkeiten, sich zu konzentrieren, und fühlt sich tagsüber schlapp, weil sie nachts schlecht schläft.

3. Horst hat Sport probiert – ohne Erfolg. Er braucht viel Kaffee und raucht bei der Arbeit. Angela versucht, durch Jobben ihre Schulden möglichst schnell zurückzuzahlen. Ludwig nimmt in Stress-situationen Medikamente und Beruhigungstropfen. Lea hat versucht, mit homöopathischen Mitteln ihre Probleme zu lösen, aber das hatte nur wenig Erfolg. Momentan weiß sie nicht, wie sie ihre Probleme in den Griff kriegen kann.

C A discursive task to discuss the impact of stress in today's society. Students should stick to the questions provided.

12 Lebensbalance

A Students answer questions on the text in German.

Answers

1. Das Buch handelt von dem Problem vieler Menschen, das Berufsleben und Privatleben in Einklang zu bringen.

2. Prof. Dr. Walter möchte mit seinem Buch den Menschen Rat geben, wie sie in beiden Bereichen glücklicher werden können.

3. Frauen gehen mit potentiellen Krankheiten besser um als Männer. Männer glauben, dass im Umgang mit Krankheit, Ärger und Stress, viel Schlaf, Alkohol oder Verdrängung wirksame Mittel sind.

4. Prof. Dr. Walter träumt von Chancengleichheit – der oder die Beste soll den Job bekommen.

B A listening comprehension. Students should collect information from the text to complete the statements and indicate which sentences are correct.

Answers

1.

a Als erstes ist es die Sorge um den Arbeitsplatz.

b Als zweites ist es die Bedeutung der Arbeit.

2. Drei Gründe:

a Mehr Überstunden.

b Mangelnde Karrierechancen für Frauen.

c Kein gutes Verhältnis zum Chef.

 Students indicate which option is correct.

Answers

1. Frauen sind flexibler.

2. Frauen kommen besser mit Stress klar.

3. Männer sind häufiger stressbedingt krank.

 A discursive task in which students reflect on and debate the potential strengths and weaknesses of men and women.

13 Einfach mal abschalten

 An oral activity for students to discuss the topic of recreation. Teachers should encourage students to do some research on different types of holiday first.

14 Einen Ausgleich finden

 Students answer questions on the text.

Answers

1. Bei vielen Studenten kann man eine Art Burnout-Syndrom festellen. Es äußert sich in Depressionen, Angstattacken, Versagensängsten und Magenkrämpfen.

2. Studenten sollten in stressigen Situationen auf Medikamente, Beruhigungsmittel oder Aufputschmittel verzichten.

3. Zu einer guten Prüfungsvorbereitung gehören neben den Lernzeiten individuelle Ausgleichstätigkeiten. Viele Studenten lernen nur und vergessen für geistige Abwechslung zu sorgen.

4. Ideal sind natürlich alle Sportarten, da man weiß, dass beim Sport Stress sehr gut abgebaut werden kann. Daneben sind musische Aktivitäten und körperliche Arbeit gut geeignet.

5. Indem man rechtzeitig anfängt zu lernen und sich möglicherweise in einer Arbeitsgruppe auf die Prüfungen vorbereitet.

6. Ratgeber, also Bücher oder Seminare, geben wichtige Tipps zum Umgang mit Prüfungs- und

Stresssituationen. In ihnen lernt man das bessere Lernen und das bessere Entspannen.

 An opportunity to write a narrative imagining the thoughts and feelings of a student who has previously failed an exam and is now passing with ease.

 A summary task in German, in which students should stick to the questions.

Answers

1. Andi möchte später reich sein. Er hofft den Reichtum durch eine gute Geschäftsidee oder eine Fernsehkarriere zu erlangen.

2. Andi glaubt im Gegensatz zu seinem Großvater nicht an die Regel, dass man nur durch harte Arbeit reich wird. Er glaubt, dass der Reichtum auch mit wenig Aufwand und sehr schnell kommen kann, z.B. durch einen Gewinn in einer Glücksshow.

3. Für Lisa ist Geld wichtig, aber nur Mittel zum Zweck. Sie strebt nicht nach Reichtum, sie möchte einfach nur genug für ein normales Leben.

4. Lisa glaubt, dass man durch Leistung und Qualität seiner Arbeit beruflich erfolgreich sein kann und sich dann verschiedene Sachen leisten kann.

5. Für Björn ist Gesundheit wichtiger als Geld, denn man kann sie nicht kaufen.

6. Björn ist der Meinung, dass reiche Leute oft unglücklicher sind als arme. Er vermutet, dass sie nur wegen ihres Geldes und nicht wegen ihres Charakters gemocht werden.

7. Yvonne fühlt sich im Vergleich zu ihren Mitbürgern arm, im Vergleich zu den Menschen in weniger entwickelten Ländern aber sehr reich. Sie ist mit dem Gesundheitswesen, der Nahrungs-versorgung und den Bildungsmöglichkeiten sehr zufrieden.

8. Für Yvonne ist es eine Utopie, dass die Menschen in den weniger entwickelten Ländern in naher Zukunft ähnlich gute Versorgungs- und Bildungsmöglichkeiten haben werden.

Extension activities page 208 provides further reading, speaking and writing activities on this topic.

The **Grammar worksheet** for this chapter provides practice in the use of reported speech (including using the subjunctive 2) and indirect speech (in the past).

Assessment tasks

1. Translation

🖊 Suggested key, bearing in mind the need to insist on correct German word order.

1.	Although Birgit	*Obwohl Birgits…*
2.	had always enjoyed	*ihr immer gefallen hatten,*
3.	her classes,	*… Klassen / Unterrichtsstunden* (link with first element)
4.	she never arrived home	*kam sie nie… nach Hause*
5.	until four o'clock	*vor vier Uhr*
6.	and always needed	*und brauchte immer*
7.	at least	*mindestens*
8.	a couple of hours	*ein paar Stunden*
9.	for her homework.	*für ihre Hausaufgaben.*
10.	She… had time	*Sie hatte… Zeit*
11.	rarely	*selten*
12.	for her friends	*für ihre Freunde*
13.	or favourite leisure activities.	*oder Lieblingsfreizeitaktivitäten.*
14.	She had… decided	*Sie hatte… beschlossen,*
15.	not yet	*noch nicht*
16.	whether she should	*ob sie… sollte.*
17.	go to university	*auf die Universität gehen*
18.	or find a job	*oder eine Stelle… finden.*
19.	in the nearest town.	*in der nächsten Stadt*
20.	Therefore	*Deswegen*
21.	as soon as	*sobald*
22.	she left	*sie… verlassen hatte,*
23.	school	*die Schule*
24.	she went	*ging sie*
25.	abroad	*ins Ausland,*
26.	for a year	*(für) ein Jahr*
27.	to work	*um… zu arbeiten.*
28.	in a furniture factory	*in einer Möbelfabrik*
29.	in the south	*im Süden*
30.	of Greece.	*Griechenlands*

2. Creative writing

🖊 Work will be marked according to the criteria for creative and discursive essays (see the Edexcel specification, page 45f.).

a Students will write a creative essay about the woman in the photograph offered as a stimulus. They should commence their work with the introduction offered, and continue appropriately. Their work will be marked according to its relevance to the stimulus, and the extent to which they have engaged appropriately with the task. The students will be expected to organise and develop their ideas within their essay.

3. Discursive essay

Work will be marked according to the criteria for research-based essays (see the Edexcel specification, page 47).

b This stimulus gives students a newspaper headline with a sub-headline. They will write a newspaper report about the project on eating disorders undertaken by the students of the school in Nuremberg.

c Students will write a reasoned argument for and/or against the view that school prepares students for the world of work. The best candidates will address the task appropriately and will organise and develop their ideas clearly and effectively.

d Students will present their arguments for and/or against the legal use of alcohol, nicotine and cannabis. The best answers will show a reasoned understanding of the subject and the essay will be well structured.

Nationale und internationale Ereignisse der Vergangenheit

Topic areas for Einheit 9

Edexcel topic	Topics/Grammar/ study skills covered in the chapter	Coverage in *Edexcel German for A Level* Student's Book
National and international events of the past (Nationale und internationale Ereignisse der Vergangenheit)	The Second World War (Der Zweite Weltkrieg)	1 Bildunterschriften p. 166 2 Propaganda p. 167 3 Die HJ und der BDM p. 167 4 Die Nacht des Schreckens p. 168 5 Widerstand im Zweiten Weltkrieg p. 168 6 Die Schlacht um Stalingrad p. 169
	Divided Germany (Das geteilte Deutschland)	7 Ankunft der Alliierten p. 170 8 Vertreibung und Neubeginn p. 170 9 Die Berliner Luftbrücke and die Trennung p. 171 10 Das Leben in der DDR p. 172 11 Die sieben Weltwunder der DDR p. 174 12 Der Bau der Berliner Mauer p. 175 13 Stasi! p. 176
	Foreigners in Germany (Gastarbeiter, Ausländer, Aussiedler)	14 Willkommen in Deutschland?! p. 177 15 Türken in Deutschland p. 177 ★ Die Rütli Schule in Berlin-Neukölln p. 178 16 Die Russen kommen p. 179 17 Asylbewerber in Deutschland p. 180 ★ Im Namen des Volkes p. 180 18 Welche Ausländer wohnen in Deutschland? p. 180 ★ Was für Arbeit machen die Ausländer? p. 181
	Reunification of Germany (Die Wiedervereinigung Deutschlands)	19 Die Mauer fällt! p. 181 ★ Interview mit Helmut Kohl p. 182 ★ Historische Stunden in Berlin p. 182 20 Und wie ging es weiter…? p. 183 ★ Willkommen in Berlin – der Hauptstadt eines vereinten Deutschlands! p. 184 ★ Das Deutschlandbild in der Welt p. 184
	Grammar	Word order – revision p. 173 The perfect tense – revision; including modal verbs p. 178
	Study skills	Writing a creative essay p. 169 Writing a discursive essay p. 182

★ Material found on Dynamic Learning Network Edition.

General notes for this topic

- In this chapter students will be able to learn more about the history of Germany in the 20th and the beginning of this century. The chapter deals with topics that we hope will be of interest to the students and probably useful for essay writing, as well as material for the research-based essay in Unit 4.
- Students will need to acquire fairly specialised vocabulary dealing with the history of Germany, such as *Judenverfolgung, NSDAP, Luftbrücke, Berliner Mauer, Wiedervereinigung*. A large amount of this vocabulary will be found in the word lists.
- The perfect tense is revised comprehensively, together with the use of modal verbs in the perfect tense. There is also revision of word order.
- The chapter also offers advice on how to write creative and discursive essays as required in Unit 4.
- Students will learn about Germany's modern history in detail and should then be able to develop their own ideas and opinions and express these both orally and in writing.

Further reading

Useful website detailing all aspects of modern history of Berlin; helpful if choosing an historical topic for the research-based essay
www.berlin.de/berlin-im-ueberblick/geschichte/index.en.htm

Website giving details of the groups of foreigners living in Germany
www.medienwerkstatt-online.de/lws_wissen/vorlagen/showcard.php

Further website with a number of links to information about foreigners living in Germany
www.tufts.edu/as/ger_rus_asian/auslaender/ausl.html

Detailed website with much of interest about the history of the GDR
www.ddr-geschichte.de

General information about the National Socialist movement
de.wikipedia.org/wiki/Zeit_des_Nationalsozialismus

Further website with links to information about the Nazis
www.wissen.de/wde/generator/wissen/ressorts/geschichte

Two useful books in English:
Berlin: The Downfall 1945 by Anthony Beevor (Penguin)
Stasiland by Anna Funder (Granta)

In English or German:
Pastfinder Berlin 1933–1945 and *Berlin 1945–1989* by Maik Kopleck (Links Verlag Berlin) and www.pastfinder.de

Zum Einstieg

Personal response.
The main aim of this section is to encourage students to talk in a more open and sustained way in a smaller group. The questions link in with the images at the top of page 165. They invite comments, ideas and opinions on the themes to be explored and motivate students to speak confidently and spontaneously. There are no correct or incorrect answers here: all answers are feasible as long as they are justified and exemplified. It might be interesting to work through these questions at the beginning of the chapter and then revisit them at the end. This way, students could evaluate their own progress in terms of both new language learnt and fresh ideas and points of view.

1. *Was haben Sie schon über Deutschland im Zweiten Weltkrieg in der Schule oder vielleicht durch die Medien gelernt?*
   Students should be encouraged to talk about what they already know about the Second World War. What have they already learnt about it in History – probably at GCSE level? Do they believe that the images they have been given of Germany and the Germans through this as well as in the media have influenced their opinion of the country in general? What do they feel about the image of Germany during the war portrayed in the press – especially in the tabloid press? Which key figures of the Nazi period are known to them and what role did they play? Are they aware of the fate of the Jews and other minority groups?

2. *Warum haben die Deutschen Hitler möglicherweise zum Führer gewählt?*
   Encourage students to think about what sort of a person Hitler must have been. Have they seen any film clips of him and how he was able to control a crowd? How did he do it? Are they aware of the economic situation in Germany during the Thirties that helped to bring Hitler to power?

3. *Wie müsste das Leben Ihrer Ansicht nach in einer geteilten Stadt sein?*
   It would be useful to show a couple of further pictures of a divided Berlin to help with the

discussion. Students could imagine what it would be like if their own town or city were physically divided in two. What would the effects be of a wall right through the middle of a city that they are familiar with? What would be the emotional effect of dividing families? What if you lived on one side and worked on the other? What if you lived in, say, Birmingham, but travel to Coventry or Wolverhampton was banned?

4. *Wie war wohl die Reaktion in Berlin, als die Mauer nach 28 Jahren fiel?*
After the discussion of the previous section, students should try to imagine what it must have been like when the dividing wall was suddenly no longer there. What must it have been like suddenly to be able to visit somewhere about which you could only have dreamed? Why were the people in Berlin so thrilled? If you have the film *Berlin – Geschichte einer Teilung* available from the Goethe Institut, it could be shown at this point. How many times do students hear the word *Wahnsinn*?

5. *Welche Vorteile bringen Ausländer in ein Gastland? Was meinen Sie?*
This should be a positive discussion about the advantages of foreigners moving to another country – it is not intended to be an opportunity to criticise immigration. What have the immigrants from countries in Eastern Europe, particularly Poland, brought to our society? What benefits have there been for them too? How have immigrants from Asia and the Caribbean enriched our society? Are students aware of which groups of foreigners make up the largest presence in Germany, Switzerland or Austria? Are they aware of any groups of German speakers who in the past have emigrated to other countries? – USA, South America, Asia and Australia all have significant German-speaking populations.

Der Zweite Weltkrieg

1 Bildunterschriften

A Students match up the statements. This could be done individually, in pairs or as a group.

Answers

1. g 2. j 3. h 4. b 5. d 6. k 7. a 8. f 9. i 10. c
11. e

B Students listen to the recording to check their answers from activity A.

C Students can do some individual research using the bullet points for guidance. They then give a presentation to the group to boost confidence in speaking. This could also be done as a written exercise.

2 Propaganda

Teachers may wish to discuss the idea of propaganda in general. When reading the introduction, teachers may wish to pick up on Leni Riefenstahl and her contribution via film to the propaganda used by the Nazis. The 1936 Olympics could be discussed at this point. A useful book is *Berlin Games* by Guy Walters (John Murray, 2006).

A **Suggested answers**

1. A negative depiction of the Jews is evoked through language such as *Verbrechen*, *Lügen* and *beschmutzen*.

2. The text depicts the German people as being superior, and as being cheated and abused by the Jews. Consider the use of commands, as well as language such as *Deutschland in seiner Ehre* or *Es lebe Deutschland* to encourage a feeling of national pride.

3. The aim was to unite the Germans against the Jews and to show the Jews that they were not wanted in the country. Teachers should encourage students to come up with these or other ideas.

3 Die HJ und der BDM

A Students listen to the recorded conversation and then complete the gapped sentences.

Answers

1. sehr gut

2. Müttern

3. starke

4. stolz

5. die Juden

6. Deutschen

B This could be discussed in both a positive and a negative way. In a positive way, it is an opportunity for young people to get together, to enjoy outdoor activities and bond as a group. On the other hand, as in the case of the HJ and the BDM, it was an attempt to mould a particular type of society. Students should weigh up both sides.

C Following on from activity B, students may get Gudrun to argue that she has no wish to be forced down a particular route in her life, whereas the Gruppenleiter may – in a subtle fashion – suggest why she should attend the meetings. Students should try to balance the argument. Teachers could assess this using the grid for Unit 4 Question 2 in the Edexcel specification.

4 Die Nacht des Schreckens

Teachers should first explain some of the more difficult vocabulary in this text: *Synagogen, zerstört, geplündert, überfallen, gedemütigt, misshandelt, ermordet, verhaftet, endgültig, Diskriminierung, Verfolgung, Pogrom, GESTAPO, SA- und SS-Angehörige, untersagt, der Befehl, belästigen, verhaften, Eigentum, beschlagnahmen, Zerstörung, Vertreibung, Holocaust.*

 Answers

1. Falsch. Die Synagogen in Deutschland gingen am 9. November 1938 in Flammen auf.

2. Falsch. Viele Juden wurden angegriffen.

3. Richtig.

4. Richtig.

5. Falsch. Die Polizei in jeder Stadt durfte nicht am Pogrom teilnehmen.

6. Richtig.

7. Falsch. Die Nazis meinten, sie hätten die Aktion nicht organisiert.

8. Richtig.

Extension

After an initial discussion of the text, teachers should encourage students to write a newspaper article about the events of *Kristallnacht*. It could be written from a neutral point of view, pro-Nazi for an imaginary paper such as *Der Völkische Beobachter*, or anti-Nazi in a country such as Switzerland. The language used should be in the style of a newspaper. The mark scheme in the specification could be used for assessment. The film *Der Fälscher*, set in Sachsenhausen concentration camp, could be shown at this point.

5 Widerstand im Zweiten Weltkrieg

A Students learn about the resistance in the Nazi era, particularly about the student group *Die Weiße Rose*. Teachers may wish to show the film *Sophie Scholl* at this point – an excellent depiction of the final days of Sophie Scholl. Explain the following: *tapfer, Widerstand leisten, bestehen aus, veröffentlichen, Flugblätter, verbreiten, Zitaten, erwischen, festnehmen, Gericht, Todesurteile vollstrecken, Gnade, beschimpfen, Ewigkeit.*

Suggested answers

1. It was very difficult to resist the Nazis as people lived in fear for their own lives. It was also difficult to trust other people. *Es war schwer, weil viele Angst vor der Regierung hatten und es war schwer, anderen zu vertrauen.*

2. The group was made up of ordinary students who wanted to live in a fair and just society. *Sie war eine Gruppe von Studenten, die in einer gerechten Gesellschaft leben wollten.*

3. The group hoped to show resistance in a peaceful way by issuing leaflets and getting people to discuss the political situation. *Sie wollten auf friedliche Weise Widerstand leisten, indem sie Flugblätter verteilten und Gespräche förderten.*

4. It shows that Sophie was very religious, believed in her convictions and was not worried about dying. *Sie war sehr religiös, überzeugt und hatte keine Angst vor dem Tod.*

B Teachers may first ask students to find out about Claus von Stauffenberg and the plot against Hitler. There are many useful websites and the website of the Gedenkstätte Deutscher Widerstand in Berlin is particularly interesting. Students should write a discursive essay based on the stimulus and considering reasons why resistance may or may not be shown. The mark scheme in the specification could be used for assessment.

Study skills: Writing a creative or a discursive essay (pages 169 and 182)

As the creative and discursive essays demand quite different approaches and skills, it is best if students decide which they are going to write long before they go into the exam so that they can prepare appropriately.

Remind students that many of the skills and language they are learning for debating issues orally can also be used for writing a discursive essay. If students are studying a literary text for section C of the Unit 4 exam (the research-based essay), some of the vocabulary and phrases they come across may be useful for writing a creative essay.

See also:
A2 Exam techniques for Unit 4, section B, page 256.
Using A2 level vocabulary and structures, see Dynamic Learning.

6 Die Schlacht um Stalingrad

A 📖 Discuss the following vocabulary with the students before they do the gapped exercise: *eingekesselt, Frühjahr, die Rote Armee, die deutsche Wehrmacht, Niederlage, Wendepunkt, die berüchtigste Schlacht, Kapitulation, erfroren, verhungert, vordringen, erbitterten, Gegenoffensive, Heimat.*

Answers

1. einen Misserfolg
2. Todesfällen
3. Bürger
4. ein Wendepunkt
5. einen Monat
6. drei Monaten
7. ergeben
8. geringe

Extension

Beschreiben Sie ein Ereignis aus der Nazizeit in Deutschland. Inwiefern war dieses Ereignis wichtig im Verlauf der Geschichte? Schreiben Sie 240–270 Wörter.

This exercise gives students the opportunity to choose an interesting event from the period covered in this part of the chapter to research further. Teachers may wish to use the mark grid for the research-based essay in the Edexcel specification for assessment.

Das geteilte Deutschland

7 Ankunft der Alliierten

A 📖 📖 Students listen to the text about Frau Long, a German woman who met her British husband after the war, and then answer the questions.

Suggested answers

1. Ihr Großvater war nach dem Krieg in Hamburg stationiert, wo Frau Long damals wohnte.
2. Weil die Engländer damals nur wenig Kontakt zu dem Feind haben durften.
3. Es war Liebe auf den ersten Blick!
4. Weil die Russen viel grausamer mit den Deutschen umgegangen sind.
5. Es war sehr hart, weil die Stadt fast völlig zerstört war.
6. Lisas Großeltern verlobten sich.

B ✏️ Teachers should allow students to write either of the creative essays offered and use the creative essay skills outlined on page 169 of the Student's Book to help them. Any possible development of the titles is feasible as long as the general subject is clearly covered. The mark scheme in the specification can be used for assessment.

Extension activities page 209 provides a reading and writing activity based on the liberation of Bergen-Belsen.

8 Vertreibung und Neubeginn

A 📖 First discuss the following vocabulary before students complete the gap-fill exercise: *ehemalig, Oder-Neiße-Linie, Verwaltung, das Gerücht, Danzig, bedrohen, Stettin, gelingen, die Zonengrenze, das Lager, der Vertriebene.*

Answers

1. besetzten
2. fort
3. grausam
4. Schmuck
5. Alte
6. Straße
7. Leichen
8. Bahn
9. Brief
10. geniales

B ✏ Students can either write about the march experienced by the writer of the previous text, or a general essay may be written about a long winter march. Whichever approach is chosen, students should consider the physical and mental pressures suffered by those involved. The mark scheme in the specification should be used for assessment.

9 Die Berliner Luftbrücke und die Trennung

A 📖 Discuss the following vocabulary with students before they answer the questions: *die vier Besatzungsmächte in Deutschland, die Westmächte, der Einfluss, eine Blockade, die Luftbrücke, Brennstoffe, durchhalten, aufheben, eine Einigung, die Trennung.*

Answers

1. They all worked together in Berlin.

2. The Russians had a very different idea about how Germany should be governed and treated.

3. Berlin lay in the middle of the Russian zone in Germany.

4. To try to drive the western allies out of Berlin.

5. They transported by air everything that was needed for West Berliners to survive.

6. The allies realised that the Russians could no longer work together with the West, and this led to the division of Germany and the founding of the Federal Republic and the GDR.

10 Das Leben in der DDR

A 📖 Teachers should first read and discuss the texts with the students.

Answers

1. Frau Bäcker

2. Herr Zwingli

3. Frau Hoffmann

4. Herr Schwarz

5. Herr Polkowski

6. Frau Stern

B ✏ Students write an essay based on the stimulus, giving both sides of the argument as to whether it is possible to live in a modern society without luxury goods. The tips on writing discursive essays on page 182 of the Student's Book will help. The mark scheme in the specification should be used for assessment.

11 Die sieben Weltwunder der DDR

First read the text with the students and discuss the following vocabulary: *arbeitslos, fehlen, Arbeitskräfte, erfüllen, die Pläne, meckern.*

A 📖 **Answers**

1. Satz 6

2. Satz 1

3. Satz 5

4. Satz 2

5. Satz 7

6. Satz 4

7. Satz 3

B 💬 Students could discuss the points listed, based on what they have already learnt in activity A. The teacher will probably have an active role to play, as many students' experiences of the GDR and the communist system will be limited.

Suggested points to consider:

1. Possibly because the planned economy means there is no need to produce any more than has been scheduled.

2. Possible lack of skilled workers? Why might that be?

3. Consumer goods? Items produced abroad?

4. Nothing to buy? Lack of freedom?

5. Because they have no other choice? Other parties didn't have any political power.

C ✏ Teachers should divide the translation into 30 sections and assess using the mark scheme in the specification. Each box needs to be correct to gain a mark. There will often be alternatives, which the teacher should accept at his or her discretion. For example, the perfect and imperfect tense may both be acceptable. The German word order needs to be correct to gain the mark where appropriate.

1.	Life in Germany	*Das Leben in Deutschland*
2.	today	*heute*
3.	is sometimes hard.	*ist manchmal hart.*
4.	Although	*Obwohl (Obgleich)*
5.	most people	*die meisten Leute*
6.	have a job,	*einen Job haben,*
7.	many complain	*meckern viele*
8.	about the economy.	*über die Wirtschaft.*
9.	In the former GDR	*In der ehemaligen DDR*
10.	many people	*viele Menschen*
11.	still vote	*wählen noch*
12.	for the 'Linke' party	*die „Linke" Partei,*
13.	although they	*obwohl sie…*
14.	can vote	*wählen können*
15.	now	*jetzt*
16.	for any party	*(für) jede Partei*
17.	in the country.	*im Lande.*
18.	The shops are	*Die Geschäfte sind*
19.	all full	*alle voll*
20.	and there are	*und es gibt*
21.	lots of lovely things	*viele tolle Sachen*
22.	to buy,	*zu kaufen,*
23.	although it is not	*obwohl es nicht… ist,*
24.	always easy	*immer leicht (einfach)*
25.	if one is unemployed.	*wenn man arbeitslos ist.*
26.	The government hopes	*Die Regierung hofft…*
27.	to fulfil	*zu erfüllen,*
28.	a plan	*einen Plan*
29.	of fewer unemployed	*zur Verringerung der Arbeitslosigkeit)*
30.	in the next few years.	*in den nächsten Jahren.*

12 Der Bau der Berliner Mauer

The building of the Berlin Wall is a topic that students usually find very interesting. Teachers should read the text with the students and add any information as appropriate. Discuss the following vocabulary before considering the points below with students: *abgesperrt, ein abgeriegeltes Gefängnis, Einsatzgruppen der DDR-Volkspolizei, Kampfgruppen der Arbeiterklasse, abgeschnitten,*

empört, Stacheldraht, eine Betonmauer, Betonpfähle, Gräben, S- und U-Bahn, heuchlerisch, SED-Chef Walter Ulbricht, „Niemand hat die Absicht, eine Mauer zu errichten!"

 **Answers**

- Es ist ein Artikel aus einer Westberliner Zeitung. Man sieht es durch folgende Wörter und Ausdrücke:
- *Abgeriegelten Gefängnis, empört, Stacheldraht, Betonmauer, heuchlerische Rede, leere Worte, Krise, Hilfe*

 Answers

1. neutral
2. klare Meinung
3. neutral
4. klare Meinung
5. klare Meinung
6. neutral

 Discuss the statement with students. This could also be set as a written exercise.

 Students consider the questions in the Student's Book and use the Internet to find the answers. Exercise E on **Extension activities** page 209 provides further information and suggestions. They then research an aspect of their chosen topic using the Internet or other available sources. This is good practice for working on the research-based essay. The essay produced should be marked using the mark scheme for the research-based essay in the specification.

13 Stasi!

Teachers should introduce the work on the Stasi by asking if students have already heard of them. Discuss the following vocabulary: *der Staatssicherheitsdienst, das Organ, die Sicherheit, neurotisch, spionieren, der Mitarbeiter, herumschnüffeln, das Vorgehen, gefährden, verhaften, gefangen nehmen, versteckte Kameras, Wanzen.*

 **Answers**

1. c 2. a 3. e 4. f 5. b 6. g

Teachers should tell students that political opponents were imprisoned in the GDR before listening to the interview with Michael Bradler.

Suggested answers

1. Sie ist verstorben (gestorben).

2. Weil sie Rentner waren und alte Menschen gehen durften.

3. Weil seine Großeltern da waren und er allein war.

4. Weil er seinen Sohn bei den Behörden angeklagt hatte. (Weil er Behörden darüber informierte, was sein Sohn machen wollte.) Und er wollte, dass sein Sohn zur Armee geht!

5. Sie lehnten sie immer wieder ab.

6. Er war ganz unzufrieden und unglücklich.

7. Er ging einfach zur Grenze und sagte einem Grenzpolizisten, er wollte in den Westen.

8. Er verhaftete Herrn Bradler auf der Stelle.

9. Er soll sein Land verraten haben.

10. Er arbeitet in der Gedenkstätte Hohenschönhausen.

C ✎   Teachers should divide the translation into 30 sections and assess using the mark scheme in the specification. Each box needs to be correct to gain a mark. There will often be alternatives, which the teacher should accept at his or her discretion. For example, the perfect and imperfect tense may both be acceptable. The German word order needs to be correct to gain the mark where appropriate.

1.	Stefan Leberwurst was born	*Stefan Leberwurst wurde… geboren*
2.	in 1965	*1965 (no in)*
3.	in Zittau in the GDR.	*in Zittau in der DDR.*
4.	His father moved	*Sein Vater zog*
5.	to Karlsruhe	*nach Karlsruhe*
6.	in the west	*im Westen,*
7.	when he was ten.	*als er zehn war.*
8.	Stefan was	*Stefan war*
9.	very unhappy in Zittau	*sehr unglücklich in Zittau*
10.	and requested	*und stellte*
11.	an exit visa,	*einen Ausreiseantrag,*
12.	but this	*aber dieser*
13.	was turned down	*wurde… abgelehnt.*
14.	four times.	*viermal*
15.	Eventually	*Schließlich*

16.	he travelled	*fuhr er*
17.	to the frontier at Marienborn	*an die Grenze bei Marienborn*
18.	and asked	*und bat darum,*
19.	to leave the GDR.	*die DDR verlassen zu dürfen.*
20.	At once	*Auf der Stelle (Sofort)*
21.	he was arrested	*wurde er verhaftet*
22.	and taken	*und… gebracht.*
23.	to the Stasi prison	*ins Stasi-Gefängnis*
24.	in Berlin.	*in Berlin*
25.	He was held there	*Er wurde da… gefangen gehalten,*
26.	for a year	*ein Jahr lang*
27.	before	*bevor (ehe)*
28.	he was allowed	*er… durfte. (es ihm erlaubt wurde, …)*
29.	to go	*gehen (zu would be needed with alternative in 28 above)*
30.	to his father.	*zu seinem Vater*

D ✎   Students write an essay based on the stimulus, giving both sides of the argument as to whether it is ever acceptable for a state to use cameras and bugs to spy on the people. This is a topical issue with the fear of terrorism – or even the use of cameras on city streets. The mark scheme in the specification should be used for assessment.

Extension activities page 210 provides an appropriate homework task.

Gastarbeiter, Ausländer, Aussiedler

14 Willkommen in Deutschland?!

A 🔊   Explain the different names for groups of foreigners in Germany, as listed in the box on page 177, before students listen to the interview with Irfan and do the true/false exercise.

Answers

1. Falsch. Irfan findet das Leben in Deutschland gut.

2. Falsch. Sein Großvater kam allein nach Stuttgart.

3. Falsch. Irfans Oma kann wenig Deutsch.

4. Richtig.

5. Falsch. Er meint, die deutsche Sprache ist wichtig für Türken.

6. Falsch. Irfans Vater sprach Deutsch in der Schule.

7. Richtig.

8. Richtig.

15 Türken in Deutschland

First study the various statistics with the students and then discuss their significance.

 As this particular translation contains a lot of modal verbs, it might be useful to practise the modal verb forms in the perfect tense first.

1.	Ali is Turkish	*Ali ist Türke*
2.	and lives	*und wohnt*
3.	with his family	*mit seiner Familie*
4.	in the district of Wedding	*im Stadtbezirk Wedding (no von)*
5.	in Berlin.	*in Berlin.*
6.	His grandfather	*Sein Großvater*
7.	came	*kam*
8.	in the fifties	*in den fünfziger Jahren*
9.	to Germany	*nach Deutschland,*
10.	in order to work	*um… zu arbeiten.*
11.	in a factory there.	*dort (da) in einer Fabrik*
12.	His grandfather	*Sein Großvater*
13.	learned some German	*lernte etwas Deutsch,*
14.	but he wasn't able	*aber er konnte nicht*
15.	to speak fluently.	*fließend sprechen.*
16.	When his father	*Als sein Vater*
17.	was born,	*geboren wurde,*
18.	the family had to	*musste die Familie*
19.	move to Dortmund,	*nach Dortmund (um)ziehen,*
20.	because he wanted	*weil er… wollte.*
21.	to earn	*verdienen*
22.	more money.	*mehr Geld*
23.	The move was successful,	*Der Umzug war erfolgreich,*
24.	although Ali's grandfather	*obwohl Alis Großvater*
25.	didn't really	*es eigentlich*
26.	want it.	*nicht wollte.*
27.	They are now	*Sie sind jetzt*
28.	quite	*ziemlich*
29.	well integrated	*gut integriert*
30.	into the society.	*in die Gesellschaft.*

 Students choose to write an essay based on one of the two stimuli, giving both sides of the argument if choosing the second choice (the discursive essay). The first option should be written as a newspaper article. The mark scheme in the specification should be used for assessment.

16 Die Russen kommen

First discuss the following vocabulary before students do the matching exercise: *geprägt von Armut, die Einwanderung, deutschstämmig, ausreisen, die Anzahl, nachhaltig.*

A **Answers**

a 6 b 3 c 1 d 4 e 2 f 5

B **Answers**

1. f 2. d 3. b 4. g 5. a 6. i 7. j 8. c

C Teachers read the introductory text with students, explaining the word *Neid*, and then discuss the questions posed in the text. This could be turned into a debate or a role-play if desired.

D Students write an essay based on the stimulus, giving both sides of the argument as to whether it is simply necessary to have German blood to be allowed back into Germany. This could be a debate done orally, as in activity C. The mark scheme in the specification should be used for assessment.

17 Asylbewerber in Deutschland

A Read the introductory texts with students and discuss the following vocabulary before doing the activity: *die Hetze, die Morddrohung, die Verfolgung, die Rechte, beschimpfen, schwul, hinrichten, eingeschränkt.*

Answers

1. Ali
2. Amira
3. Amira
4. Minh
5. Kwasi
6. Ali

B ✏️💬 Students work in pairs or small groups to come up with some ideas based on this question and then discuss it together.

C ✏️ Students are given a very open-ended stimulus to write a creative essay. They should try to include some of the comments and problems mentioned by the youngsters in the texts. The mark scheme in the specification can be used for assessment.

18 Welche Ausländer wohnen in Deutschland?

Discuss the following vocabulary with the students: *fliehen, die Heimatländer, die Menschenrechte, achten, der politisch Andersdenkende, der Angehörige, bedrängt, das Überleben, die wirtschaftliche Not, die Verelendung, die Verzweiflung, die Zuflucht, der Übermut, der Leichtsinn, auf dem Spiel stehen, der Flüchtling.*

A 📖💬 This is an opportunity for students to do some research on the Internet or via other sources. The results can be made into a presentation or done as a written project. Although this isn't appropriate for the actual research-based essay due to a lack of TL focus, it is a good opportunity to develop the skills necessary for it.

Extension activities page 211 provides a further reading and speaking activity exploring immigration issues in Austria. There is also a related writing activity.

Die Wiedervereinigung Deutschlands

19 Die Mauer fällt!

Teachers should begin by asking students what they already know about the fall of the Berlin Wall. There are many films available of this event. The *Fremdenverkehrsamt* in Berlin could be very useful here. Teachers visiting Berlin can pick up many films and documents to enhance this chapter. The *Gedenkstätte Berliner Mauer* on Bernauerstraße is worth a visit.

Read the newspaper extracts with students and discuss the following vocabulary: *es war soweit, ungehindert, der Übergang, die Teilung, der Jubelsturm, die Friedenstaube, überglücklich, Berlin! Freue dich!, der Durchbruch, brausend.*

A 📖💬 Look together with students for vocabulary and phrases within the two newspaper articles that create the atmosphere of the occasion. Then discuss which of the two articles students prefer and why.

B 💬 Students go on to discuss the way in which the journalists in these two cases influence our emotions. This would be a good opportunity to look at some other newspaper articles from two fairly contrasting papers covering a similar story – such as *Bild-Zeitung* and *Süddeutsche Zeitung.*

C ✏️ Students now imagine what it must have been like as a West Berliner to meet a guest from East Berlin on the day the Wall fell. The Goethe Institut film *Berlin – Geschichte einer Teilung* contains some good ideas.

20 Und wie ging es weiter…?

Read the articles with the students and discuss the following vocabulary: *fassen, der Eindruck, die Wessis, die Ossis, die Vorstellung, das Lebensniveau, das Solidaritätsgeld, unterstützen, das Vergangene, die Ostalgie.*
This may be a good point to show students the film *Good Bye Lenin!*

 **Answers**

Sentences 1, 3, 4, 8.

B 💬 An open-ended exercise to discuss the concept of nostalgia and the reasons for it. Students discuss personal thoughts in a group or in pairs.

C ✏️💬 Students work together in groups to come up with four lists. They should think about what they have learnt and heard as well as their own personal opinions. These can then be discussed in a group or written up – perhaps as an interesting poster for display.

This is an opportunity to show other films produced about this era. Obvious examples include *Das Leben der anderen, NVA, Sonnenallee* and *Prager Botschaft.*

Extension activities pages 212–213 provides further reading and writing practice, and opportunities to explore and research information about various towns and cities in the former GDR.

The **Grammar worksheet** for this chapter gives practice in word order: changing it for emphasis; the position of *nicht*; there is also an exercise on putting the imperfect into the perfect.

Assessment tasks

1. Translation

Suggested key, bearing in mind the need to insist on correct German word order.

1.	When Alexandru	*Als Alexandru*
2.	arrived in Munich	*in München… ankam,*
3.	from Romania	*aus Rumänien*
4.	thirty-six years ago,	*vor sechsunddreißig Jahren* (not *36*)
5.	he was a young man.	*war er ein junger Mann.*
6.	He was given	*Man gab ihm*
7.	a flat	*eine Wohnung*
8.	on the edge	*am Rande*
9.	of the city	*der Stadt*
10.	and soon found work.	*und er* (necessary in the light of element 6) *fand bald Arbeit.*
11.	He had no intention	*Er hatte keine Absicht,*
12.	of spending	*… zu verbringen.*
13.	the rest	*den Rest*
14.	of his life	*seines Lebens*
15.	in the… capital.	*in der… Hauptstadt*
16.	Bavarian	*bayrischen*
17.	If he had planned	*Wenn er… geplant hätte,*
18.	to stay,	*zu bleiben*
19.	he would have learnt	*hätte er gelernt, …*
20.	to speak	*… zu sprechen.*
21.	the language	*die Sprache*
22.	fluently.	*fließend*
23.	After reunification,	*Nach der Wiedervereinigung*
24.	however,	*aber/jedoch*
25.	he moved to Leipzig	*zog er nach Leipzig um,*
26.	to live with relatives	*um bei Verwandten zu wohnen,*
27.	to whom	*zu denen/an die*
28.	he had… sent money	*er… Geld geschickt hatte.*
29.	always	*immer*
30.	every month.	*jeden Monat*

2. Creative writing

Work will be marked according to the criteria for creative and discursive essays (see the Edexcel specification, page 45.).

a Students will write a creative essay based on the photograph offered as a stimulus. They will be expected to show some knowledge and understanding of the historical events that the couple in the photograph may have lived through. Work will be marked according to its relevance to the stimulus, and the extent to which students have engaged appropriately with the task.

3. Discursive essay

Work will be marked according to the criteria for creative and discursive essays (see the Edexcel specification, page 45).

b Students will write a reasoned argument for and/or against the view – expressed in this quotation – that the history of nations shows us that nations have learnt nothing from history. The best candidates will address the task appropriately, show their evaluative skills, and show knowledge and understanding of history and our reaction to it. They will organise and develop their ideas clearly and effectively.

4. Research-based essay

Work will be marked according to the criteria for research-based essays (see the Edexcel specification, page 47).

a Students will write about two historical figures whom they have studied, evaluating their importance and giving reasons for their answer.

b Students will write about one historical event they have researched. They will be expected to give reasons why, in their opinion, the event was of such importance.

Interessen und Sorgen der Jugend/Unsere Welt

Topic areas for Einheit 10

Edexcel topic	Topics/Grammar/ Study skills covered in the chapter	Coverage in *Edexcel German for A Level Student's Book*
Youth culture and concerns (Interessen und Sorgen der Jugend)	Homelessness (Obdachlosigkeit)	1 Obdachlos in Berlin p. 188 2 Crashkurs Obdachlos p. 189 3 Crashkurs Obdachlos in Berlin p. 190
	Advertising (Werbung)	4 Werbung in Deutschland p. 191 5 Deutsche Werbung p. 192 6 Wie funktioniert die Werbung? p. 192 7 Die Zukunft der Werbung p. 193 8 Die Rolle der Werbung in der Gesellschaft p. 194
	Cyber-dating/E-commerce (Cyber Dating/Einkaufen im Internet/Teleshopping)	9 Mit einem Klick fängt es an p. 195 10 MySpace p. 196 11 Dating online p. 198
	Endangered species/rainforest (Tiere in Gefahr/ Regenwald)	12 Regenwald p. 199 13 Artenschutz im Regenwald p. 200 14 Die Arbeit der „World Rainforest Movement" p. 201 15 Antilopen p. 202
	Nuclear power in Germany (Atompolitik in Deutschland)	16 Atompolitik p. 203 17 Atomausstieg p. 204 18 Die Atompolitik von Greenpeace p. 206
	Grammar	The infinitive p. 194 The future perfect p. 198 The conditional perfect and pluperfect p. 205
	Study skills	Translation skills (1) p. 202 Translation skills (2) p. 206

General notes for this topic

- For all speaking exercises in this chapter, it is suggested that use be made of the Edexcel Assessment criteria for Unit 3, particularly the Response and Quality of Language grids. You may also wish to apply the grid for Comprehension and Development. Students could be encouraged to demonstrate comprehension during a speaking exercise by taking notes, responding to unexpected questions from the teacher or foreign language assistant.

  Similarly, for speaking exercises which might require a research element, you could assess the student against the grid for Comprehension and Development.

- Before beginning the section *Obdachlosigkeit*, students need to be familiar with the term *obdachlos*. Explain what the „Straßenfeger" is and its similarity to *The Big Issue*.

- Introduce *Obdachlos in Berlin* by asking students for ideas about what it's like to live on the streets.

- Before beginning the *Werbung* section, elicit words such as *Werbung, Anzeige* and *Reklame* and explain the differences.

- Extend exercise 6 on page 192 with extra adverts.

- Before tackling exercise 7 (*Die Zukunft der Werbung*) on page 193, discuss the idea of 'product placement'.
- Before beginning the section *Cyber Dating/Einkaufen im Internet/Teleshopping* on page 195, ask students how long they spend on the Internet each week. Do they watch shopping channels?
- Before reading the MySpace article on page 196, ask students if they have entries on similar sites. Have they made new friends that way?
- Begin the section *Tiere in Gefahr/Regenwald* on page 199 by finding out what students know about the rainforest and the consequences of its destruction. Explain words such as *Regenwald*, *Klimadebatte*, *Kohlendioxid*, *Tierarten* and *Baum-Plantagen*.
- Introduce the section *Atompolitik* in Deutschland on page 203 by explaining the names of the political parties in Germany. Introduce terms such as *eine Stillegung der Atomanlagen*, *Verlängerung der Laufzeit*, *Atomkraftgegner*, *Atomausstieg* and *ein Supergau*.

Further reading

Further information about the work of the „Straßenfeger" organisation
www.straßenfeger.org

Spiegel online has articles relevant to violence towards homeless people
www.spiegel.de/panorama/justiz

Information about safe shopping using the Internet
www.bsi-fuer-buerger.de/einkaufen

Information about safer Internet dating
www.saferdating.de

Öko-Test magazine series covers many different topics including the environment (see *Sonderheft Umwelt 2008*)
www.oekotest.de

Robin Wood is a magazine dedicated to protecting the environment widely sold in Germany
www.robinwood.de

Focus magazine has articles on a wide range of subjects including environmental issues, nuclear energy, homelessness, Internet dating, etc.
www.focus.de

Zum Einstieg

Refer students to the vocabulary lists on page 207 of the Student's Book.

Possible responses

1. *Wie wäre es, wenn Sie obdachlos wären?*
   Es wäre sehr schwierig. Ich würde Angst haben, im Freien zu schlafen. Wie bekommt man etwas zu essen, wenn man kein Geld hat?

2. *Welche Einfluss hat die Werbung auf Sie?*
   Ich habe nicht viel Geld, also hat die Werbung keinen großen Einfluss auf mich. Ich sehe natürlich die Werbung im Fernsehen, denn man kann sie nicht vermeiden.

3. *Wozu nutzen Sie das Internet?*
   Ich suche Informationen im Internet für meine Schularbeit. Ich schreibe viele E-Mails an meine Freunde. Ich habe Kontakt mit vielen Leuten über MySpace. Ich kaufe Sachen im Internet. Ich kann mir kaum vorstellen, ohne das Internet zu leben.

4. *Was passiert, wenn es keinen Regenwald mehr gibt?*
   Wenn es keinen Regenwald mehr gibt, dann wird es große Probleme für uns alle geben. Der Regenwald nimmt viel Kohlendioxid auf. Es wäre schade, wenn viele Tiere aussterben.

5. *Sollen wir neue Kraftwerke bauen?*
   Ohne Kernkraftwerke würden wir viele Probleme mit der Energieversorgung haben. Wir müssen neue Atomkraftwerke bauen. Ich würde nicht gern in der Nähe von einem Atomkraftwerk wohnen. Das Risiko ist zu hoch… Also lieber keine neuen Atomkraftwerke.

Follow-up questions

- Ist es gefährlich, auf der Straße zu leben? Warum?
- Wie kann man Geld bekommen?
- Kann man arbeiten, wenn man obdachlos ist?
- Warum gibt es viele Obdachlosen in den Städten?

- Findest du die Werbung im Fernsehen lustig?
- Kannst du einen Werbespot beschreiben, den du wirklich lustig findest?
- Warum wird so viel Geld in die Werbung investiert?

- Hast du neulich etwas im Internet gekauft? Was?
- Warum kaufst du im Internet ein?
- Wie findest du die Shoppingkanäle?
- Hast du auch etwas im Fernsehen gekauft? Was zum Beispiel?
- Hast du jemanden im Internet kennen gelernt?

- Warum wird der Regenwald langsam zerstört?
- Wozu brauchen wir die Wälder?
- Wie findest du es, wenn immer mehr Bäume angebaut werden, um Biosprit zu produzieren?

- Wo können wir Atommüll lagern?
- Wo gibt es Atomkraftwerke hier in der Nähe?
- Ist es nicht besser, Atomenergie zu nutzen, als die Umwelt weiter zu belasten?
- Warum haben Leute Angst vor Atomenergie?

Obdachlosigkeit

1 Obdachlos in Berlin

 Students identify the nine correct sentences.

Answers

Sentences 2, 4, 5, 7, 10, 11, 14, 16, 18.

B Students should produce a dialogue that lasts 4–5 minutes. Students can refer to the text, but should be encouraged to adapt the language to make it their own. Students could be assessed using the Edexcel assessment criteria for Unit 3. Refer to section 3.4 of the specification using the grids for Response and Quality of Language.

Possible responses

Leute, die obdachlos sind, haben viele Probleme. Sie müssen oft im Freien schlafen und dies kann gefährlich sein. Sie finden es natürlich sehr schwer Arbeit zu finden. Die Zeitung „Straßenfeger" ist also eine gute Sache, weil Obdachlose dann die Gelegenheit haben, Geld zu verdienen…

2 Crashkurs Obdachlos

A Students do the true/false activity and correct the false statements.

Answers

1. Falsch. Er beginnt mit einem Frühstück in der Notübernachtung.
2. Richtig.
3. Falsch. Teilnehmer haben Unterstützung von anderen Obdachlosen.
4. Richtig.
5. Falsch. Man darf kein Schreibgerät behalten.
6. Richtig.
7. Richtig.
8. Richtig.
9. Falsch. Das Frühstück geht auf Kosten des Hauses.
10. Falsch. Man darf keinen Kontakt zur Familie haben.

Extension

You could set your students the following writing task.

Lesen Sie den Text noch einmal und beantworten Sie die folgenden Fragen auf Deutsch.

1. Warum meinen einige Leute, dass Obdachlose ein bequemes Leben führen?
2. Warum sind einige Leute der Meinung, dass niemand in der Stadt betteln muss?
3. Was für Leute würden diesen Crashkurs interessant finden?
4. Warum könnte es schwierig sein, auf der Straße zu leben?
5. Warum dürfen Teilnehmer keine Telefonkarte, keine Uhr und keine Fahrscheine dabei haben?

Suggested answers

1. Sie brauchen nicht zu arbeiten. Sie zahlen keine Steuer.
2. Es gibt genug Arbeit für alle. Es gibt viel Unterstützung für Obdachlose.
3. Leute, die Obdachlosen helfen wollen, würden den Crashkurs interessant finden.
4. Es könnte gefährlich sein. Man muss bei jedem Wetter im Freien schlafen.
5. Sie müssen genauso leben wie Leute, die obdachlos sind.

B Suggested marking grid. This is not exhaustive.

1.	Have you	*Haben Sie*
2.	ever asked yourself	*sich je gefragt,*
3.	what it's like	*wie es ist,*
4.	on the streets?	*auf der Straße*
5.	to live	*zu leben?*
6.	Do you think	*Glauben Sie,*
7.	that nobody	*dass niemand*
8.	has to beg?	*betteln muss?*
9.	Do you think we	*Glauben Sie, dass wir*
10.	do enough	*genug… machen?*
11.	already	*schon*
12.	for homeless people?	*für Obdachlose*
13.	Yes? Then… perhaps	*Ja? Dann… vielleicht*
14.	you should…	*sollten Sie…*
15.	spend	*verbringen/teilnehmen.*
16.	24 hours	*24 Stunden/für 24 Stunden*
17.	on our crash course for homelessness	*an unserem Crashkurs für Obdachlose*
18.	You'll be given	*Sie bekommen*
19.	breakfast at 8 o'clock	*Frühstück um 8 Uhr*
20.	and by 9	*und um 9*
21.	you'll be	*sind Sie*
22.	on the streets	*auf der Straße*
23.	with only the clothes	*mit nur der Kleidung/mit nur den Kleidern*
24.	you're wearing.	*die Sie tragen/die Sie anhaben.*
25.	By next morning	*Bis zum nächsten Morgen*
26.	you will have	*werden Sie… haben.*
27.	spent	*verbracht*
28.	24 hours without money	*24 Stunden ohne Geld,*
29.	without a credit card	*ohne Kreditkarte*
30.	without even a bag.	*sogar ohne Tasche.*

Spelling errors and omission of essential accents would render a section incorrect. 30 marks, divided by 3 gives a mark out of 10.

3 Crashkurs Obdachlos in Berlin

A Students answer questions about the recording.

1. Sie haben in der Notübernachtung/im Büro von der Zeitung „Straßenfeger" geschlafen.
2. Sie müssen das Sofa zusammenstellen, Matratzen zur Seite räumen und den Frühstückstisch decken.
3. Sie stellen Fragen an die Reporterin. Sie stellen Fragen wie „Weißt du, wo du pennen willst?"
4. Es kann nicht so schlimm sein.
5. Sie bekommt eine dunkelblaue Cordhose, einen verwaschenen Wollrolli und einen kurzen schwarzen Mantel.
6. Sie findet sie hässlich.
7. Einer der Männer, die in der Notübernachtung geschlafen haben, hat es gesagt.
8. Sie hat sie weggeworfen.
9. Sie hat ihren Schlüssel und 20 Euro mitgebracht.
10. Sie hat das Band zum normalen Leben zerschnitten. Die Kleidung hat sie obdachlos gemacht.

B Students should produce a dialogue that lasts 4–5 minutes. Students can refer to the listening text, but should be encouraged to adapt the language to make it their own. Students could be assessed using the Edexcel assessment criteria for Unit 3. Refer to section 3.4 of the specification using the grids for Response and Quality of Language.

Possible responses

Ich würde nicht gern an dem Crashkurs teilnehmen, weil ich es sehr schwer finden würde, im Freien zu schlafen. Für den Notfall würde ich mein Handy mitnehmen…

C Students should be encouraged to produce an essay of 240–270 words. Students can refer to the listening and reading texts, but should be encouraged to adapt the language to make it their own. Students could be assessed using the Edexcel assessment criteria for Unit 4. Refer to section 4.4 of the specification using the grids for Range and Application of Language, Accuracy of the Target Language, Understanding and Response and Organisation and Development.

Extension activities pages 214–215 provides further reading and writing activities on this topic.

Werbung

4 Werbung in Deutschland

 Students identify the correct vocabulary in the text.

Answers

1. hilfreich
2. Auffassung
3. Phantasie
4. Werbespots/Werbeblock
5. extrem niedrigen Niveau

B Students should express the information in their own words.

Suggested answers

1. 8% meinen, dass man viel schöner ohne Werbung leben kann.
2. 53% meinen, dass man viel Information von der Werbung bekommt, wenn man etwas kaufen will.
3. 42% finden Werbespots lustig und glauben, dass sie viel Information anbieten.
4. 92% glauben, dass die Werbung eine wichtige Rolle in unserem Leben spielt, wenn wir bestimmte Produkte und Dienstleistungen brauchen.
5. 71% würden Werbeblöcke lieber überspringen.

C Students should produce a dialogue that lasts 4–5 minutes. Students can refer to the reading text, but should be encouraged to adapt the language to make it their own. Students could be assessed using the Edexcel assessment criteria for Unit 3. Refer to section 3.4 of the specification using the grids for Response and Quality of Language.

Possible responses

Ich lese nicht oft eine Tageszeitung, aber ich kaufe ab und zu eine Zeitschrift. Ich finde die Werbung meistens langweilig. Ich finde aber die Werbung im Fernsehen lustig und viel interessanter…

5 Deutsche Werbung

A Students should make notes and report back orally. Students can refer to the listening text, but should be encouraged to adapt the language to make it their own.

6 Wie funktioniert die Werbung?

 Students describe and consider the effectiveness of the two adverts.

A possible suggested answer could begin as follows. *Die Anzeige für den Porsche zeigt ein Auto, das exklusiv und sehr schnell ist. Das ist eine Illusion der Perfektion…*

B Students describe a favourite advert. This could be assessed using the Edexcel assessment criteria for Unit 3. Refer to section 3.4 of the specification using the grids for Response and Quality of Language.

7 Die Zukunft der Werbung

A Students answer questions about the text.

Answers

1. Sie können Werbespots ausschneiden und Sendungen ohne Werbespots auf einer Festplatte speichern.
2. Produkte werden in Filmen, Radio- oder Fernsehsendungen platziert.
3. Eine Marke kann mit einem bestimmten Image verbunden werden.
4. Der Umsatz von Reese's Pieces ist enorm gestiegen.
5. Man kann ein Produkt auf eine bestimmte Region oder Gruppe abzielen.
6. Kinder würden gesundheitsschädliche Produkte wie Tabakwaren oder Alkohol kaufen.
7. Ihre Produkte werden in Universal Filmen platziert.
8. Das bedeutet, dass bestimmte Produkte in Popsongs erwähnt werden.

8 Die Rolle der Werbung in der Gesellschaft

A Students should be encouraged to produce an essay of 240–270 words. Students can refer to the listening and reading texts, but should be encouraged to adapt the language to make it their own. Students could be assessed using the Edexcel assessment criteria for Unit 4. Refer to section 4.4 of the specification using the grids for Range and Application of Language, Accuracy of the Target Language, Understanding and Response and Organisation and Development.

Cyber Dating/Einkaufen im Internet/Teleshopping

9 Mit einem Klick fängt es an

 Students choose correct statements about the text.

Answers

1. b 2. b 3. c 4. a 5. a 6. b

B Students should produce a dialogue that lasts 4–5 minutes. Students can refer to the reading text, but should be encouraged to adapt the language to make it their own. Students could be assessed using the Edexcel assessment criteria for Unit 3. Refer to section 3.4 of the specification using the grids for Response and Quality of Language.

Possible responses

Ich kaufe gern im Internet ein, weil Sachen oft preiswerter sind als in der Stadt. Ich habe neulich ein neues Handy im Internet gekauft, es war sehr günstig. Aber samstags gehe ich auch gern in der Stadt einkaufen…

10 MySpace

A Students find in the text the equivalent terms for the words listed.

Answers

1. erfolgreichste
2. Werkzeug
3. grundsätzlichen
4. Erfolgsgeheimnis
5. Kumpel
6. Rumhängeplatz
7. beliebtesten
8. durchstöbert
9. wirkungsvollsten
10. Eisdiele
11. meistgeschätzten
12. riesigen

 **Suggested answers**

1. Der Vergleich wird gemacht, weil man auf MySpace ein persönliches Zuhause zeigen und besuchen kann.

2. Erwachsene benutzen das Internet, wenn sie etwas Bestimmtes erreichen wollen. Jüngere Menschen sehen darin eine Gelegenheit, ihr soziales Leben weiterzuführen.

3. Junge Leute treffen sich oft an einer Bushaltestelle.

4. MySpace wurde für 580 Millionen Dollar verkauft.

5. Er hat MySpace gegründet.

6. Wenn jemand deine Seite auf MySpace besuchst, sieht man nur das Image, das du angeboten hast.

7. Sie sind meistens Selbstporträts, die man mit einer Fotohandy oder Digitalkamera gemacht hat.

8. Mit dem MySpace-angle können Leute ihre beste Seite zeigen.

 Students write their own entries for MySpace.

D Students should produce a discussion that lasts 6–7 minutes. Students can refer to the reading text, but should be encouraged to adapt the language to make it their own. Students could be assessed using the Edexcel assessment criteria for Unit 3. Refer to section 3.4 of the specification using the grids for Response and Quality of Language.

11 Dating online

A Students summarise in English how Tobias and Imke met.
Key points are as follows.
* Tobias received a long contact e-mail from Imke after posting information on a dating website.
* They swopped e-mails and telephoned.
* He decided to take the train to Berlin to see Imke.
* For Tobias it was love at first sight.
* They have been seeing each other every weekend and speaking every morning and evening.
* Imke will be moving closer to Stuttgart.
* They are convinced they were meant for each other. They are determined to lead their future lives together.

Extension activities page 216 provides further reading and writing activities on this topic.

Tiere in Gefahr/Regenwald

12 Regenwald

 Students find in the text the equivalent terms for the words listed.

Answers

1. tief greifende Folgen

2. angepasst

3. sicherstellen

4. zahlreichen

5. Einigkeit

6. vergeblich

B Students answer questions about the text.

Suggested answers

1. Es gab keinen Schiffsverkehr/Die Menschen konnten nicht in die nächste Stadt oder zum Arzt fahren/Es gab Probleme mit der Versorgung von Menschen.

2. Es war noch nie so trocken/Das Ökosystem wurde überfordert.

3. Es ist manchmal nass und manchmal trocken.

4. Die sibirischen Wälder nehmen 80% des Kohlendioxids auf, das Menschen in Europa verursachen.

5. Was passiert, wenn der Wald in Nordrussland weiter schrumpft?

6. Es würde viel mehr Kohlendioxid geben.

7. Sie wurden zerstört, um Platz für neue Plantagen zu machen.

8. So viel wie 40 Prozent der Menge, die durch die Verbrennung von Erdöl, Kohle und Gas weltweit in die Atmosphäre geblasen wurde.

 Suggested marking grid. This is not exhaustive.

1.	Climate change	*Klimawandel*
2.	affects	*hat... Folgen,*
3.	every part	*überall/in jedem Teil*
4.	of the World	*in der Welt/der Welt*
5.	and the influence	*und der Einfluss*
6.	of human beings	*von Menschen*
7.	is accelerating	*beschleunigt*
8.	global warming.	*die globale Erwärmung.*
9.	The rain forests	*Die Regenwälder*
10.	in Brazil and Sumatra	*in Brasilien und Sumatra,*
11.	for example	*zum Beispiel*
12.	have suffered	*haben... erlitten.*
13.	serious	*schwere*
14.	fire damage.	*Brandschäden*
15.	Fire has destroyed	*Brände haben... zerstört*
16.	the habitats	*den Lebensraum*
17.	of many species	*Tiera/von vielen Tierarten*
18.	and the amount	*und die Menge*
19.	of carbon Dioxide	*des... Kohlendioxids*
20.	released	*freigesetzten*
21.	will have	*wird... haben.*
22.	caused	*verursacht*
23.	almost as much damage	*fast so viele Schäden*
24.	as the burning	*wie die Verbrennung*
25.	of oil, coal and gas.	*von Öl, Kohle und Gas.*
26.	If... continue to shrink	*Wenn... weiter schrumpfen*
27.	the forests in Siberia	*die Wälder in Sibirien*
28.	there could be	*könnte dies... geben.*
29.	disastrous consequences	*katastrophale Konsequenzen/Folgen*
30.	for the climate in Europe	*für das Klima in Europa*

30 marks divided by 3 gives a mark out of 10.

13 Artenschutz im Regenwald

 Students choose correct statements about the text.

Answers

1. d **2.** k **3.** f **4.** a **5.** e **6.** j

 Students translate the indicated passage into English.

Suggested answer

In many areas, even the number of our nearest relatives, the apes, have fallen by half. Take, for example, the orang-utans. Until recently, these reddish brown apes were to be found in distant areas of Asia. However, their habitat, the tropical rainforests, were cut down on a massive scale for wood and palm oil. Today, their numbers are limited to the islands of Borneo and Sumatra. Poachers also catch the few young orang-utans. They have become popular and highly priced pets. However, when they become adults they are thrown out or shot by their owners.

 Students should produce a dialogue that lasts 4–5 minutes. Students can refer to the reading texts, but should be encouraged to adapt the language to make it their own. Students could be assessed using the Edexcel assessment criteria for Unit 3. Refer to section 3.4 of the specification using the grids for Response and Quality of Language.

Possible responses

Das Klima im Regenwald hat sich geändert und es wird immer wärmer. Das hat schwere Konsequenzen für die Tiere im Wald. Viele Tierarten könnten aussterben. Wenn der Regenwald weiter zerstört wird, wird es immer mehr Kohlendioxid in der ganzen Welt geben…

14 Die Arbeit der „World Rainforest Movement"

 Students answer questions on the recording.

Answers

1. Jeder Mitarbeiter hat ein spezielles Arbeitsgebiet.

2. Sie trinken (Mate)tee.

3. Die WRM unterstützt die Bewohner des Regenwaldes.

4. Die natürlichen Wälder werden abgeholzt.

5. Die Plantagen werden als Wald definiert.

6. Für die WRM sind die Baum-Plantagen keine Wälder.

7. Die rasante Zunahme der Baum-Plantagen könnte schlimme sozialen Probleme zur Folge haben.

8. Die WRM sorgt für soziale Gerechtigkeit/den Schutz der Umwelt.

15 Antilopen

Students summarise the text about antelopes.
Key information to note.
- Ein Institut für Wildtierforschung hat die Forschung durchgeführt.
- Die Antilopen fressen abends und in der Nacht.
- Mit Peilsendern wurden die Tiere in der Nacht verfolgt.
- Die Antilopen werden von Raubtieren gefangen.
- Die Tiere könnten aussterben.

Students should be encouraged to produce an essay of 240–270 words. Students can refer to the listening and reading texts, but should be encouraged to adapt the language to make it their own. Students could be assessed using the Edexcel assessment criteria for Unit 4. Refer to section 4.4 of the specification using the grids for Range and Application of Language, Accuracy of the Target Language, Understanding and Response and Organisation and Development.

Study skills: Translation skills (1) and (2)

Some of the most common errors made by students include:
- use of the passive
- conditional perfect, e.g. if she had…, she would have…
- word order, especially relative clauses
- names of countries and common cities
- reflexive verbs
- *das/dass*
- *als/wenn*
- plurals of nouns
- *seit/seitdem*
- separable verbs
- adjectival endings
- spelling
- guesswork on genders
- case
- tenses.

Give students plenty of opportunities to practise

translation from English to German, starting with single sentences or short pieces of English on familiar topics and progressing to longer passages on less familiar topics – the more they practise, the more they will be able to recognise pitfalls and 'see through' the English to the appropriate German structures.

Atompolitik in Deutschland

16 Atompolitik

A Students match statements to political parties.

Answers

1. FDP
2. Die Grünen
3. Die Linke/PDS
4. CSU

B Students find in the text the equivalent terms for the words listed.

Answers

1. einer Stillegung aller Atomanlagen
2. zur Kenntnis genommen
3. widersinnig
4. erneuerbare Energien
5. Atomausstieg
6. abgeschaltet werden
7. in die Höhe
8. der Neubau von AKWs

17 Atomausstieg

A Students find in the text the equivalent terms for the expressions listed.

Answers

1. rund um die Uhr
2. ökonomisch
3. optimieren
4. Kohlevorkommen
5. gegenwärtigen
6. vernünftig
7. überhöhten
8. Versorgungslücke

B Students should produce a dialogue that lasts 4–5 minutes. Students can refer to the reading texts, but should be encouraged to adapt the language to make it their own. Students could be assessed using the Edexcel assessment criteria for Unit 3. Refer to section 3.4 of the specification using the grids for Response and Quality of Language.

Possible responses

Pro
* Wir haben keine Idee, wie wir Atommüll lagern sollen.
* In 30 Jahren wird es kein Uran mehr geben.

Contra
* Wir müssen die Atomkraftwerke von heute solange wie möglich in Betrieb halten.
* Wir können nicht 24 Stunden am Tag mit Energie von Wind und Sonne auskommen.

C Students should be encouraged to produce an essay of 240–270 words. Students can refer to the listening and reading texts, but should be encouraged to adapt the language to make it their own. Students could be assessed using the Edexcel assessment criteria for Unit 4. Refer to section 4.4 of the specification using the grids for Range and Application of Language, Accuracy of the Target Language, Understanding and Response and Organisation and Development.

18 Die Atompolitik von Greenpeace

 Students make notes on specific topics.

Key information to note:
* Die Atomkraftwerke in Deutschland sind zum Teil mehr als 25 Jahre alt. Die Materialien in den Reaktoren sind sehr alt. Keine Atomkraftwerke sind wirklich sicher.
* Es würde gefährlich sein, weil viele AKWs nah an großen Städten liegen, wie zum Beispiel Hamburg, Mannheim und Heidelberg.
* Nirgendwo in der Welt kann man radioaktiven Müll sicher lagern. Niemand weiß, wo man den Müll sicher begraben kann, weil geologische Formationen nicht für immer stabil sind.

B Students should produce a speech that lasts 3–4 minutes. Students can refer to the reading texts, but should be encouraged to adapt the language to make it their own. Students could be assessed using the Edexcel assessment criteria for Unit 3. Refer to section 3.4 of the specification using the grids for Response and Quality of Language.

C Students should be encouraged to produce an essay of 240–270 words. Students can refer to the reading and listening texts, but should be encouraged to adapt the language to make it their own. Students could be assessed using the Edexcel assessment criteria for Unit 4. Refer to section 4.4 of the specification using the grids for Range and Application of Language, Accuracy of the Target Language, Understanding and Response and Organisation and Development.

Extension activities pages 217–218 provides further reading and writing activities on this topic.

The **Grammar worksheet** for this chapter provides practice in the use of verbs + zu + infinitive; *um… zu*, *ohne… zu* and *anstatt… zu*; and the conditional perfect.

Assessment tasks

1. Translation

Suggested key, bearing in mind the need to insist on correct German word order.

1.	Julia, whose parents	*Julia, deren Eltern*
2.	are now divorced,	*jetzt geschieden sind,*
3.	lives with	*wohnt mit/bei*
4.	her oldest sister	*ihrer ältesten Schwester*
5.	in a small… village.	*in einem kleinen… Dorf.*
6.	Austrian	*österreichischen*
7.	She… wears	*Sie trägt*
8.	usually	*gewöhnlich*
9.	ecologically produced clothes	*ökologisch hergestellte/ produzierte Kleider*
10.	and is a big fan of Silbermond,	*und ist ein großer Fan von Silbermond,*
11.	one of the	*einer der*
12.	most successful German bands.	*erfolgreichsten deutschen Bands.*
13.	She met	*Sie lernte… kennen.*
14.	her current boyfriend,	*ihren gegenwärtigen Freund,*
15.	a… tram driver,	*einen… Straßenbahnfahrer,*
16.	Swiss	*schweizerischen*
17.	sixteen months ago	*vor sechzehn Monaten*
18.	in a chat-room	*in einem Chat-Room*
19.	on the Internet.	*im Internet*
20.	Recently	*Neulich…*
21.	her younger cousin Martin	*ihr jüngerer Vetter/Cousin Martin*
22.	had to go	*musste*
23.	to hospital	*ins Krankenhaus*
24.	with alcohol poisoning	*mit/wegen Alkoholvergiftung*
25.	and Julia… warns	*und Julia warnt*
26.	her friends	*ihre Freunde*
27.	regularly	*regelmäßig*
28.	of the dangers	*vor den Gefahren*
29.	of drinking	*von Trinken*
30.	and drugs.	*und Drogen.*

2. Creative writing

Work will be marked according to the criteria for creative and discursive essays (see the Edexcel specification, page 45f).

a Students will write a creative essay about the world of nuclear power, based on the photograph and phrase offered as a stimulus. Their work will be marked according to its relevance to the stimulus, and the extent to which they have engaged appropriately with the task. The students will be expected to organise and develop their ideas within their essay.

b This stimulus gives students an opportunity to continue a story whose scene is set by means of a short piece of text. It is anticipated that students will be able to write appropriately and creatively about a situation arising from flirting in a chat-room. Work will be marked according to the criteria for creative essays (see the Edexce; specification, page 45f).

3. Discursive essay

c Students will write a reasoned argument for and/or against the introduction of laws to resolve the issue of binge drinking. The best candidates will address the task appropriately and will organise and develop their ideas clearly and effectively. Work will be marked according to the criteria for discursive essays (see the Edexcel specification, page 45f).

d Students will present their arguments for and/or against endeavouring to help the homeless in our cities. The best answers will show a reasoned understanding of the subject and the essay will be well structured.

Nationale und internationale Ereignisse der Gegenwart

Topic areas for Einheit 11

Edexcel topic	Topics/Grammar/ Study skills covered in the chapter	Coverage in *Edexcel German for A Level Student's Book*
Current national and international events (Nationale und internationale Ereignisse der Gegenwart)	Developing countries (Entwicklungsländer)	1 Was charakterisiert ein Entwicklungsland? p. 210 2 Uganda-Tagebuch p. 211 3 Entwicklungshilfe mal anders p. 212
	Racism (Rassismus)	4 Probleme im Osten p. 213 5 Radiobericht Mügeln p. 214 6 Rassismus und Fußball: Die Meinungen der Fans p. 215
	Violence, crime and terrorism (Gewalt, Verbrechen und Terrorismus)	7 Gefährliches Alter? Jugendkriminalität unter der Lupe p. 217 8 Internationaler Terrorismus: Die Ermordung Benazir Bhuttos p. 218
	The European Union (Die Europäische Union)	9 Was wissen Sie über die Europäische Union? p. 220 10 Die EU hat viel geleistet p. 222 11 Fakten und Zahlen zur EU p. 223 12 Für oder gegen die EU p. 224
	International agreements and events (Internationale Verhältnisse)	13 Fragen und Antworten zu den Vereinten Nationen (UNO) p. 225 14 Die Olympische Bewegung p. 227 15 Internationale Diplomatie p. 228
	Grammar	The subjunctive – other uses p. 216 Participles p. 222
	Study skills	Writing a research-based essay (1) p. 214 Writing a research-based essay (2) p. 223

General notes for this topic

- For all speaking exercises in this chapter, it is suggested that use be made of the Edexcel Assessment criteria for Unit 3, particularly the Response and Quality of Language grids. You may also wish to apply the grid for Comprehension and Development. Students could be encouraged to demonstrate comprehension during a speaking exercise by taking notes, responding to unexpected questions from the teacher or foreign language assistant.
  Similarly, for speaking exercises that might require a research element you could assess the student against the grid for Comprehension and Development.

- Before beginning the first section, explore what students understand by the term *Entwicklungsland*.
- Introduce the listening exercise 2 *Uganda-Tagebuch* on page 211 by giving students some background on what Uganda is like.
- Before reading the text for exercise 3 *Entwicklungshilfe mal anders* on page 212, explore the vocabulary in the headings, e.g. *Ernährungssicherheit und Landwirtschaft, Not-und Übergangshilfe.*
- Before beginning the section *Rassismus* on page 213, ask the question *Gibt es viel Rassismus in der*

Schule/in der Stadt/in Großbritannien? Suggest why there is more racism in East than West Germany.

- Before beginning the section *Gewalt, Verbrechen und Terrorismus* on page 217, ask the students to react to expressions such as *Alkohol und Drogen, Ladendiebstahl, Gewaltdelikte.*
- Before tackling the text for exercise 8 on page 218 about the murder of Benazir Bhutto, explain who she was.
- Before beginning the section *Die Europäische Union* on page 220, ask students questions such as *Seit wann gibt es die EU? Welche Länder sind heute in der EU? Warum haben wir den Euro nicht in Großbritannien?*
- Explain something about the United Nations before beginning the section *Internationale Verhältnisse* on page 225. Explain words such as *Amtsitz, Sicherheitsrat, Generalsekretär.*
- Introduce the text for section 14 on page 227 by eliciting opinions about the Olympic Games.

Further reading

Further information about developing countries can be found in *Das Wissensmagazin* (**Extension activities** page 219 has an article from this website)
www.scienexx.de

Spiegel online has articles relevant to all topics covered in this chapter
www.spiegel.de

More information on the European Union can be found at the *Bundeszentrale für politische Bildung*
www.bpb.de

Website for information on immigrants to Germany (**Extension activities** page 221 has a text from this website)
www.aufenthaltstitel.de

More information on the United Nations in Vienna
www.unis.unvienna.org

Focus magazine has articles on a wide range of subjects including racism, the European Union, terrorism
www.focus.de

Zum Einstieg

Refer students to the vocab lists on page 229 of the Student's Book.

Possible responses

1. *Was unterscheidet ein Entwicklungsland von einem Industriestaat?*
Ein Entwicklungsland ist ein armes Land in, zum Beispiel, Afrika, wo es nicht viel Arbeit gibt. In den großen Industriestaaten gibt es wenig Arbeitslosigkeit und die Leute haben genug zu essen.

2. *Haben Sie Angst vor Terroranschlägen?*
Ich habe keine Angst vor Terroranschlägen, wenn ich ausgehe. Ich wohne nicht weit von London und wenn ich in die Stadt fahre, denke ich einfach nicht daran, dass es eine Bombe im Bus oder in der U-Bahn geben könnte.

3. *Haben Sie je Rassismus erlebt, in der Schule, in einem Fußballstadion oder woanders?*
Ich habe kaum was von Rassismus in der Schule erlebt, aber meine Freundin, deren Vater aus Indien kommt, hat viele Probleme gehabt. Als sie jünger war, ist sie öfters beschimpft worden.

4. *Sind Sie für oder gegen die EU? Warum?*
Ich weiß, dass viele Leute die EU kritisieren, wegen der Regelungen usw. Aber ich bin im Prinzip für die EU. Wir sind ja alle Europäer und wir müssen eine wichtige Rolle in der EU spielen.

5. *Wie wichtig sind die internationalen Organisationen wie die Vereinten Nationen und so weiter?*
Eigentlich weiß ich nicht viel über die UNO. Ich weiß, dass UN-Soldaten oft in Konfliktzonen geschickt werden und dass die UNO Büros in New York und Genf hat.

Follow-up questions

- Können Sie ein Entwicklungsland nennen?
- Was für Probleme gibt es in den Entwicklungsländern?
- Könnte man mehr für die Entwicklungsländer tun? Was zum Beispiel?

- Was können wir gegen den Terrorismus tun?
- Sind Sie dafür oder dagegen, dass wir Soldaten nach Irak und Afghanistan geschickt haben? Warum?

- Was für Vorurteile haben wir gegen Ausländer?
- Was sind die Ursachen von Fremdenfeindlichkeit?
- Kennen Sie viele Ausländer, die hier wohnen?
- Haben wir zu viele Asylbewerber in Großbritannien?

- Wie finden Sie es, dass Leute aus den EU-Ländern das Recht haben, hier zu wohnen und zu arbeiten?
- Würden Sie den Euro in Großbritannien einführen? Warum/Warum nicht?
- Würden Sie gern in einem EU-Land studieren?

- Ist die UNO zurzeit in einer Konfliktzone tätig?
- Würden Sie gern in New York oder Genf arbeiten, vielleicht bei der UNO?

- Sind/Waren Sie für oder gegen die Olympischen Spiele in London?
- Was meinen Sie zu den Olympischen Spielen in London?

Entwicklungsländer

1 Was charakterisiert ein Entwicklungsland?

 Students match English vocabulary to the text.

Answers

1. das Pro-Kopf-Einkommen
2. die hohe Geburtenrate
3. eine niedrige Lebenserwartung
4. ein schlecht ausgebautes Bildungssystem
5. Fertigprodukte
6. eine Arbeitslosenquote
7. eine unzureichende Infrastruktur
8. Teufelskreis

 Students match sentences to the text.

Answers

1. Als wichtigstes Kennzeichen wird oft das Pro-Kopf-Einkommen erwähnt.
2. Fehlende Fachkräfte behindern den Ausbau der Wirtschaft
3. ... werden deshalb von Entwicklungsländern viel exportiert.
4. Viele Einwohner versuchen in der Stadt, einen Weg aus der Armut zu finden.
5. eine Reihe von weiteren Merkmalen
6. Die hohe Geburtenrate und auch die sinkende Sterberate sind zwei Gründe dafür, die mit dem medizinischen Fortschritt zu tun haben.
7. Die Verstädterung in den Ländern der Dritten Welt hat... dramatisch zugenommen.

2 Uganda-Tagebuch

 Students match sentences to the text.

Answers

1. c 2. f, g 3. b, d, e 4. a, h

 Students answer questions in German.

Suggested answers

1. Viele Leute leiden an Aids/Es gibt viele Kinder und nicht genug zu essen/Die Leute werden krank, weil sie Würmer haben.
2. Wegen Überschwemmungen sind viele Dörfer abgeschnitten.
3. Viele Kinder in der Schule sind Aids-Waisen/Die Kinder bekommen zu Hause nicht genug zu essen.
4. Die Kinder bekommen dreimal am Tag etwas zu essen.

 Students should produce a dialogue that lasts 4–5 minutes. Students can refer to the listening and reading texts and the suggested website, but should be encouraged to adapt the language to make it their own. Students could be assessed using the Edexcel assessment criteria for Unit 3. Refer to section 3.4 of the specification using the grids for Response and Quality of Language.

3 Entwicklungshilfe mal anders

 Students identify the correct statements.

Answers

Sentences 1, 3, 5, 8.

 Students translate the text into German.

Suggested marking grid. This is not exhaustive.

1.	Weltwärts is	*Weltwärts ist*
2.	an organisation	*eine Organisation,*
3.	which sends	*die... schickt*
4.	young volunteers	*junge Freiwillige*
5.	to developing countries.	*in Entwicklungsländer.*
6.	It hopes that	*Sie hofft, dass (Weltwärts hofft, dass)*

7.	its volunteers	*ihre Freiwillige*
8.	can help	*helfen können,*
9.	developing countries deal	*Entwicklungsländern… fertig zu werden.*
10.	with their problems.	*mit ihren Problemen*
11.	Developing countries have	*Entwicklungsländer haben*
12.	many problems.	*viele Probleme.*
13.	Education must play	*Bildung muss… spielen,*
14.	a major role	*ein große Rolle*
15.	if the developing countries	*wenn die Entwicklungsländer…*
16.	are to improve	*verbessern sollen.*
17.	their… situation.	*ihre… Situation*
18.	social and economic	*gesellschaftliche und ökonomische*
19.	If the educational system	*Wenn das Bildungssystem*
20.	is improved,	*verbessert wird,*
21.	people become	*werden Menschen (Leute / wird die Bevölkerung)*
22.	healthier and	*gesünder und*
23.	more environmentally conscious.	*umweltbewusster.*
24.	Education, health	*Bildung, Gesundheit*
25.	economic	*wirtschaftliches (ökonomisches)*
26.	growth	*Wachstum*
27.	and environmental awareness	*und Umweltbewusstsein*
28.	are the things to concentrate on	*sind die Hauptschwerpunkte*
29.	for the development	*für die Entwicklung*
30.	of a country.	*eines Landes.*

Spelling errors and omission of essential accents would render a section incorrect. 30 marks divided by 3 gives a mark out of 10.

 Students should be encouraged to write about problems in 100–150 words. Students can refer to the reading text, but should be encouraged to adapt the language to make it their own. Students could be assessed using the Edexcel assessment criteria for Unit 4. Refer to section 4.4 of the specification using the grids for Range and Application of Language, Accuracy of the Target Language, Understanding and Response and Organisation and Development.

D Students should produce a discussion that lasts 6–7 minutes. Students can refer to the reading text, but should be encouraged to adapt the language to make it their own. Students could be assessed using the Edexcel assessment criteria for Unit 3. Refer to section 3.4 of the specification using the grids for Response and Quality of Language.

Extension activities pages 219–220 provides a reading and a writing activity that develop exercise D.

Rassismus

4 Probleme im Osten

A Students complete the sentences.

Answers

1. b 2. h 3. a 4. c 5. i 6. f 7. l 8. k

B Students should produce a dialogue that lasts 4–5 minutes. Students can refer to the text, but should be encouraged to adapt the language to make it their own. Students could be assessed using the Edexcel assessment criteria for Unit 3. Refer to section 3.4 of the specification using the grids for Response and Quality of Language.

Possible response

Ich war im Festzelt, als es los ging. Einige Männer mit Glatzköpfen haben angefangen, auf die Inder zu schimpfen. Sie haben die Inder Dreckschweine genannt. Ich habe nichts getan, ich hatte Angst…

5 Radiobericht Mügeln

 Students answer questions in German.

Suggested answers

1. ein Altstadtfest.

2. weil es da eine Hetzjagd auf acht Inder gab.

3. (Er war) nicht überrascht.

4. eine typische Erscheinung des Rechtsextremismus in Ostdeutschland.

5. Es wird nicht viel darüber gesprochen.

6. 40% der Leute in Ostdeutschland sind fremdenfeindlich.

7. neonazistische Tendenzen.

8. In Kadern außerhalb und innerhalb der NPD und in neonazistischen Kamaradschaften.

B ✏️ Students should be encouraged to produce an essay of 240–270 words. Students can refer to the listening and reading texts, but should be encouraged to adapt the language to make it their own. Students could be assessed using the Edexcel assessment criteria for Unit 4. Refer to section 4.4 of the specification using the grids for Range and Application of Language, Accuracy of the Target Language, Understanding and Response and Organisation and Development.

Study skills: Writing a research-based essay (1) and (2)

Also refer students back to:
* *Writing skills 1 and 2,* Chapter 5, pages 86 and 94.
* *Debating skills 1 and 2,* Chapter 8, pages 149 and 154.
* *Writing a discursive essay,* Chapter 9, page 182.

6 Rassismus und Fußball: Die Meinungen der Fans

A 📖 Students identify who says what.

Answers

1. Demoff

2. Manfred, Mikey

3. Mikey

4. Max

5. Jonni

6. Cassia

7. Mikey

8. Heino, Manfred

 Students summarise the recording about racism in football in East Germany.

Key information to note:
* Es gibt eine feindselige Stimmung. Spieler ausländischer Herkunft werden beleidigt. Alle beschimpfen sie, z.B. Gegenspieler, Zuschauer und sogar die Schiedsrichter.

* Sobald der Bus ankommt, wird geschimpft. Es gibt noch mehr Beschimpfungen während des Spiels. Einmal durfte die Mannschaft nach dem Spiel nicht duschen und einmal konnte der Bus wegen eines Mobs nicht wegfahren.
* Die Schiedsrichter machen nichts dagegen. Wenn man sich beschwert, kriegt man eine gelbe Karte. Sogar ein Linienrichter hat sie beschimpft.

C 💬 Students should produce a dialogue that lasts 4–5 minutes. Students can refer to the text, but should be encouraged to adapt the language to make it their own. Students could be assessed using the Edexcel assessment criteria for Unit 3. Refer to section 3.4 of the specification using the grids for Response and Quality of Language. Students should be encouraged to research the topic in relation to British football.

Possible responses

Ich finde es schrecklich, dass es so viel Rassismus im deutschen Fußball gibt. Meiner Meinung nach sollte man alle rassistischen Fans sperren. Ich habe auch Rassismus erlebt, aber nur auf der Straße oder in der Schule, nie beim Sport. Vielleicht gibt es weniger Rassismus im britischen Fußball, weil die besten Spieler alle Ausländer sind.

D ✏️ Students should be encouraged to produce an essay of 240–270 words. Students can refer to the listening and reading texts, but should be encouraged to adapt the language to make it their own. Students could be assessed using the Edexcel assessment criteria for Unit 4. Refer to section 4.4 of the specification using the grids for Range and Application of Language, Accuracy of the Target Language, Understanding and Response and Organisation and Development.

Extension activities pages 221–222 provides further reading activities on this topic.

Gewalt, Verbrechen und Terrorismus

7 Gefährliches Alter? Jugendkriminalität unter der Lupe

A 📖 Students match English and German expressions.

Answers

1. im Widerspruch zu den Zahlen der Polizei

2. Besorgnis erregen

3. das häufigste Verbrechen

4. soziale Benachteiligungen

5. mit dem Gesetz in Konflikt geraten

 Students match expressions in German to the text.

Answers

1. eine stetige Zunahme

2. der Gewalt aus dem Weg gehen

3. die Gewalt bricht aus

4. die Jugendkriminalität geht zurück

5. das Eigentum anderer

 Students answer questions in German.

Suggested answers

1. Über 500 junge Leute haben daran teilgenommen.

2. Es gibt viel in den Medien über Jugendkriminalität, aber in der Tat gibt es heutzutage weniger Jugendkriminalität.

3. Nichts. (Es gibt immer noch Diebstahl und Sachbeschädigung.)

4. Immer mehr junge Leute missbrauchen Alkohol und Drogen.

5. Es gibt oft Gewaltdelikte nach dem Konsum von Alkohol oder Drogen, aber bei den Jugendlichen gibt es nur selten Gewaltdelikte.

6. Ladendiebstahl.

7. Es gibt mehr Kriminalität unter den Jugendlichen, wenn die Lebensbedingungen schlecht sind.

8. Viele Jugendliche hören nach einer milden Strafe auf/Milde Strafen sind vielleicht effektiver als harte.

D Students could be assessed using the Edexcel assessment criteria for Unit 3. Refer to section 3.4 of the specification using the grids for Response and Quality of Language.

E Students should be encouraged to produce an essay of 240–270 words. Students can refer to the listening and reading texts, but should be encouraged to adapt the language to make it their own. Students could be assessed using the Edexcel assessment criteria for Unit 4. Refer to section 4.4 of the specification using the grids for Range and

Application of Language, Accuracy of the Target Language, Understanding and Response and Organisation and Development.

8 Internationaler Terrorismus: Die Ermordung Benazir Bhuttos

 Students match vocabulary to a gapped text.

Answers

1. Tod

2. Angriffe

3. Protestierende

4. Präsident

5. Läden

B Students translate the text into German. Suggested marking grid. This is not exhaustive.

1.	Benazir Bhutto will	*Man wird Benazir Bhutto (Benazir Bhutto wird)*
2.	be remembered	*in Erinnerung behalten (bleiben)*
3.	as a… figure	*als eine… Persönlichkeit (Person)*
4.	popular and influential	*beliebte und einflussreiche*
5.	in the political life of Pakistan.	*im politischen Leben von Pakistan.*
6.	She had lived	*Sie hatte… gelebt,*
7.	in exile	*im Exil*
8.	for many years	*viele Jahre…*
9.	before returning to Pakistan	*bevor sie… nach Pakistan zurückkehrte (zurückging/ zurückfuhr),*
10.	in the autumn of 2007	*im Herbst von 2007*
11.	to contest	*um an… teilzunehmen.*
12.	a general election.	*Parlamentswahlen*
13.	Her death	*Ihr Tod*
14.	at an election rally	*bei einer Wahlversammlung*
15.	shortly before the … election	*kurz vor den… Wahlen*
16.	planned	*geplanten*

17.	caused	*verursachte (hatte als Folge)*
18.	widespread	*weit verbreitete*
19.	unrest and demonstrations.	*Unruhen und Demonstrationen.*
20.	Who murdered her?	*Wer hat sie ermordet?*
21.	The official view is	*Offiziell*
22.	that, if it was an attack	*war es ein Angriff*
23.	by terrorists,	*von Terroristen,*
24.	then there were possibly	*die möglicherweise*
25.	links to al-Qaida.	*Verbindungen mit al-Qaida hatten.*
26.	Many of her supporters	*Viele ihrer Anhänger*
27.	blamed	*haben… Vorwürfe gemacht*
28.	Head of State Pervez Musharraf	*Staatschef Pervez Musharraf*
29.	and called him	*und ihn… beschimpft.*
30.	a murderer.	*als Mörder*

30 marks divided by 3 gives a mark out of 10.

 Students complete the sentences.

Answers

1. h 2. f 3. a 4. g 5. d 6. j

 Students should be encouraged to produce an essay of 240–270 words. Students can refer to the listening and reading texts, but should be encouraged to adapt the language to make it their own. Students could be assessed using the Edexcel assessment criteria for Unit 4. Refer to section 4.4 of the specification using the grids for Range and Application of Language, Accuracy of the Target Language, Understanding and Response and Organisation and Development.

Die Europäische Union

9 Was wissen Sie über die Europäische Union?

 Students match vocabulary with synonyms in the text.

Answers

1. Vorschriften

2. undenkbaren

3. Wettbewerb

4. Abfallentsorgung

5. Verringerung

6. Diskriminierung

7. Errungenschaften

8. Bekämpfung

 Students match sentences to paragraphs.

Answers

1. C 2. F 3. A 4. D 5. E 6. G

 Students should be encouraged to produce notes of about 100 words. Students can refer to the reading texts, but should be encouraged to adapt the language to make it their own. Students could be assessed using the Edexcel assessment criteria for Unit 4. Refer to section 4.4 of the specification using the grids for Range and Application of Language, Accuracy of the Target Language, Understanding and Response and Organisation and Development.

 Students should produce a dialogue that lasts 4–5 minutes. Students can refer to the text, but should be encouraged to adapt the language to make it their own. Students could be assessed using the Edexcel assessment criteria for Unit 3. Refer to section 3.4 of the specification using the grids for Response and Quality of Language.

10 Die EU hat viel geleistet

 Students complete conditional sentences.

Suggested answers

1. Es wäre viel schwieriger gewesen, sich frei zu bewegen, wenn die EU die Grenzkontrollen nicht abgeschafft hätte.

2. Es hätte viele verschiedene Währungen gegeben, wenn es keine einheitliche Währung gegeben hätte.

3. Es wäre schlecht für die Umwelt gewesen, wenn EU-Bürger nicht so umweltbewusst gewesen wären.

4. Weniger Studenten hätten im Ausland studiert, wenn die EU nicht Bildungs-Programme wie Socrates, Erasmus und Leonardo eingeführt hätte.

5. Es hätte mehr Fremdenfeindlichkeit gegeben, wenn die EU nicht alle Art von Diskriminierung verboten hätte.

 Students write five further *wenn-Sätze* of their own.

11 Fakten und Zahlen zur EU

 Students should produce a dialogue that lasts 4–5 minutes. Students can refer to the text, but should be encouraged to adapt the language to make it their own. Students could be assessed using the Edexcel assessment criteria for Unit 3. Refer to section 3.4 of the specification using the grids for Response and Quality of Language.

Possible responses

Meiner Meinung nach gibt es mehr Kriminaliät, seitdem wir neue Mitgliedsstaaten bekommen haben und seit der Einführung des Euro ist alles teurer geworden…

12 Für oder gegen die EU

 Students compile a list of arguments for and against the EU and discuss in pairs.

 Students should be encouraged to produce an essay of 240–270 words. Students can refer to the listening and reading texts, but should be encouraged to adapt the language to make it their own. Students could be assessed using the Edexcel assessment criteria for Unit 4. Refer to section 4.4 of the specification using the grids for Range and Application of Language, Accuracy of the Target Language, Understanding and Response and Organisation and Development.

Internationale Verhältnisse

13 Fragen und Antworten zu den Vereinten Nationen (UNO)

 Students identify and correct false sentences.

Suggested answers.

1. Falsch. Wien ist Sitz verschiedener UNO-Einrichtungen.

2. Richtig.

3. Richtig.

4. Richtig.

5. Falsch. Die UNO unterstüzt Arbeit gegen die Umweltzerstörung.

6. Falsch. In Zeiten der Unruhe können Länder ohne die UNO miteinander sprechen.

7. Richtig.

8. Falsch. Alle Probleme können in der Generalversammlung besprochen werden.

9. Falsch. Sie ist keine Weltregierung.

10. Richtig.

11. Falsch. Nur die fünf ständigen Mitglieder haben ein Vetorecht.

12. Richtig.

 Students match vocabulary with antonyms in the text.

Suggested answers

1. internationale Organisation

2. Armut

3. Arbeitslosigkeit

4. Fortschritt

5. Weltfrieden

6. Umweltzerstörung

7. weltweite Probleme

8. sämtliche

9. internationale Sicherheit

10. höchster

 Students should produce a dialogue that lasts 4–5 minutes. Students can refer to the text, but should be encouraged to adapt the language to make it their own. Students will need to carry out further research as indicated in the Student's Book. Students could be assessed using Edexcel assessment criteria.

Possible responses

Es würde mich vielleicht interessieren, bei der UNO zu arbeiten. In Wien arbeiten Übersetzer, Statistiker, Computerfachleute und sogar Ärzte. Es wäre bestimmt interessant.

Students should be encouraged to produce an essay of 240–270 words. Students can refer to the listening and reading texts, but should be encouraged to adapt language to make it their own. Students could be assessed using the Edexcel assessment criteria for Unit 4. Refer to section 4.4 of the specification using the grids for Range and Application of Language, Accuracy of the Target Language, Understanding and Response and Organisation and Development.

14 Die Olympische Bewegung

A Students match statements to paragaphs in the text.

Answers

1. 2 **2.** 3 **3.** 1 **4.** 2 **5.** 4 **6.** 1 **7.** 2 **8.** 5 **9.** 3 **10.** 4

B Students answer questions in German.

Suggested answers

1. Athen.

2. Ein Treffen der Jugend und ein sportlicher Vergleich.

3. Es gab keine Spiele während der zwei Weltkriege.

4. Sie wollten gewinnen.

5. (Sie ist) zuständig für die Austragung der Spiele.

C Students should produce a dialogue that lasts 4–5 minutes. Students can refer to the text, but should be encouraged to adapt the language to make it their own. Students may need to carry out further research. Students could be assessed using the Edexcel assessment criteria for Unit 3. Refer to section 3.4 of the specification using the grids for Response and Quality of Language.

Possible responses

Meiner Meinung nach sind die Olympischen Spiele zu groß und zu teuer. Man könnte das Geld besser investieren, zum Beispiel in Bildung, Umwelt und Entwicklungshilfe.

Extension

You can set your students the following writing task: Schreiben Sie einen Aufsatz (240–270 Wörter) auf Deutsch zum Thema „Die olympischen Spiele – Triumph oder Katastrophe?"

Students should be encouraged to produce an essay of 240–270 words. Students can refer to the listening and reading texts, but should be encouraged to adapt the language to make it their own. Students could be assessed using the Edexcel assessment criteria for Unit 4. Refer to section 4.4 of the specification using the grids for Range and Application of Language, Accuracy of the Target Language, Understanding and Response and Organisation and Development.

15 Internationale Diplomatie

A Students answer questions in German.

Suggested answers

1. Ja, weil Deutschland seine CO_2-Emissionen zwischen 1990 und 2003 um 18,5 Prozent reduziert hat.

   Nein, weil die CO_2-Emissionen in Deutschland 2006 leicht stiegen.

2. Das Kyoto-Protokoll hat niedrige Ziele gesezt. Es gab keine Sanktionen für Länder, die ihre Verplichtungen nicht erfüllten.

3. Es hat Streit unter den Delegationen gegeben. Ban Ki Moon musste an alle Delegationen appellieren, ihre Differenzen beizulegen.

4. Die Erwärmung der Erde ist durch das Kyoto-Protokoll nicht gebremst worden. Die Situation wird immer kritischer.

B Students translate a text into German.

Suggested marking grid. This is not exhaustive.

1.	The Kyoto Protocol was	*Das Kyoto-Protokoll war*
2.	an attempt	*ein Versuch, …*
3.	to get	*zu erzielen.*
4.	agreement	*ein Abkommen…*
5.	between nations	*zwischen den Nationen*
6.	to reduce	*zur Reduzierung von*
7.	CO_2 emissions.	*CO_2-Emissionen*
8.	The target was	*(Das) Ziel war,*
9.	to reduce CO_2 emissions	*die CO_2-Emissionen… zu reduzieren.*
10.	by 5.2% by 2012	*bis 2012 um 5,2 Prozent…*
11.	compared to 1990.	*im Vergleich zu 1990*
12.	Germany showed	*Deutschland zeigte*

13.	how unambitious	*wie wenig fordernd*
14.	this was by	*das war, indem*
15.	reducing CO$_2$ emissions	*es seine CO$_2$-Emissionen… reduzierte.*
16.	by 18,5% by 2003.	*bis 2003 um 18,5%*
17.	The climate summit of 2007	*Der Klimagipfel von 2007*
18.	established	*hat… festgelegt.*
19.	a basis	*eine Grundlage (Basis)…*
20.	for a new climate agreement.	*für ein neues Klimaabkommen*
21.	The Bali Roadmap was only agreed	*Die Bali Roadmap wurde… vereinbart. (Es gab eine Vereinbarung über die Bali Roadmap)*
22.	after two weeks	*erst nach zwei Wochen…*
23.	of bitter	*erbitterter…*
24.	negotiations.	*Verhandlungen(.)*
25.	If UN General Secretary Ban Ki Moon	*Wenn UN-Generalsekretär Ban Ki Moon*
26.	had not made	*… nicht hätte,*
27.	a last-minute	*… in der letzten Minute*
28.	appeal,	*appelliert*
29.	agreement would	*wäre das Mandat (hätte es keine Vereinbarung)*
30.	not have been reached.	*nicht akzeptiert worden (gegeben).*

Spelling errors and omission of essential accents would render a section incorrect. 30 marks divided by 3 gives a mark out of 10.

Extension activities pages 223–224 provides related reading and writing activities.

The **Grammar worksheet** for this chapter provides practice in the use of the subjunctive (form 2) and present and past participles used as adjectives.

Assessment tasks

1. Translation

Suggested key, bearing in mind the need to insist on correct German word order.

1.	Now that the war	*Jetzt, wo der Krieg*
2.	in the Middle East	*im Mittelosten*
3.	was… over,	*… vorbei war,*
4.	finally	*endlich*
5.	Amira decided	*beschloss Amira*
6.	to go back	*… zurückzukehren,*
7.	to the large city	*in die große Stadt…*
8.	in Eastern Europe	*in Osteuropa*
9.	which she had… visited	*die sie… besucht hatte.*
10.	first	*zum ersten Mal…*
11.	twenty years earlier.	*zwanzig Jahre früher*
12.	As a result of	*Infolge von*
13.	international agreements,	*internationalen Verträgen*
14.	much had changed.	*hatte sich viel verändert.*
15.	The inhabitants	*Die Einwohner…*
16.	no longer	*keine… mehr*
17.	seemed	*schienen*
18.	to fear crime,	*Verbrechen, … zu fürchten*
19.	violence	*Gewalt*
20.	or terrorism	*oder Terrorismus*
21.	and there were	*und es gab*
22.	few signs	*wenige Anzeichen*
23.	of the racism	*des Rassismus,*
24.	which had existed there	*der dort… geherrscht/existiert hatte.*
25.	before.	*vorher/früher*
26.	The air was clean,	*Die Luft war sauber,*
27.	the traffic was light,	*der Verkehr war schwach,*
28.	and there were	*und es gab*
29.	no beggars	*keine Bettler*
30.	on the streets.	*auf den Straßen.*

2. Creative writing

✎ Work will be marked according to the criteria for creative and discursive essays (see the Edexcel specification, page 45f).

a Students will write a creative essay based on the photograph and opening clause offered as a stimulus. Their work will be marked according to its relevance to the stimulus, and the extent to which they have engaged appropriately with the task. They may write about a situation which is causing stress and fear in the couple in the picture. The students will be expected to organise and develop their ideas within their essay.

3. Discursive essay

✎ Work will be marked according to the criteria for creative and discursive essays (see the Edexcel specification, page 45f).

b Students will write a reasoned argument for and/or against the European Union. The best candidates will address the task appropriately and will organise and develop their ideas clearly and effectively.

c Students will present their arguments for and/or against the use of force. The best answers will show a reasoned understanding of the subject and the essay will be well structured.

4. Research-based essay

✎ Work will be marked according to the criteria for research-based essays (see the Edexcel specification, page 47).

a Students will write about one aspect of modern German-speaking society that they have studied. They will be expected to give reasons why they find this aspect of such importance.

b Students will write about one important political event which has occurred recently within German-speaking society. They will be required to evaluate its importance.

Literatur, Kunst und Musik

Topic areas for Einheit 12

Edexcel topic	Topics/Grammar/ Study skills covered in the chapter	Coverage in *Edexcel German for A Level Student's Book*
Literature, art and music (Literatur, Kunst und Musik)	Famous people (Berühmte Persönlichkeiten)	1 Johann Wolfgang von Goethe p. 232 2 Friedrich Schiller p. 233 3 Bertolt Brecht p. 234 4 Wolfgang Amadeus Mozart p. 235 5 Friedensreich Hundertwasser p. 236
	Works of German literature (Werke der deutschen Literatur)	6 „Der Erlkönig" p. 238 7 „Die Bremer Stadtmusikanten" p. 240 8 „Fernsehabend" p. 241 9 „Das Leben des Galilei" (1) p. 241 10 „Das Leben des Galilei" (2) p. 243 11 „Der Milchmann" p. 244
	Cultural background (Der kulturelle Hintergrund)	12 „Markierung einer Wende" p. 245 13 „Die Stunde Null" p. 246 14 Das Jüdische Museum p. 247 15 Das Denkmal für die ermordeten Juden Europas p. 248 16 Die Autorin Cornelia Funke p. 250
	Grammar	The historic present p. 238 The imperfect tense – revision p. 240
	Study skills	Strategies for reading literary texts p. 249

General notes for this topic

- The aim of this chapter is to introduce students to literature and the arts in the German-speaking countries, and to give them an introduction to the analysis of literary texts. They will also learn something about the cultural and historical background to the arts and architecture in Germany today.
- Before students begin this chapter, teachers should revise GCSE vocabulary (and introduce new vocabulary) related to literature and the arts. They need to be familiar with the following words: *das Gedicht, das Märchen, die Kunst, der Dichter,* *der Roman, das Theaterstück, der Schriftsteller, der Komponist, der Maler, die Kurzgeschichte, das Denkmal, Kinderbücher.*
- Introduction of these words could be done by reference to works of English literature which the students have read or studied.
- Explain the following terms: *die Zeile, die Strophe, der Reim, der Akt, die Szene, die Bühne, das Bühnenbild.*
- Teachers might like to explain the situation facing the arts in Germany after the Second World War and how that situation is still reflected in German literature today.

Further reading

Students can read poems by Goethe at the Warwick University website
http://www2.warwick.ac.uk/fac/arts/german/poetry

Brecht: *Leben des Galilei*. Students can read further information about the play at the German Wikipedia website
http://de.wikipedia.org/wiki/Leben_des_Galilei

Website with Hundertwasser images
http://images.google.de/images?q=Hundertwasser&hl=de&lr=lang_de&um=1&ie=UTF-8&sa=X&oi=images&ct=title

Other buildings designed by Hundertwasser:
Ronald McDonald House in Essen: a residence for the parents of sick children being treated at the university clinic in Essen
http://www.mcdonalds-kinderhilfe.org/haus-essen/mdk.html
Bahnhof Uelzen: a railway station in Northern Germany redesigned by Hundertwasser
http://www.fahr-hin.de/niedersachsen/hundertwasser_bahnhof/

Students can read further texts by Peter Bichsel at the following sites.
Ein Tisch ist ein Tisch: a story about a man who changes the names of the everyday objects in his house
http://www.yolanthe.de/stories/bichsel01.htm

Die Tochter: a story about the changing relationship between an elderly couple and their trendy young daughter
http://vdeutsch.eduhi.at/texte/txt_bichsel.doc

San Salvador: a man dreams of breaking out of a monotonous marriage
http://www.ruhr-uni-bochum.de/lidi/Veranstaltungen/SoSe_2005/LESQ/Peter_Bichsel_240605.doc

Website providing a short introduction to all the major sights of Berlin
http://www.berlin.de/orte/sehenswuerdigkeiten/

Cornelia Funke's own website, with a biography, extracts from her books and answers to questions about her
http://www.corneliafunke.de/

Zum Einstieg

The section aims to:
* get students to think about the different types of literature they have read and the role of literature and the arts in a country.
* consider the ways in which literature and the arts link with society today.
* think about modern architecture and its contribution to the arts today.

Pre-task suggestions:
* Students could use the Internet to find basic information about the authors whose names are shown on the spines of the books in the first photograph.
* Students could be asked what they already know about the five people who form the focus of the first part of this chapter: Goethe, Schiller, Brecht, Mozart, Hundertwasser.
* Students could mention other German-speaking writers they have heard of.
* Teachers could give students a list of writers and ask them to state whether they are German, Austrian or Swiss.

Follow-up questions

* Wann hat... gelebt? Wann ist er/sie geboren/gestorben?
* Wo hat er/sie gelebt?
* Was hat er/sie geschrieben/gemalt/komponiert?
* Was für Werke hat er/sie geschrieben?
* Kennen Sie die Titel von einigen seiner/ihrer Werke?

1 Johann Wolfgang von Goethe

 Answers

1. Falsch. Die Familie war wohlhabend, d.h., sie hatte ziemlich viel Geld.

2. Falsch. Er fand die Arbeit uninteressant.

3. Richtig.

4. Richtig.

5. Richtig.

6. Falsch. Er wollte keinen Kontakt mit den Menschen.

7. Richtig.

8. Falsch. Er hat sein Leben in Dichtung und Wahrheit beschrieben.

Gattung	Beispiel	Englisch
Schauspiel	*Götz von Berlichingen*	**Drama/play**
Trauerspiel	*Egmont*	**Tragedy**
Roman	*Die Leiden des jungen Werthers*	Novel
Ballade	*Der Erlkönig* or *Der Fischer*	**Ballad**
Drama	*Faust*	**Drama/play**
Lebenserin-nerungen	*Dichtung und Wahrheit*	Life story/ biography

2 Friedrich Schiller

 Answers

Correct order: 3, 6, 2, 9, 7, 10, 8, 4, 1, 5.

 **Suggested answers**

1. Er wollte Pfarrer werden.

2. Soldat.

3. Er liebte die Freiheit sehr.

4. Militärarzt.

5. Nicht gut: Er war krank und hatte kein Geld. Er hatte auch kein Zuhause.

6. Weil er dort Geld verdienen konnte.

7. Geschichte.

8. Weil Jena in der Nähe von Weimar lag.

9. Wie die Schweizer um die Freiheit kämpfen.

10. Weil er so viel arbeitete und krank wurde.

3 Bertolt Brecht

 Answers

1. Schule

2. Medizin

3. Pazifist

4. Kommunist

5. zwanziger

6. episches

7. Handlung

8. Bühne

9. Nazis

10. zurückgekehrt

11. gegründet

12. Bibel

 Suggested answers

Goethe
* Hat lange gelebt und viele Werke geschrieben.
* Er hat in Weimar als Minister gearbeitet, aber gleichzeitig (in der Freizeit) geschrieben.
* Er hat sein Leben in *Dichtung und Wahrheit* beschrieben.
* Er wollte nicht als Rechtsanwalt arbeiten.
* Als junger Mann gehörte er zu einer Gruppe junger, rebellischer Autoren.
* In Italien wurde er von der klassischen Literatur beeinflusst.

Schiller
* Er ist ganz jung gestorben, aber hat in seinem kurzen Leben viele Gedichte und Dramen geschrieben.
* Er wollte Pfarrer werden, aber musste zur Militärakademie gehen. Hier hat er seine Liebe zur Freiheit entwickelt.
* Ein großer Einfluss auf ihn war seine Freundschaft mit Goethe.

Brecht
* Er war als Schüler schon rebellisch.
* Im Krieg hat er so viele verwundete Soldaten gesehen, dass er Kriegsgegner geworden ist.
* Unter dem Einfluss von seiner Frau ist er Kommunist geworden.
* Er meinte, die Bibel hätte seine Sprache sehr beeinflusst.

Goethe und Schiller haben mit traditionellen Literaturformen gearbeitet; Brecht hat eine neue Theorie des Dramas entwickelt (episches Theater).

4 Wolfgang Amadeus Mozart

 Answers

1. Ein Wunderkind

2. Reisen durch Europa

3. Ein gutes Ohr für die Musik

4. Unzufrieden in Salzburg

5. Geringer Empfang

6. Der Kritiker

7. Erfolg in Wien

8. Es geht abwärts

9. Ein trauriges Ende

 B **Suggested answers**

1. Er komponierte sein erstes Klavierstück, als er fünf Jahre alt war.

2. Et hat mit seinem Vater und seiner Schwester Paris und London besucht.

3. Er hat eine (neunstimmige) Messe zweimal gehört und konnte alles niederschreiben.

4. Der Erzbischof hat ihn wie einen Diener behandelt.

5. Die Leute in Wien waren nicht sehr freundlich und mochten seine Musik nicht.

6. Er hat viele Leute und auch die Kirche kritisiert.

7. Er lernte seine Frau kennen; er befreundete sich mit Josef Haydn; er hatte genug Geld.

8. Die Leute sind nicht zu seinen Konzerten gekommen, und er hat zu viel Geld ausgegeben.

9. Er wurde in einem Grab für arme Leute begraben.

Activity C on **Extension activities** page 225 provides a further reading activity on this topic.

5 Friedensreich Hundertwasser

 A **Answers**

Correct sentences: 2, 3, 4, 7, 8.

B You should look to assess students' writing in terms of the specification's marking scheme: content and response (15 marks) and quality of language (15 marks). About 70% should be awarded for expressing views and opinions, with supporting reasons. Ensure students give a suitable concluding remark/paragraph.

C Students should include a suitable opening paragraph, expressing their view on the issue. The student should indicate clearly whether they agree or disagree with the statement. A logical persuasive argument should then follow. About 70% should be awarded for expressing views logically and giving supporting reasons/information. Higher marks are awarded to essays that mention different supporting reasons.

D Students should discuss the degree to which all five of the artists discussed in the chapter so far either lived in harmony with the society of their time or were set apart from it.

Werke der deutschen Literatur

6 „Der Erlkönig"

A Teachers might like to point out to students how Goethe varies the combination of speakers in the various verses, and how the conversation is 'sandwiched' between the opening and closing verses of the narrator.

Answers

1:1	Erzähler	5:1	Erlkönig
1:2	Erzähler	5:2	Erlkönig
1:3	Erzähler	5:3	Erlkönig
1:4	Erzähler	5:4	Erlkönig
2:1	Vater	6:1	Sohn
2:2	Sohn	6:2	Sohn
2:3	Sohn	6:3	Vater
2:4	Vater	6:4	Vater
3:1	Erlkönig	7:1	Erlkönig
3:2	Erlkönig	7:2	Erlkönig
3:3	Erlkönig	7:3	Sohn
3:4	Erlkönig	7:4	Sohn
4:1	Sohn	8:1	Erzähler
4:2	Sohn	8:2	Erzähler
4:3	Vater	8:3	Erzähler
4:4	Vater	8:4	Erzähler

Strophe	Welche Personen?	Was passiert?	Wie ist die Stimmung der Personen?
4	Vater und Kind	Der Sohn hört die Stimme von dem Erlkönig; der Vater meint, das ist nur der Wind in den Bäumen.	Der Sohn interessiert sich für das Versprechen des Erlkönigs; der Vater bleibt rational.
5	Der Erlkönig	Der Erlkönig sagt, seine Töchter werden für das Kind tanzen und singen.	Der Erlkönig versucht, das Kind mit schönen Sachen zu ihm zu locken.
6	Vater und Kind	Der Sohn meint, er kann Erlkönigs Töchter sehen; der Vater behauptet wieder, das sind die Bäume im Nebel.	Der Sohn beginnt an den „Traum" zu glauben; der Vater bleibt immer noch rational.
7	Der Erlkönig und Kind	Der Erlkönig will das Kind haben, und droht, dass er ihn mit Gewalt nehmen will.	Der Erlkönig zeigt seinen wahren Charakter; der Sohn hat große Angst und meint, der Erlkönig hätte ihn berührt.
8	Erzähler	Der Vater hat jetzt Angst und das Kind weint. Der Vater reitet schneller, aber wenn er den Hof erreicht, ist das Kind tot.	Der Vater, der die ganze Zeit rational geblieben ist, hat jetzt Angst. Der Ritt ist für ihn zu einem Alptraum geworden.

 The students should try to present as dramatic a reading of the poem as possible. They should pay attention to the intonation and tone of the various speakers.

7 „Die Bremer Stadtmusikanten"

 Answers

1. töten   5. Essen
2. laufen   6. Angst
3. fangen   7. satt
4. Suppe   8. nie

 Suggested answers

1. Einen Esel; einen Hund; eine Katze; einen Hahn.
2. Sie haben gearbeitet.
3. Weil sie nicht mehr arbeiten können.
4. Sie wollen nach Bremen gehen, um Stadtmusikanten zu werden.
5. Sie wollten in dem Wald übernachten.
6. Weil Räuber darin sind.

7. Der Hund steht auf dem Rücken von dem Esel, die Katze auf dem Rücken von dem Hund, der Hahn auf dem Rücken von der Katze, und sie schreien alle gleichzeitig.
8. Die Tiere kommen nicht nach Bremen. Sie verbringen den Rest ihres Lebens in dem Haus.

 Students retell the story to their partner.

8 „Fernsehabend"

 Suggested answers

1. Drei: Vater, Mutter, Sohn (oder Tochter).
2. Zeilen 1, 3, 5, 7: Sohn;
   Zeilen 2, 4, 6, 8–11: Vater/Mutter.
3. Der Sohn/Die Tochter kommt nach Hause und will mit den Eltern sprechen. Aber die Eltern sehen fern und wollen nicht gestört werden. Der Sohn geht also weg. Die Eltern sind verärgert, weil sie nie mit dem Sohn sprechen können.
4. Zeile 3: wieder da/zu Hause.
   Zeile 5: sagen, dass ich (in meinem Zimmer bin/einen Freund besuche).
   Zeile 7: nach oben/zu meinem Freund.

5. Sie sehen fern.

6. Ein Krimi. Weil sie von dem „Mörder" sprechen.

7. In ein paar Minuten. Sie sagen: „Gleich haben sie den Mörder".

8. Der Sohn ist nicht mehr da.

9. Dass Eltern mehr Zeit für ihre Kinder haben sollten.

 **Suggested answer**

Hallo! Weißt du was? Ich bin gerade nach Hause gekommen und wollte kurz mit meinen Eltern sprechen. Aber sie haben ferngesehen – „Tatort", ihre Lieblingssendung – und ich durfte sie nicht stören (weil die Sendung gerade ihren Höhepunkt erreichte). Ich bin also weggegangen, in mein Zimmer. Und was ist jetzt los? Sie beklagen sich, dass ich nie mit ihnen spreche. Kannst du das verstehen? Ich nicht! Sind deine Eltern auch so?

9 „Das Leben des Galilei" (1)

 **Suggested answers**

1. Es ist das Jahr 1609. Galileo, ein Mathematiklehrer aus Padua, macht Experimente zu Hause. Er will zeigen, dass Kopernikus Recht hat und dass die Sonne in der Mitte des Weltalls steht.

2. Er hat nicht viel Geld und hat die Milchrechnung nicht bezahlt.

3. einen Kreis beschreiben; schnurgerade; die kürzeste Strecke zwischen zwei Punkten

4. Er hat ein Astrolab; er beschreibt ganz genau, was er sieht (er geht wissenschaftlich vor); er will neue Sachen entdecken.

5. Er trinkt Milch und isst einen Wecken (= ein Brötchen); er wäscht sich; Andrea muss ihm den Rücken abtrocknen.

6. Am frühen Morgen. Der neue Tag steht für ein neues Zeitalter in der Geschichte der Wissenschaft.

7. Die Erde.

8. Die Liste beginnt mit der wichtigsten Person: Der Papst ist in der Mitte von der Gesellschaft, wie die Erde in der Mitte vom Weltall. Die unwichtigsten Personen, also die Kaufleute, Fischweiber und Schulkinder, sind am Rande – weit entfernt von der Mitte. Es gibt eine Hierarchie in der Gesellschaft wie auch im Weltall.

9. „Die alte Zeit ist herum, und es ist eine neue Zeit."

 You should look to assess students' writing in terms of the specification's marking scheme: content and response (15 marks) and quality of language (15 marks). Award marks to students who have provided a suitable title/heading for their article.

Extension activities pages 225–226 provide further activities (reading, writing, speaking) related to poems by Brecht and Hans Manz.

10 „Das Leben des Galilei" (2)

Answers

1. Er sagt, dass er erst im Oktober elf Jahre alt wird. Er kann den Namen von Kopernikus nicht richtig aussprechen.

2. Er kauft teure Bücher, statt den Milchmann zu bezahlen. Die Wissenschaft ist ihm also wichtiger als Essen und Trinken.

3. Glotzen ist nicht sehen, sagt Galileo. Glotzen heißt sehen und nicht verstehen; sehen heißt beobachten, denken und verstehen.

4. Das Kopernikanische System.

5. Er macht ein „Experiment" mit ihm.

6. Sachen aus dem Zimmer. Der Waschschüsselständer steht für die Sonne; der Stuhl, auf dem Andreas sitzt, ist die Erde.

7. Die Mutter von Andreas.

8. Sie ist ein bisschen böse und will wissen, was Galileo mit ihrem Sohn macht. Sie kann die Experimente von Galileo nicht verstehen.

Suggested answer

Ach, mein Untermieter, Herr Galileo. Ich glaube, es ist etwas mit ihm los. Wissen Sie was? Heute hat er den Waschschüsselständer in die Mitte des Zimmers gestellt und hat meinen Sohn auf einem Stuhl in einem Kreis um den Ständer herum getragen. Und was soll das alles heißen? Er sagt, er will ihm zeigen, dass die Sonne (und nicht die Erde) in der Mitte des Weltalls steht und dass die Erde sich um die Sonne dreht. Bitte. Wenn Andreas solchen Blödsinn in der Schule wiederholt, wird sein Lehrer wirklich böse sein. Ich finde das gar nicht gut.

Und der Herr Galileo hat immer seinen Kopf in einem Buch. Er gibt lieber Geld für Bücher aus als für Lebensmittel. Er soll ein intelligenter Mann sein, aber das kann ich schwer glauben.

Students should act out the scene, paying careful attention to the characters of Galileo, Andrea and Frau Sarti. Their intonation and gestures should indicate that they understand their characters.

Extension activities page 227 offers another poem by Brecht, with reading, writing and speaking activities.

11 „Der Milchmann"

 Suggested answers

1. Sie nimmt zwei Liter Milch, 100 Gramm Butter und hat einen verbeulten Topf. Sie macht keine Schulden. Sie hat eine gut lesbare Schrift.

2. Wie sie aussieht; wie alt sie ist; ob sie einen Mann/eine Familie hat; in welchem Stock sie wohnt.

3. Er kommt morgens um vier; er tut „seine Pflicht".

4. Wie er aussieht; wie alt er ist; wo er wohnt; ob er eine Frau/Familie hat; was er in der Freizeit macht.

5. Other possible titles (reflecting the themes of the story) might be: „Die alleinwohnende/traurige Frau Blum"; „Heute kennt niemand niemanden"; „Man sollte sich besser kennen lernen".

6. Einsamkeit in der heutigen Gesellschaft; ein Mangel an persönlichem Kontakt in der heutigen Zeit; wie unpersönlich die Welt heute ist.

7. The above answers should suggest that he does. Despite the gentle and slightly amusing tone of the story, there is an underlying social criticism. Teachers should attempt to elicit an understanding of both these elements from their students.

 There are no 'correct' answers to this exercise. Students should be encouraged to speculate about the background of the two characters in the story, and the aspects of their lives that are not mentioned by the author. Following the discussion in pairs, students should be given the opportunity to read all the posters. The answers produced by the different pairs should be compared in a class discussion.

 Students should be encouraged to use their imagination in this piece of creative writing. Teachers should point out how Peter Bichsel achieves his effect through the use of simple and straightforward German.

Extension activities page 228 presents a further extract from Peter Bichsel's work as a sample reading text.

Der kulturelle Hintergrund

12 „Markierung einer Wende"

 Help students to understand the following points about the poem.

* Das Jahr 1945 ist das Ende des Zweiten Weltkriegs.
* In der Spalte 1944 gibt es 12 Mal das Wort „Krieg".
* Die Wörter stehen für die Monate des Jahres.
* Im Jahr 1945 gab es nur vier Monate Krieg.
* Im Mai 1945 war der Krieg zu Ende.
* Es gibt also keinen Krieg mehr: Die Normalität kehrt zurück. Deswegen steht der Name des Monats wieder da.
* Im Krieg sind alle Monate gleich.
* Die „Wende", die markiert wird, ist das Ende des Kriegs und die Rückkehr des normalen Lebens.

13 „Die Stunde Null"

 Suggested answers

1. Man musste nach dem Krieg in der Kunst, Literatur, Architektur usw. einen neuen Anfang machen.

2. Kurze Werke wie Gedichte und Erzählungen; Werke, die ihre Erfahrungen in den letzten Jahren (d.h. während des Krieges) darstellen.

3. Über die deutsche Vergangenheit/über die Kriegsjahre und die Nachkriegsjahre.

4. Die Theater waren geschlossen; es war verboten, bestimmte Theaterstücke aufzuführen.

5. Sie wollten gern ins Theater gehen. Sie waren bereit, in kalten Theatern zu sitzen und mit teuren Sachen wie Kohle oder Butterbroten zu bezahlen.

6. Viele Maler waren von den Nazis getötet worden; viele andere lebten jetzt in den USA.

7. Sie sind durch Bomben zerstört worden; sie lagen in Trümmern.

8. Sie haben versucht, die alten Innenstädte zu restaurieren, aber auch gleichzeitig neue, breite Straßen zu bauen.

14 Das Jüdische Museum

 Answers

Sentences 1, 3, 5, 6, 8.

B 🖉 You should look to assess students' writing in terms of the specification's marking scheme: content and response (15 marks) and quality of language (15 marks). About 70% should be awarded for expressing views logically and giving supporting reasons/information. Ensure students give a suitable concluding remark/paragraph.

15 Das Denkmal für die ermordeten Juden Europas

A 📖 **Suggested answers**

1. Near the Brandenburg gate, where the Berlin Wall used to stand, near the site of Hitler's chancellery.

2. It is situated close to significant sites in recent German history.

3. To create a memorial to the six million Jews killed in the Holocaust and to keep alive the memory of this terrible period in German history.

4. It consists of 2711 concrete blocks; you can walk through it, you can visit it any time of the day or night.

5. None. He wanted people to arrive at their own interpretation.

6. The opening ceremony was transmitted live on German TV; 600 journalists attended. It has been visited by hundreds of thousands of people.

7. They leave flowers, wreaths or stones on the blocks.

B 💬 Students' answers could include the following points.

• Junge Leute sollten dieser schrecklichen Periode der Geschichte gedenken.
• Sie sollten versuchen, eine ähnliche Katastrophe heute zu vermeiden.
• Sie sollten verstehen, dass die Ereignisse der Kriegszeit immer noch einen Einfluss auf die heutige Welt ausüben.
• Sie sollten etwas über die Geschichte ihres Landes/Europas lernen.

C 🖉 Students should include a suitable opening paragraph, expressing their view on the issue. About 70% should be awarded for expressing views logically and giving supporting reasons/information. Higher marks are awarded to essays that mention different supporting reasons. Ensure students give a suitable concluding remark/paragraph.

Study skills: Strategies for reading literary texts

Stress to students that reactions to literary texts are subjective and that there are no 'right answers'.

You could ask students to go through the strategies for reading literary texts as a homework task, making notes on each point with particular reference to a text they are studying. This could then be followed with a class discussion.

Encourage students to revise the strategies so that they can use them as a framework to give them support in the exam.

See also:
Making a revision timetable for A2, see Dynamic Learning.

16 Die Autorin Cornelia Funke

A 📖 **Answers**

1. b **2.** c **3.** a **4.** b **5.** a **6.** b

The **Grammar worksheet** for this chapter gives practice in the recognition and comprehension of the style used in journalism, both in headlines and in text.

Assessment tasks

1. Translation

 Suggested key, bearing in mind the need to insist on correct German word order.

1.	After spending	*Nachdem sie... verbracht hatte,*
2.	several hours	*einige Stunden*
3.	in the magnificent art galleries	*in den herrlichen Gemäldegalerien*
4.	in the middle	*in der Mitte*
5.	of Munich,	*Münchens*
6.	Natascha decided	*beschloss Natascha,*
7.	to visit	*... zu besuchen.*
8.	the... State Opera.	*die... Staatsoper*
9.	world-famous...	*weltberühmte*
10.	Bavarian	*Bayerische*
11.	Unfortunately	*Leider*
12.	she had to	*musste sie*
13.	queue	*... Schlange stehen,*

14.	for an hour and a half	*anderthalb Stunden*
15.	but finally	*aber… schließlich,*
16.	succeeded in	*es gelang ihr*
17.	buying a ticket	*eine Karte… zu kaufen,*
18.	for *Parsifal* by Wagner,	*für Parsifal von Wagner,*
19.	one of Germany's	*einem von Deutschlands*
20.	most important… composers.	*bedeutendsten Komponisten*
21.	nineteenth-century	*des neunzehnten Jahrhunderts.*
22.	During the second interval	*Während der zweiten Pause*
23.	she ordered	*bestellte sie sich*
24.	something delicious to eat.	*etwas Köstliches zu essen.*
25.	She really enjoyed	*…gefiel ihr sehr*
26.	the wonderful music	*Die wunderbare Musik*
27.	and is already looking forward	*und sie freut sich schon darauf,*
28.	to seeing	*… zu sehen.*
29.	another performance	*noch eine Aufführung*
30.	of the work.	*des Werkes*

2. Creative writing

Work will be marked according to the criteria for creative and discursive essays (see the Edexcel specification, page 45f).

a   Students will write a creative essay about a visit to an art gallery, based on the photograph and short text offered as a stimulus. Their work will be marked according to its relevance to the stimulus, and the extent to which they have engaged appropriately with the task. The students will be expected to organise and develop their ideas within their essay.

3. Discursive essay

Work will be marked according to the criteria for creative and discursive essays (see the Edexcel specification, page 45f).

b   Students will write a reasoned argument for and/or against the value of literature in the modern world.

The best candidates will address the task appropriately and will organise and develop their ideas clearly and effectively.

c   Students will present their arguments for and/or against classical music and the extent to which they find it boring or stimulating. The best answers will show a reasoned understanding of the subject and the essay will be well structured.

4. Research-based essay

Work will be marked according to the criteria for research-based essays (see the Edexcel specification, page 47).

a   Students will write about one character in a book, play or film which they have chosen to study. They will discuss the role of the character, and will be required to evaluate how successful, in their view, the author or director has been in portraying the character.

b   Students will write about one scene in a book, play or film which they have chosen to study. They will discuss the scene, and will be required to evaluate how successful, in their view, the author or director has been in their portrayal of the scene.

c   Students will mention which aspects of their chosen book, play or film they have found of particular interest, and they will be required to give reasons for their choice of aspects. The question clearly asks that more than one aspect be considered, and it is suggested that at least two but no more than four aspects be included. Students writing about only one aspect will not obtain high marks.

d   Students will write about the development of the main character in the work or film which they have studied. They will be required to evaluate the extent to which the author or director has successfully portrayed the development of the character.

e   Students will present their view on what their chosen work or film has to say to the modern reader or viewer, and they will be required to give reasons why they would find the work or film worthy of recommendation to others.

f   Students will present the aspects of their chosen author that they find of particular interest, and they will be required to give clear and cogent reasons for their choice.

Transcripts

Interessen und Sorgen der Jugend

Beziehungen

3 Die heutige Familie

ANSAGER Die Familie ist für die Mehrheit der Deutschen immer noch sehr attraktiv, auch für junge Menschen. Wie sieht aber die heutige Familie aus?

Laura

LAURA Also, ich lebe in einer eher traditionellen Familie. Meine Eltern sind verheiratet, mein Vater geht arbeiten, meine Mutter ist Hausfrau. Ihre Rollen sind also traditionell getrennt. Ich habe einen Bruder und wir sind eine typische Zwei-Kind-Familie.

ANSAGER Max

MAX Meine Eltern sind verheiratet, aber beide berufstätig. Mein Vater macht viel im Haushalt mit und alles läuft bestens. Wir sind eine Ein-Kind-Familie, was für mich ziemlich einsam ist.

ANSAGER Sophie

SOPHIE Meine Familie ist ganz klein. Meine Eltern sind leider geschieden und ich wohne zusammen mit meiner Mutter in Hamburg. Sie ist Alleinerziehende, was für sie manchmal ganz schön schwierig ist. Mein Bruder wohnt bei meinem Vater und seiner neuen Partnerin in München. Sie hat auch zwei Söhne. Mein Bruder wohnt gern in dieser Stieffamilie, aber ich mag die neue Partnerin nicht und die ganze Sache ist sowieso kompliziert.

ANSAGER Felix

FELIX Meine Eltern sind ein Paar, aber halt kein Ehepaar, das heißt, sie sind gar nicht verheiratet. Meine drei Geschwister und ich wurden unehelich geboren, wie man so schön sagt. Ist ja egal, wir sind eine glückliche Familie.

5 Gute Freunde

ANSAGER Freundschaft und Partnerschaft

Nummer 1

F1 Eine Mädchenfreundschaft ist unschlagbar. Man lacht und weint zusammen und in Krisenzeiten kann man sich auf die Freundin verlassen.

Selbstverständlich geraten Freundschaften mal in schlechte Zeiten, aber auf eine Gutwetter-Fee-Freundin kann man leicht verzichten.

ANSAGER Nummer 2

M1 Ich lebe seit sieben Jahren mit meiner Mutter und ihrer Freundin zusammen. Mit Vorurteilen bin ich täglich immer noch konfrontiert. Viele Freunde dürfen nicht zu mir kommen, weil ihre Eltern Angst haben, wobei Homosexualität nichts Unnatürliches ist. Es spielt doch keine Rolle, ob sich nun mal zwei Jungs lieben – oder halt ein Mädchen und ein Junge. Es sind doch nur Menschen, die Gefühle haben.

ANSAGER Nummer 3

F2 Echte Freunde akzeptieren dich, genau wie du bist. Sie wollen nicht, dass du anders wirst. Ich kenne ein Mädchen, sie will unbedingt, dass die Clique in der Schule sie akzeptiert, sie sympathisch findet, und so macht sie Sachen, die für sie nicht normal sind. Das ist aber keine echte Freundschaft.

Musik und Mode

6 Kleidung aus fairem Handel

ANSAGER Bio-Mode… Traum oder Wirklichkeit?

Nummer 1

F1 Nur weil ein T-Shirt aus Bio-Baumwolle ist, heißt das noch lange nicht, dass die Arbeiter einen fairen Lohn bekommen. Es besteht ein großer Unterschied zwischen Öko und Fair!

ANSAGER Nummer 2

F2 Es gibt schon zahlreiche ethische Mode-Firmen, die Bio und Fair verbinden. Sie machen Kleider aus biologischen Rohstoffen und engagieren sich gegen miserable Arbeitsbedingungen.

ANSAGER Nummer 3

F3 Ganz schlimm sind Markenklamotten. Hier bezahlt man die Arbeit nie richtig, meist weniger als 1% des Endpreises. Wenn man wirklich fair kaufen will, bleiben nur noch wenige Firmen.

ANSAGER Nummer 4

F4 Manche Firmen zahlen etwas fairere Löhne als der

Durchschnitt, aber viele Firmen lassen immer noch Kleider und Accessoires in Sweat Shops herstellen.

ANSAGER Nummer 5

F5 Es gibt internationale Labels, die sowohl schöne Styles haben als auch Respekt vor den Arbeitern und Rücksicht gegenüber der Natur zeigen.

ANSAGER Nummer 6

F6 Ich finde, Mode ist eine Frage der Philosophie. Für mich ist „fair" mehr als ein Verkaufsargument. Ich kaufe Kleider nur von engagierten Firmen.

8 MP3

ANSAGERIN Was halten Sie von MP3 und MP3-Playern?

Josef

JOSEF Für Millionen weltweit sind MP3-Player wirklich das Größte und „MP3" ist der meistgesuchte Begriff im Internet! 23% der Haushalte in Deutschland besitzen einen MP3-Player.

ANSAGERIN Sebastian

SEBASTIAN Man kann die MP3-Datei per E-Mail blitzschnell an die besten Freunde schicken und sie passt tausendfach auf einen MP3-Spieler. Auf eine CD passen statt der üblichen 18 Songs mehr als 100 MP3-Lieder!

ANSAGERIN Daniel

DANIEL Durch den illegalen Handel von Musikstücken über das weltweite Datennetz hat die internationale Musikindustrie bereits Milliarden Euro verloren.

ANSAGERIN Nico

NICO Im Bus, auf dem Weg zur Schule, beim Joggen, im Urlaub am Strand – überall kann man mit einem schokoriegelgroßen MP3-Player Musik hören.

ANSAGERIN Felix

FELIX Weil man an manchen MP3-Spielern die Lautstärke zu hoch drehen kann, bekommt man davon einen Hörschaden.

Technologie

12 „Chatter" im Internet

ANSAGERIN Andreas

ANDREAS Ich komme aus Köln, ziehe aber nach München, denn meine Freundin lebt hier. Ich habe sie beim Chat im Internet kennen gelernt. So ein Riesenglück. Ich bin total happy!

ANSAGERIN Nick

NICK Ich bin australischer Student und gerade auf Weltreise. Ich chatte ab und zu im Internet mit Freunden von zu Hause, damit ich Kontakt zu ihnen habe.

ANSAGERIN Markus

MARKUS Ich chatte total gern, weil ich auf diese Weise nette Freunde finde. Um anonym zu bleiben, habe ich eine andere Identität. Ich heiße also Romeo!

ANSAGERIN Toni

TONI Ab und zu flirte ich in Chatrooms, aber ich sehe mir im Internet lieber Autos und Motorräder an. Die anonymen Flirts sind nicht ganz mein Ding.

ANSAGERIN Max

MAX Im Internet kannst du nie sicher sein, mit wem du plauderst. Daher muss man aufmerksam sein: Adresse, Telefonnummer oder E-Mail-Adresse niemals verraten, bevor du ganz sicher bist, um wen es sich handelt.

Alkohol, Drogen und Sex

15 „Einmal im Monat betrunken"

INTERVIEWER Guten Abend und herzlich Willkommen bei der Live-Chatshow im Radio Jugend. Heute befassen wir uns mit dem Thema „Alkoholmissbrauch bei Jugendlichen". Laut Statistiken trinken viele Jugendliche in Deutschland immer mehr Alkohol. Ein Viertel aller Jugendlichen betrinkt sich mindestens einmal im Monat mit fünf oder mehr Gläsern Alkohol. Noch schlimmer: Diese Tendenz steigt.

Was meint ihr dazu? Manuela, du zuerst.

MANUELA Ja, hi. Also, ich meine, sie machen damit ihr Leben kaputt. Das sind genau die Leute, die später dann keine Arbeit haben und auf der Straße wohnen. Da muss sich dringend etwas ändern.

INTERVIEWER Vielen Dank und jetzt du, Dominik. Was meinst du?

DOMINIK Ich finde, dass die Jugendlichen, die sich betrinken, einfach über die Risiken des Alkoholkonsums hinwegsehen. Erst neulich hatte eine Freundin eine Alkoholvergiftung und musste ins Krankenhaus. Diese Leute, die ihren Körper so etwas aussetzen, scheinen nicht daran zu denken, dass Saufen lebensgefährlich werden kann. Wer trinkt, ist cool, und wer cool ist, ist beliebt. So könnte das Motto heißen. Ein lebensgefährliches Motto…

INTERVIEWER Allerdings. Im Jahr 2000 wurden 10.000 Jugendliche mit einer Alkoholvergiftung ins Krankenhaus eingeliefert. 2005 waren es schon 20.000.

Und jetzt ist Agnes am Apparat. Hallo Agnes, …

17 Drogenkonsum in Deutschland

ANSAGER Interview mit einem Experten

F1 Warum greifen Jugendliche immer früher zu Drogen?

M1 Jugendliche gehen immer früher mit Freunden auf Partys und rauchen dort oft Zigaretten und trinken Alkohol. Wenn sie schon Zigaretten rauchen, ist der Einstieg in Haschisch ganz leicht.

F1 Was ist daran so gefährlich?

M1 Cannabis führt zum Beispiel zu Müdigkeit und Leistungsabfall. Man hat oft kein Interesse mehr an Sachen, die früher Spaß gemacht haben. Jugendliche werden oft schlechter in der Schule, was sogar dazu führen kann, dass sie die Klasse wiederholen müssen oder von der Schule fliegen. Außerdem kann man im Straßenverkehr Situationen nicht mehr richtig einschätzen. Haschisch kann auch körperlich abhängig machen – so dass Jugendliche dann in Kliniken behandelt werden müssen.

F1 Wie erkennt man, wenn jemand Drogen nimmt?

M1 Oft werden Jugendliche, die Drogen nehmen, sehr müde und haben auf nichts mehr Lust. Oder treffen sich nur mit Freunden, die auch Drogen nehmen.

F1 Wie kann man jemandem helfen, der Drogen nimmt?

M1 In jeder Großstadt gibt es Drogenberatungsstellen. Dort kann jemand, der Drogen nimmt, selber hingehen, aber auch Freunde und Bekannte von Jugendlichen, die Drogen nehmen. Und dann kümmert sich ein Berater darum.

F1 Welche Drogen sind besonders gefährlich?

M1 Eigentlich sind alle Drogen gefährlich – besonders für Jugendliche, denn sie wachsen immer noch. Drogen wirken negativ auf das Gehirn.

Durch Rauchen gehen die Lungen kaputt und es kann sogar zu Lungenkrebs kommen.

Alkohol zerstört die inneren Organe des Körpers – besonders die Leber. Und wenn man ganz viel Alkohol trinkt, wird man auf Dauer blöd.

Bei illegalen Drogen, wie zum Beispiel Haschisch, kommt noch dazu, dass die verboten sind, und wenn man von der Polizei geschnappt wird, wird man bestraft.

Assessment tasks

2 Hörtext: Traumfrau

F1 Haben Sie eine Traumfrau, Leon?

LEON Eigentlich schon! Meine Traumfrau braucht kein Model zu sein, obwohl sie eine gute Figur haben soll. Sie muss gut aussehen, wobei sie wenig Make-up tragen soll. Ein guter Charakter bedeutet mir wirklich viel: Sie muss freundlich und aufgeschlossen sein, aber nicht mit jedem Typen herumflirten. In jedem Verhältnis muss man Vertrauen zueinander haben. Deshalb ist es mir wichtig, dass sie mir alles erzählt, aber Geheimnisse für sich behalten kann. Es wäre toll, wenn sie spontan und positiv wäre. Außerdem bin ich begeisterter Sportler, und wenn wir in diesem Bereich zusammen was unternehmen könnten, wäre es von Vorteil.

Lebensstile: Gesundheit und Fitness

Sport und Fitness

3 Wie findest du Sport?

ANSAGER Was für eine Sportart betreibt ihr? Wie oft macht ihr den Sport und wie gefällt er euch?

Franzi

FRANZI Ich bin in einer Handballmannschaft aktiv. Wir trainieren zweimal pro Woche, vor wichtigen Spielen auch dreimal. Neben der Schule ist der Handball das Wichtigste für mich. Das Training ist der perfekte Ausgleich zur Schule, alle meine Freundinnen spielen in meiner Mannschaft. Ich hasse es nur, zu verlieren, aber das passiert nicht oft.

ANSAGER Chris

CHRIS Meine Eltern sind begeisterte Golfer. Da war es selbstverständlich, dass ich und meine Schwester irgendwann auch mit dem Sport anfangen. Im Sommer bin ich so oft wie möglich auf dem Platz, im Winter versuchen wir, mindestens jede Woche zu trainieren. Man ist immer an der frischen Luft und in Bewegung. Ich bin ein bisschen neidisch auf meine Schwester. Sie hat schon mehrere Turniere gewonnen. Die Konkurrenz bei den Männern ist viel stärker.

ANSAGER Pauline

PAULINE Letztes Jahr habe ich noch Hockey, Tennis und Tischtennis gespielt, aber dann wurde es immer stressiger und ich musste mich für eine Sportart entscheiden. Da ich beim Tischtennis am erfolgreichsten war, habe ich mit dem Tennis und Hockey aufgehört. Ich gehe jetzt auf ein Sportgymnasium und trainiere täglich. Am liebsten spiele ich gegen Jungs, da machen die Siege einfach mehr Spaß. Mir fällt es sehr schwer, dass ich besonders vor Wettkämpfen auf meine Ernährung achten muss. Immer nur Nudeln – ätzend!

6 Mit Sport aus der Krise

ULRIKE Hallo, ich heiße Ulrike Nowak und bin 16 Jahre alt. Vor einem halben Jahr habe ich noch 12 kg mehr gewogen, war richtig dick. Mein Arzt hat gemeint, dass das Übergewicht ein Grund war, warum ich mich im Unterricht nicht so gut konzentrieren konnte und mich häufig schlapp gefühlt habe. Er hat mir empfohlen, einen Sport zu finden, der mir richtig Spaß macht. Ich habe erst Volleyball versucht, dann Leichtathletik und am

Ende Inlineskaten. Das war das Richtige für mich. Nach einem Wochenendkurs bin ich mit meinem Vater zu einem Sportgeschäft gefahren und wir haben einen Helm sowie Knie- und Ellenbogenschützer gekauft. Seitdem fahre ich mindestens zweimal pro Woche. Außerdem habe ich neue Leute kennen gelernt und meine Noten in der Schule sind wieder deutlich besser geworden. Ich bin ein neuer Mensch!

Thema Ernährung

7 Ist man, was man isst?

ANSAGER Vegetarierin aus Überzeugung!

M1 Hanja, seit wann bist du Vegetarierin?

HANJA Ich war etwa 13 Jahre alt. Es gab zwei Beweggründe, die mich dazu brachten, vegetarisch zu leben. Bei uns wurden zu Hause die Hühner und Hasen geschlachtet. Ich fand das grausam, ein Tier, mit dem ich gestern noch gespielt hatte, zu essen.

M1 Was war der zweite Grund?

HANJA Fleisch hat mir noch nie sonderlich gut geschmeckt. Bei Fisch ist es mir schwer gefallen.

M1 Das heißt, du isst auch keinen Fisch?

HANJA Ja, ohne Ausnahme. Aber ich habe kein Problem mit Nahrungsmitteln, die von Tieren produziert werden. Ich bin kein Veganer, esse Eier und jede Menge Milchprodukte. Und nach Honig bin ich ganz verrückt.

M1 Wie findet das deine Familie?

HANJA Mein Opa hat kein Verständnis dafür, das nervt. Alle anderen akzeptieren es. Oft esse ich nur die Kartoffeln und das Gemüse, lasse aber das Schnitzel weg. Meine beste Freundin meckert manchmal rum und sagt andauernd, wie lecker die Burger sind. Aber das macht mir nichts aus. Und wenn andere Leute Fleisch oder Fisch essen, stört mich das nicht im Geringsten.

9 Gesünder essen und trinken

MANUELA BERG Immer mehr Deutsche verbringen ihre Freizeit am liebsten auf dem Sofa. Beruflich müssen sie oft vor dem Computer stillsitzen. Da wären Sport, Bewegung und eine gesunde Ernährung ganz wichtig. Aber nur knapp 20%

treiben regelmäßig Sport, etwas mehr als 25% ernähren sich gesund. Was sind die Gründe für den Bewegungsmangel? Viele arbeiten unregelmäßig oder müssen Überstunden machen. Da bleibt wenig Zeit für einen Waldlauf, einen Besuch des Fitness-studios oder einen langen Spaziergang. Gerade im Winter werden als Entschuldigung Nässe, Kälte und Dunkelheit angeführt. Doch Zeit für ein wenig Bewegung gibt es immer, nur können sich dazu die wenigsten motivieren. Sie bevorzugen stattdessen das bequeme Sofa vor dem Fernseher. Dabei werden dann noch große Mengen an Süßigkeiten oder Chips verspeist. Deshalb haben viele auch ein schlechtes Gewissen.

Assessment tasks

2 Hörtext: Essgewohnheiten

M1 Man soll den Tag mit Essen beginnen. Für den Start in den Tag braucht der Körper Kraft und Energie. Die bekommt er mit dem Frühstück, am besten gemütlich, ohne Stress.

So ideal läuft es bei den wenigsten. Jugendliche gehen mit leerem Magen aus dem Haus. Manche gehen zur Schule, ohne einen einzigen Schluck zu trinken.

Nicht alle Regeln sind sinnvoll. Man soll den Teller nicht unbedingt leer essen. Man soll essen, bis man satt ist. Kinder, die ihren Teller leer essen müssen, können später an Ess-Störungen leiden.

Absolute Verbote sind zweifelhaft: Wer als Kind keine Süßigkeiten essen darf, entwickelt später vielleicht einen Heißhunger darauf.

Heute beeinflussen die Medien unsere Essgewohnheiten. Schlanke Frauen konsumieren Light-Produkte und sportliche junge Männer proteinreiche Softdrinks. Schlank und sportlich bedeuten glücklich und trendy.

Unsere Welt: Reisen und Tourismus

Reisen

2 Gute Reise! Oder vielleicht eben nicht…

INTERVIEWERIN Jörg, was war Ihr schlimmstes Urlaubserlebnis?

JÖRG Mein schlimmstes Urlaubserlebnis? Ähh… Lassen Sie mich erstmal ein bisschen nachdenken… Ach ja, das war vor ein paar Jahren, als ich mit meinen Eltern nach Paris gefahren bin. Wir haben unser Auto über Nacht auf der Straße vor dem Hotel geparkt, wollten aber nicht alles auspacken, da wir die Reise am nächsten Tag fortsetzen wollten. Am nächsten Morgen haben wir zu unserem Entsetzen entdeckt, dass Autodiebe unser Auto aufgebrochen hatten und all unsere Koffer und Fotoapparate gestohlen hatten… Ich musste sogar neue Unterwäsche kaufen!

INTERVIEWERIN Und Ihr bestes Urlaubserlebnis?

JÖRG Ähhh… war diesen Sommer, als ich mit meiner Freundin nach Griechenland gefahren bin – das war wirklich ein Traumurlaub – sehr romantisch!

INTERVIEWERIN Was für künftige Reisepläne haben Sie?

JÖRG Nächstes Jahr haben wir vor, zusammen eine Welttour mit dem Rucksack zu machen und die Reise zwischendurch durch Arbeit zu finanzieren.

INTERVIEWERIN Beate, könnten Sie bitte Ihr schlimmstes Urlaubserlebnis beschreiben?

BEATE Ähhm… Ich habe bis jetzt, glaub' ich, eine ziemlich glückliche Hand beim Reisen gehabt. Einmal kam ich zu spät zum Flughafen und habe meinen Flug verpasst. Das war unglaublich stressig, aber glücklicherweise konnten wir dann den nächsten Flug nehmen. Oh ja, und ich bin vor einigen Jahren mit der Familie nach Bangkok geflogen. Unsere Koffer kamen leider nie an. Trotz Anrufen, E-Mails, Faxen haben wir bis heute kein Geld als Entschädigung erhalten.

INTERVIEWERIN Und… was war Ihr bestes Urlaubserlebnis?

BEATE Das war eigentlich letzten Winter mit der Familie beim Skifahren. Teilweise, weil die Skiversuche meines Vaters so wahnsinnig komisch waren! Teilweise aber auch, weil das vielleicht einer meiner letzten Urlaube mit den Eltern war: Da wurde mir klar, wie sehr ich sie schätze.

INTERVIEWERIN Was für künftige Reisepläne haben Sie?

BEATE Dieses Jahr fahre ich zum ersten Mal alleine mit Freunden weg. Wir werden zu dritt eine zwei-wöchige Interrail-Tour durch die Schweiz, Frankreich, Belgien, Großbritannien, Irland, Dänemark und die Niederlande machen. Das wird schon Spaß machen! Womöglich möchte ich auch irgendwann mal in den nächsten paar Jahren mit Freunden mit dem Rucksack in Amerika herumreisen. Ich finde, wenn man mit dem Rucksack unterwegs ist, hat man mehr Freiheit und man kommt fremden Kulturen irgendwie näher.

INTERVIEWERIN Tarik, was war Ihr schlimmstes Urlaubserlebnis?

TARIK Oh je, fragen Sie lieber nicht!! Wir waren vor einigen Jahren in einem großen Holiday Complex auf Malta. Kurzum gesagt, der Urlaub war die reinste Katastrophe! Baustelle direkt vor dem Hotel, schlechtes Essen und noch vieles mehr. Ich will bitte nicht mehr davon reden!

INTERVIEWERIN (lacht) OK, beschreiben Sie uns dann bitte Ihr bestes Urlaubserlebnis!

TARIK Ja, mein bestes Erlebnis war auch mein Ungewöhnlichstes: Es gibt ein Hotel in Norwegen, das jedes Jahr ganz aus Eis gebaut wird. Dort schläft man auf einem Eisbett im Eiszimmer und bekommt einen Schlafsack aus Pelz. Wahnsinnig!

INTERVIEWERIN Wie sehen Ihre künftigen Reisepläne aus?

TARIK Da ich großer Radsportfan bin, werde ich nächsten Sommer mit einigen Mitgliedern meines Radsportclubs eine Radtour rund um Deutschland machen. Wir werden in Berlin losfahren und zwei Monate mit dem Fahrrad unterwegs sein, mit Zelt und Kocher im Gepäck.

Touristeninformation

5 Ich möchte mich beschweren!

ANSAGER Gespräch 1

ANGESTELLTE Reisebüro Sterneweg, guten Morgen! Was kann ich für Sie tun?

HERR BERG Guten Tag. Ich hätte gern den Leiter des Reisebüros gesprochen.

ANGESTELLTE Darf ich fragen, worum es sich handelt?

HERR BERG Ja, ich möchte mich über einen Urlaub, den wir bei Ihnen gebucht haben, beschweren.

ANGESTELLTE Ach so, einen Moment, bitte… Ja, es

Einheit 3 Transcripts **123**

tut mir leid, leider kann unsere Leiterin Frau Meier im Moment nicht gestört werden. Sie ist in einer Sitzung. Vielleicht kann ich Ihnen weiterhelfen?

HERR BERG Nein, ich möchte Frau Meier persönlich sprechen.

ANGESTELLTE Ähh… Vielleicht kann ich ihr etwas ausrichten? Dann ruft sie Sie so schnell wie möglich zurück.

HERR BERG Ja, bitte. Kurz gesagt, die Sauberkeit, Essens- und Servicequalität in unserem Hotel waren entsetzlich! Als wir ankamen, waren die Handtücher und Bettwäsche nicht sauber und der Abfluss im Badezimmer war verstopft. Der Gestank war unerträglich!

ANGESTELLTE Ach so…

HERR BERG Das Essen war so gut wie ungenießbar. Es gab jede Menge Fliegen im Speisesaal: Das war ekelhaft! Außerdem haben wir beim Buchen ausdrücklich um ein Zimmer mit Blick aufs Meer gebeten: Stattdessen hatten wir Aussicht auf einen Parkplatz und Mülleimer. Das Hotel war überhaupt nicht wie im Reiseprospekt: Es lag sehr weit weg vom Strand und der Strand war sowieso vor lauter Steinen nicht zu nutzen.

ANGESTELLTE Ach so. Also, wenn ich richtig verstehe, ließen die Sauberkeit, der Service und das Essen zu wünschen übrig.

HERR BERG Ja, das können Sie laut sagen! So etwas habe ich noch nie in meinem Leben gesehen! So was braucht kein Mensch in seinem wohlverdienten Jahresurlaub!! Wir haben uns natürlich am ersten Tag direkt an der Rezeption beschwert und versucht, ein anderes Zimmer zu bekommen. Man bot uns zwei andere Zimmer an, die noch schlimmer waren als unser eigenes. Ihre Reiseleiterin vor Ort konnte nicht viel helfen, da sie kein Deutsch spricht. Das war unglaublich! Ich bin von dem Reisebüro Sterneweg sehr enttäuscht.

ANGESTELLTE Ja, also ich erkenne den Ernst der Lage und werde das sofort an Frau Meier weitergeben. Dazu bräuchte ich aber Ihren Namen und Ihre Telefonnummer.

HERR BERG Ja, mein Name ist Berg, Michael Berg. Telefonnummer 0784902.

ANGESTELLTE Tut mir leid, aber die Verbindung ist schlecht. Können Sie das bitte wiederholen?

HERR BER Also, Vorname: Michael, Nachname: Berg. Telefonnummer 0784902.

ANGESTELLTE Gut. Alles klar, Herr Berg. Vielen Dank für Ihre Geduld. Ich gebe Ihre Beschwerden an Frau Meier weiter, und sie wird Sie dann wie gesagt sobald wie möglich zurückrufen.

HERR BERG Vielen Dank. Auf Wiederhören.

ANGESTELLTE Auf Wiederhören.

…

ANSAGER Gespräch 2

REZEPTIONIST Guten Morgen. Wie kann ich Ihnen helfen?

F1 Ja, ich möchte mich eigentlich über mein Zimmer beschweren. Ich muss heute Morgen an einer sehr wichtigen Konferenz teilnehmen und habe gehofft, dass ich hier gut und ungestört schlafen könnte. Im Gegenteil, ich habe praktisch die ganze Nacht kein Auge zugemacht! Nachts zwischen elf Uhr dreißig und halb eins wurden andauernd irgendwelche Gäste abgeholt, und die Busfahrer haben die ganze Zeit die Motoren laufen lassen.

REZEPTIONIST Es tut mir leid, aber wir können leider nichts dafür.

F1 Das mag wohl sein, aber dann gab es Barbetrieb bis zwei Uhr morgens. Und zur Krönung des Ganzen gab es um sechs Uhr früh dann wieder einen ohrenbetäubenden Lärm, ein fürchterlich nervendes Geräusch – da muss irgendeine Baustelle in direkter Nachbarschaft des Hotels liegen. Es steht in Ihrer Broschüre, das Hotel befinde sich in besonders ruhiger Lage: Deshalb habe ich ja gerade dieses Hotel ausgewählt! Also, ich hätte gern ein anderes Zimmer für diese Nacht, sonst werde ich in ein anderes Hotel gehen müssen.

REZEPTIONIST Hmmm… Es tut mir sehr leid. Wir sind heute Abend voll ausgebucht.

F1 In dem Fall möchte ich meine Reklamation beim Hoteldirektor melden. Ich will mein Geld zurück und möchte meine Zimmerreservierung für heute Nacht stornieren.

REZEPTIONIST Ja… Bitte warten Sie einen Augenblick. Ich bin gleich zurück…

Verkehr

8 Wie ökologisch ist die Bahn?

ROMAN LESKOVAR Osterzeit ist Reisezeit. Auch mit Flieger, Auto oder Bahn man hat die Qual der Wahl. Auch bei innerdeutschen Reisen, die bisher schnell zum Ziel führen und preiswert sein sollten, doch in Zeiten des Klimawandels ist auch die Umweltverträglichkeit ein Kriterium, deshalb für die Drehscheibe ein Vergleich. Drei Reisen, von Berlin nach München mit unterschiedlichen Verkehrsmitteln.

Variante 1: Fahrt mit dem eigenen Auto, so wie Stephan Böhme. Über Ostern fährt er von Berlin zurück nach München. Über das Internet hat er sich drei Mitfahrer gesucht. Das spart Geld. Die rund 100 Euro Spritkosten für die knapp 600 Kilometer werden durch vier geteilt. Für Stephan Böhme hat seine Reisevariante gleich mehrere Vorteile.

STEPHAN BÖHME Mir macht's Autofahren wahnsinnig viel Spaß, ja, und für mich ist's halt einfach die flexibelste Möglichkeit, von A nach B zu kommen.

ROMAN LESKOVAR Variante 2: bequem mit dem ICE. Start vom Berliner Hauptbahnhof. Fahrtdauer nach München knapp sechs Stunden. Kostenpunkt: kurzfristig 105 Euro ohne Bahncard. Auch hier sind die Reisenden von der Wahl ihres Verkehrsmittels überzeugt.

M1 Ja, da haben wir unsere Bewegungsfreiheit, ist doch ganz klar, also mit zwei Kindern … ja, wir sind begeisterte Bahnfahrer, auf jeden Fall.

ROMAN LESKOVAR Bleibt Variante 3, die wohl schnellste. Flughafen Berlin Tegel. Nach München mit dem Billigflieger auch kurzfristig ab 90 Euro. Dauer der Reise gerade mal eine Stunde. Ein Argument, das für viele Passagiere zählt.

F1 Ja, weil es einfach viel schneller geht und bequemer ist.

F2 Weil es für uns bequemer ist mit den Kindern, weil die Kinder halt sehr ungeduldig sind im Auto.

…

ROMAN LESKOVAR PKW, Bahn oder Flugzeug – alle mit Vorteilen, in der Klimawirkung allerdings höchst unterschiedlich. Nachfrage bei Almut Gaude vom Verkehrsclub Deutschland. Dort vergleicht man den CO_2-Ausstoß regelmäßig. Am besten schneidet die Bahn ab.

ALMUT GAUDE Die Bahn ist auf jeden Fall das umweltfreundlichste Verkehrsmittel: Im Vergleich zum Flugzeug und zum Auto werden auf der Strecke Berlin–München 30 kg CO_2 pro Person ausgestoßen.

ROMAN LESKOVAR Stephan Böhmes Fahrt mit dem eigenen Auto erhält dagegen deutlich schlechtere Noten.

ALMUT GAUDE Generell ist das Auto auf dieser Strecke nicht umweltfreundlich… ähhm… auf der Strecke Berlin–München werden 90 kg CO_2 ausgestoßen.

Zum Vergleich: Durch den Betrieb eines Kühlschrankes werden innerhalb eines Jahres 100 kg CO_2 ausgestoßen.

ROMAN LESKOVAR Auf dem letzten Platz: das Flugzeug. Gerade auf kürzeren Strecken ist die Umweltbilanz besonders schlecht.

ALMUT GAUDE Das Flugzeug ist das klimaschädlichste Fortbewegungsmittel im Vergleich zum Auto und zur Bahn. Das stößt zwar genauso viel CO_2 auf der Strecke von Berlin nach München aus wie das Auto, nämlich 90 kg pro Person, aber die Treibhausgase, die durch Flugzeuge ausgestoßen werden, sind dreimal klimaschädlicher als die, die am Boden emittiert werden, weil neben CO_2 zum Beispiel auch noch Wasserstoff… ähmm… freigesetzt wird.

Assessment tasks

3 Hörtext: Europatour

M1 Nele ist am Apparat aus Bratislava in der Slowakei. Guten Abend, Nele! Sie sind 14 Tage lang mit Freunden auf Europatour. Sie reisen durch acht Städte von Riga in Lettland bis Straßburg in Frankreich. Wie geht's?

NELE Wir reisen nicht mit Bus oder Bahn, sondern per Anhalter. Wir stellen uns an die Straße, halten den Daumen raus und hoffen, dass uns ein Autofahrer mitnimmt. Das ist nicht ganz ungefährlich. Deswegen fahren wir zu zweit.

Vorläufig bin ich pleite. In Tschechien sind wir mit der Straßenbahn gefahren, aber hatten vergessen, eine Fahrkarte zu kaufen. Plötzlich stiegen zwei Kontrolleure ein und haben alle kontrolliert. Jeder ohne Fahrschein musste ein Bußgeld zahlen.

Die Fahrt von Olomouc nach Bratislava war umsonst, da wir per Anhalter gefahren sind. In Bratislava mussten wir noch mal den Bus nehmen. Fahrkarten haben wir zwar gekauft, aber wir haben vergessen, sie abzustempeln. Leider kamen wieder zwei Kontrolleure. Da mussten wir ein zweites Bußgeld zahlen. Das hat mich insgesamt 30 Euro gekostet.

Unsere Welt: Umweltfragen

Wetter

2 Klimaerwärmung in Deutschland, Österreich und der Schweiz

ANSAGER Wie zeigt sich die Klimaerwärmung in Deutschland, Österreich und der Schweiz?

Nummer 1: Orkane in Deutschland

M1 Mit einer Windgeschwindigkeit von bis zu 200 Stundenkilometern raste der Orkan Kyrill im Januar 2007 über Europa hinweg und hinterließ eine Spur der Verwüstung: Hausdächer, Fahrzeuge und 25 Millionen Bäume allein in Nordrhein-Westfalen wurden zerstört. Die Bundesregierung schätzt den gesamten Schaden auf 4,6 Milliarden Euro. Mindestens zehn Menschen kostete der Orkan in Deutschland das Leben.

ANSAGER Nummer 2: Verschwindende Gletscher in der Schweiz

F1 Wie alle Gletscher ist auch der Tschierva-Gletscher am Schmelzen. Er hat in den letzten 150 Jahren 1100 Meter Eis verloren. Das kommt von der Klimaerwärmung, die durch die Verbrennung von Heizöl und Benzin mitverursacht wird. Denken Sie daran, wenn Sie das nächste Mal Energie verbrauchen. Wir sind das Klima.

ANSAGER Nummer 3: Rekorderwärmung in Nord- und Ostsee

F2 Steigende Temperaturen und neue Meeresbewohner: Die Auswirkungen des Klimawandels auf die Nord- und Ostsee werden immer deutlicher. Die Wassertemperaturen in Nord- und Ostsee sind in den vergangenen 40 Jahren um 1,1 Grad Celsius gestiegen. Dies zeigt sich etwa bei den Fischen: So finden sich typische Mittelmeerfische wie Anschovis, Sardinen und vereinzelt sogar Schwertfische immer häufiger in den Netzen von Nord- und Ostseefischern.

ANSAGER Nummer 4: Sturmflut an der Nordseeküste

M2 Liebe Zuschauer, willkommen zu den Heute Nachrichten in 100 Sekunden.

F3 Eine Sturmflut hat an der Nordseeküste Millionenschäden verursacht, verlief aber weniger katastrophal als befürchtet. In Bremerhaven schlugen die Wellen knapp drei Meter höher als sonst. An der nordfriesischen Küste galt sogar die höchste Warnstufe violett.

ANSAGER Nummer 5: Schneemangel in Österreich

M3 Die Alpen erleben nach Angaben eines Klimaforschers das wärmste Wetter seit 1300 Jahren. Die Durchschnittstemperaturen steigen, die Winter werden generell feuchter und die Sommer trockener. In den nächsten Jahrzehnten müssen 70% der Wintersportorte in Österreich um ihre wirtschaftliche Existenz fürchten. Weniger hoch gelegene Skigebiete – 1000 bis 1500 m – werden ihre Schneesicherheit verlieren. Es wird auch zu warm für Kunstschnee aus Schneekanonen sein. Wenn die Winter immer wärmer und schneeärmer werden, wird der Druck auf die höher gelegenen Skigebiete immer stärker.

3 Was verursacht die Erdeerwärmung und wie kann man sie bremsen?

ANSAGERIN „Ich als Fernseher…"

M1 Ahem. Also, jetzt muss ich auch mal etwas sagen. Ich als Fernseher mache mir schon auch meine Gedanken über die Bilder in der Tagesschau und so und ich würde ja sofort etwas fürs Klima tun, aber ich bin halt nur ein Fernseher. Sie könnten mir aber einen Gefallen tun. Schalten Sie mich doch am Abend immer ganz aus, dann verbrauch' ich nicht unnötig Saft während der Nacht. Danke.

Die Umweltverschmutzung

5 Kann man als Einzelner einen Unterschied machen?

ANSAGERIN Renate

INTERVIEWER Renate, welche Umweltprobleme bekümmern dich am meisten?

RENATE Tja… Die schlimmsten Umweltprobleme sind meiner Meinung nach die Erderwärmung und die Verseuchung von allem und jedem durch gefährliche Chemikalien. Wenn wir Menschen nicht auf der Erde wären, könnten die Tiere ja in Frieden leben und gesund bleiben und müssten nicht hilflos zusehen, wie wir ihre Lebensräume zerstören und alles kaputt machen. Zum Teil hab' ich auch selber total Angst davor – was ist, wenn ich zum Beispiel später ein Kind bekommen will und es mit verseuchter Muttermilch stillen muss?

INTERVIEWER Was machst du persönlich, um die Umwelt zu schützen?

RENATE Ob ich persönlich was dagegen mache… ja, ein Umweltengel bin ich sicher nicht! Ich mache so die normalen Sachen wie Mülltrennung, Recyclingpapier und Mehrwegprodukte kaufen und so… und ich unterstütze einige Umweltschutzorganisationen mit Spenden. Ähhh, ansonsten… ja, ich vermeide wenn möglich das Autofahren und das Fliegen und benutze möglichst öffentliche Verkehrsmittel. Ich würde sagen, ich versuche vor allem, sehr kurze Autofahrten zu vermeiden, und fahr' mit dem Fahrrad oder geh' zu Fuß. Ich versuche, Energie zu sparen… Lichter auszumachen, Energiesparlampen zu benutzen, duschen anstatt zu baden, usw.

INTERVIEWER Glaubst du, dass man als Einzelner einen Unterschied machen kann?

RENATE Ich glaube schon, dass der Einzelne einen Unterschied machen kann, aber… ich weiß auch, dass ich mehr machen könnte oder sollte. Ich bin halt manchmal zu faul oder zu vergesslich.

ANSAGERIN Erich

INTERVIEWER Erich, welche Umweltprobleme bekümmern dich am meisten?

ERICH Ich glaube, die größte Bedrohung ist der Klimawandel. Ich finde es furchtbar, was wir unserem Planeten antun, aber ich fühle mich auch dabei irgendwie machtlos.

INTERVIEWER Kann man denn deiner Meinung nach als Einzelner keinen Unterschied machen?

ERICH Ehrlich gesagt: Nein! Was kann ich als Einzelner schon machen? Ich meine, was hilft meine kleine Energiesparlampe im Kampf gegen den Weltklimakollaps? Wie kann ich einen Unterschied machen, wenn riesige Kraftwerke in China oder Osteuropa dauernd Dreck in die Luft pumpen oder große Konzerne die ganzen Regenwälder zerstören? Ich sollte wohl irgendeinem internationalen Umweltschutzverband beitreten, aber es ist einfach eine Frage der Zeit.

INTERVIEWER Machst du etwas persönlich, um die Umwelt zu schützen?

ERICH Ähh… Was ich persönlich zum Umweltschutz beitrage? Na ja, halt die üblichen Sachen, die heutzutage fast jeder macht, wie Mülltrennung, Energie sparen und so. Und, ja, ich kaufe Produkte mit möglichst wenig Verpackungsmaterial. Ich arbeite auch als Freiwilliger in einem Naturschutzgebiet hier in der Nähe. So wie ich das sehe, kann ich wenigstens meine unmittelbare Umwelt beeinflussen, selbst wenn ich international wenig machen kann.

ANSAGERIN Sabine

INTERVIEWER Sabine, welche Umweltprobleme bekümmern dich am meisten?

SABINE Ja, also, ich könnte kein einzelnes Umweltproblem als Problem Nummer eins bezeichnen, meiner Meinung nach sind alle Umweltprobleme eng miteinander verbunden. Ehrlich gesagt, finde ich es furchtbar, dass es immer noch Leute gibt, die sich überhaupt keine Sorgen wegen der Umwelt machen.

INTERVIEWER Was machst du persönlich, um die Umwelt zu schützen?

SABINE Na ja, ich würde sagen, dass ich schon ziemlich umweltbewusst bin und mich bemühe, die Umwelt so wenig wie möglich zu belasten. Wir sollten alle doch irgendwie denken: Der Einzelne kann doch etwas tun und einen Unterschied machen.

INTERVIEWER Du bist also der Meinung, dass der Einzelne wirklich einen Unterschied machen kann?

SABINE Ja, klar. Ich glaube auch, dass es sehr wichtig ist, sich zu informieren und zu versuchen, das große Ganze zu beeinflussen, ich meine Industrie, Politik und so. Ich glaube, man sollte aktiv werden, ja, sich engagieren, nicht einfach rumsitzen und hoffen, dass das Problem irgendwie verschwinden wird. Ich bin Mitglied bei Greenpeace und dem Bund für Umwelt und Naturschutz Deutschland. Ich mache regelmäßig bei Demos mit und schreibe oft E-Mails an Politiker und Geschäftsführer. Wir müssen die Regierung und die Firmen irgendwie überreden, weniger CO_2 zu produzieren. Eine klimafreundliche Wirtschaft ist schon möglich und es gibt schon die notwendigen Technologien dafür!

Das Recycling

8 Ist die Gelbe Tonne am Ende?

M1 Sie denken vielleicht: Wenn Sie Joghurtbecher, Plastikfolien und Tuben in den Gelben Sack werfen, wird daraus wieder ein Joghurtbecher, eine Plastikfolie, eine Tube.

F1 Stimmt nicht so ganz. Das duale System Deutschland, der Lizenzgeber des grünen Punkts, bereitet nach eigenen Angaben nur knapp zwei Drittel des aussortierten Plastiks zu neuem Plastik auf. Der Rest, ein Drittel, landet in Hochöfen oder wird in Kraftwerken verfeuert.

REPORTER Das war ein Auszug aus der Fernsehsendung „Hart aber fair". Seit 1991 muss Verpackungsmüll mit dem „Grünen Punkt" in die Gelbe Tonne oder den Gelben Sack kommen: Der Restmüll landet in der grauen Tonne. Dazu kommen noch weitere Tonnen für Glas, Papier und

Biomüll. Unser Thema heute: Ist die Gelbe Tonne am Ende?

Deutschland ist Weltmeister beim Mülltrennen. Weit über fünf Millionen Tonnen allein an Verpackungen haben die Deutschen im vergangenen Jahr gesammelt und sauber getrennt. Doch die Stimmen der Kritiker mehren sich. Experten zweifeln seit Jahren daran, dass die Trennung in Gelbe und graue Tonne überhaupt sinnvoll ist. Dazu Professor Julia Rohde:

JULIA ROHDE Ja, der eingesammelte Verpackungsmüll macht nur einen ganz geringen Teil des Hausmülls aus: von rund 520 kg Hausmüll pro Kopf im Jahr werden knapp 30 kg so genannter Leichtver-packungen in Gelben Tonnen gesammelt. Hinzu kommt, dass nur knapp zwei Drittel der penibel eingesammelten Verpackungen tatsächlich zu neuen Produkten verarbeitet werden. Der Rest wird genauso wie der normale Hausmüll verbrannt. Es ist also Unsinn, Müll mühsam zu trennen und dann in der Müllverbrennungsanlage wieder zusammenzuführen.

REPORTER Außerdem erklären Müll-Experten diese Form der Mülltrennung durch den Verbraucher für technisch überholt. Die Sortiermaschinen sind heute so fortgeschritten, dass man praktisch alles, sogar verschiedene Kunststoffarten und Glasfarben, auch aus bunt gemischtem Hausmüll automatisch sortieren kann. Das macht die Gelbe Tonne im Prinzip überflüssig. Die Mülltrennung kostet nicht nur Mühe, sondern auch viel Geld. Professor Rohde:

JULIA ROHDE Es wäre umweltverträglicher, effizienter und billiger, wenn man, statt Müll zu trennen, allen Hausmüll gemeinsam in einer einzelnen Tonne sammeln würde, um dann später alles in einer Spezialanlage zu sortieren. Das würde nur noch 200 Euro pro Tonne kosten und nicht wie bisher 1000 Euro. Jetzt ist aber die Frage, wenn man die Gelbe Tonne abschafft und ein Eintonnensystem einführt, wie überzeugt man die Verbraucher, denen man jahrelang das Mülltrennen als besonders ökologisch dargestellt hat, dass sie von nun an ihren ganzen Müll bunt gemischt in eine einzelne Tonne schmeißen dürfen?

9 Einweg oder Mehrweg – welcher Weg ist besser?

ANSAGERIN PET-Flaschen: Was wird daraus?

M1 Sie denken vielleicht: Aus der PET-Flasche, die Sie brav in den Laden zurückbringen, entsteht eine neue Flasche.

F1 Stimmt nicht so ganz. Das passiert nur mit etwa jeder zehnten. Aus den meisten Pfandflaschen werden Textilfaser, etwa Fleece-Stoff, und dafür wandern die Flaschen einmal um die Welt. Nach Schätzungen landen zwischen 40 und 50% der gesammelten PET-Flaschen im Ausland, zum Beispiel in China. Dabei wird die Umwelt kräftig verschmutzt. Deutsche Händler kaufen die zu Pullis verarbeiteten Flaschen später teuer zurück und auch die Umwelt zahlt durch die doppelten Transportwege doppelt drauf.

Assessment tasks

2 Hörtext: Energiequellen

F1 Öko- oder Atomstrom? Die Meinungen gehen auseinander. Eines aber ist sicher: Ein Leben ohne Energie ist kaum vorstellbar. Ob wir Musik hören, vor dem PC sitzen oder die Heizung anmachen – überall fließen Strom oder Wärme. Ein Großteil davon entsteht durch die Verbrennung fossiler Energieträger, das heißt Kohle, Gas und Öl. Sie schaden aber der Umwelt und werden irgendwann verbraucht sein. Was sind die Alternativen?

M1 Kernkraft ist eine ideale Alternative. Atomstrom ist umweltfreundlicher in der Herstellung und auf diese Art entstehen fast 30% des Stroms für deutsche Haushalte.

F2 Es ist aber nicht ungefährlich. Es gibt noch keine Lösung für den radioaktiven Müll, der produziert wird und sich über Hunderte von Jahren hält. Seine radioaktiven Strahlen sind für den Körper schädlich und können schlimme Erkrankungen verursachen. Die einzige Alternative dazu lautet Ökostrom – gewonnen aus erneuerbaren Energiequellen wie Wasser, Sonne oder Wind. Sie sind praktisch in unbegrenzter Menge vorhanden und umweltschonend. Der Ausbau der Windenergie auf hoher See zum Beispiel könnte zukünftig die Hälfte unseres Stroms produzieren. Und die Sonne! Sie liefert täglich mehr Energie, als man braucht, um die ganze Welt zu versorgen. Sie macht keinen Dreck, ist ungefährlich und hält sich noch ein paar Milliarden Jahre. Mit den heutigen Technologien könnte man den weltweiten Energiebedarf bereits sechsmal abdecken.

M1 Bisher wird in Deutschland aber nur ein kleiner Teil der benötigten Energie aus erneuerbaren Quellen gewonnen: gerade mal 4,6%. Die Umstellung auf erneuerbare Energien geht auch nicht so schnell. Forschung und Entwicklung brauchen ihre Zeit, kosten Geld, und die Wirtschaft hat Angst um ihren Profit.

Bildung und Erziehung

Deutsche Schulen

2 Schulen in Österreich

M1 Wie ist es mit der Erziehung in Österreich?

MICHAELA In Österreich muss man im Moment neun Jahre lang in die Schule gehen, und man beginnt mit sechs Jahren, in die Volksschule zu gehen; alle gehen in die Volksschule und zwar vier Jahre lang.

M1 Und nach der Volksschule? Was dann?

MICHAELA Danach hat man aber die Möglichkeit, sich zu entscheiden. Erstens kann man in die Hauptschule gehen: Das dauert bis zirka 14 oder 15 Jahre, oder man geht in eine berufsbildende Schule, das kann auch bis 16 Jahre gehen, oder wenn man weiter auf die Uni gehen möchte, dann muss man in die allgemeinbildende höhere Schule gehen, die wird aber auch Gymnasium oder Mittelschule genannt. Der Unterschied ist offensichtlich, dass man bei der berufsbildenden höheren Schule anschließend einen Beruf hat und vielleicht Sekretärin oder technischer Zeichner ist.

M1 Und in der Mittelschule?

MICHAELA Die Mittelschule, das Gymnasium, da hat man keinen Beruf, das ist eben die Vorbereitung, der Eintritt für die Universität. Da gibt's auch verschiedene Möglichkeiten, man kann sich zum Beispiel spezialisieren auf Fremdsprachen, so wie ich das gemacht hab'. Also wir hatten Latein ab der dritten Klasse, Englisch ab der ersten Klasse und Französisch ab der fünften. Latein ist wichtig in Österreich, weil man fast für die meisten Studienfächer an der Uni nach wie vor Latein braucht. Also, wenn man es in der Schule nicht gehabt hat, dann muss man das nachmachen; man muss an der Universität einen Kurs nachmachen, für die meisten Fächer. Ich glaub' Sport und Geografie, das sind die Fächer, für die man es nicht braucht.

M1 Und wie ist es mit der Abschlussprüfung?

MICHAELA In Bezug auf die Abschlussprüfung besteht auch ein großer Unterschied zu Deutschland und ganz besonders natürlich zu England. Also, es gibt für die Hauptschule und für die berufsbildenden Schulen nicht diese großen Schlussprüfungen, sondern man muss jedes Schuljahr bestehen. Also, da gibt's Prüfungen innerhalb des Jahres, die muss man bestehen. Nur für das Gymnasium, also für die AHS, gibt es so was wie A-levels, in Österreich heißt es Matura, und die macht man mit 18 Jahren.

Nach der Schule

7 Ein freiwilliges Jahr im Ausland

ANSAGER Das Voluntarium-Programm ist der älteste Freiwilligendienst, den das Erzbistum Freiburg im Ausland anbietet. In vier Wochen machen sich 12 junge Leute auf den Weg nach Südamerika, unter ihnen auch Katrin Hess:

KATRIN Ich wollte nach dem Abitur auf jeden Fall gern nach Südamerika gehen, weil mich das Land total reizt, und auch die Sprache – ich mag Spanisch total gern, und da habe ich gedacht, so ein sozialer Dienst, der gibt mir viel mehr Einblick in die Kultur und reizt mich sowieso. Das war eigentlich die Motivation.

ANSAGER Die 19-Jährige wird bei einer Gastfamilie wohnen und sich in der Pfarrgemeinde engagieren.

KATRIN Ich werde in den Norden kommen, nach Chipem. Das ist eine Fünfzigtausend-Einwohner-Stadt und ich werde dort erstmal im Kindergarten arbeiten und mich ein bisschen akklimatisieren und später in einer Beratungsstelle für Familien mit Problemen tätig sein. Ich habe jetzt nochmals intensiv Spanisch gelernt in den letzten paar Wochen und mich einfach auch mit dem Land beschäftigt.

ANSAGER Jetzt heißt es: Koffer packen – 64 Kilo sind für jeden Helfer frei. Das muss reichen für ein ganzes Jahr. Nur das Wichtigste kann mit.

KATRIN Also, auf jeden Fall ein Schlafsack, falls ich noch herumreisen werde, und natürlich auch Fotos von meiner Familie und von meinen Freunden. Nicht zu viel, weil ich gehört habe, dass man in Peru auch schöne Sachen kaufen kann, und damit ich noch genug Platz habe.

ANSAGER Die meisten Freunde bewundern Katrin Hess, manche sind sogar ein bisschen neidisch, denn auf die 19-Jährige warten Abenteuer am anderen Ende der Welt.

9 Interviews mit jungen Leuten

ANSAGERIN Was hältst du davon, den Wehrdienst abzuschaffen?

DENNIS Ich halte das für eine gute Idee. Wer wirklich zum Bund will, der kann sich ja beruflich in diese Richtung orientieren. Und die anderen sind dann nicht mehr gezwungen, nach der Schule die Entscheidung Zivildienst oder Bund zu treffen.

ANSAGERIN Thomas

THOMAS Gar nichts. Ein wenig Drill kann den meisten von uns nicht schaden. Und wer überhaupt nicht will, hat ja jetzt schon die Möglichkeit, zu verweigern. Ich befürchte, dass sich bei einer Berufsarmee zu wenige für diese Laufbahn entscheiden würden.

ANSAGERIN Nadja

NADJA Viel. Mein Freund ist zurzeit beim Bund und ich habe immer Angst, dass er irgendwo hin muss, wo es gefährlich sein könnte.

ANSAGERIN Fritz

FRITZ Ich war beim Bund und halte diese Zeit heute noch für verschenkt. Im Nachhinein betrachtet wäre eine soziale Tätigkeit besser gewesen. Da kann man wenigstens anderen helfen…

Aktuelle Themen im Bildungsbereich

15 Nochmals Samstagsschule?

ANSAGER Hans Höroldt

HANS HÖROLDT Ich kann mich noch gut an meine Schulzeit erinnern, wo ich samstags zur Schule gehen musste. Damals war ich froh, als der Samstagsunterricht abgeschafft wurde. Auch heute finde ich den Samstagsunterricht nicht sehr sinnvoll. Ich habe selbst drei Kinder im Schulalter. Für das Familienleben ist es gut, wenn die Schule auf fünf Tage konzentriert ist. Eine gewisse Auszeit nach der Belastung der Woche ist einfach wichtig.

ANSAGER Anika Liedtke

ANIKA LIEDTKE Das Wochenende sollte für die Familie und Freunde da sein, um sich wenigstens zwei Tage am Stück zu entspannen. Fünf Tage sind doch genug Zeit, den Stoff zu schaffen. Dann muss man eben mehr Lehrer einstellen, wenn die fehlen.

ANSAGER Mariele Ehmanns

MARIELE EHMANNS Mein Mann ist selbst im Schuldienst. Das wäre für uns auch ein Problem, wenn es Samstagsunterricht gäbe. Außerdem wird in vielen Familien das Wochenende als Freizeit genutzt. Ich denke, auch Lehrer haben sich bei der Organisation ihrer Freizeit auf das Wochenende eingestellt.

ANSAGER Peter Bitomsky

PETER BITOMSKY Die Schule ist die Vorbereitung fürs Leben und da arbeiten die meisten Leute auch nicht am Samstag. Als alleinerziehender Vater denke ich dabei auch an meine Tochter, die im fünften Schuljahr ist. Samstags besucht sie immer ihre Mutter. Das würde einfach nicht passen.

17 Schülerin in Österreich

MICHAELA Ich bin in einem Dorf aufgewachsen, ein sehr kleines Dorf auf dem Land, wo es keine Schule gibt, also auch keine Volksschule. Früher war das üblich, dass jedes Dorf seine Volksschule hatte und eben alle Kinder gemeinsam unterrichtet wurden, egal, wie alt die dann waren. Ich musste aber in die nächste Stadt, mit dem Schulbus, und das Tolle an der Zeit, in der ich aufgewachsen bin, war, dass plötzlich vieles gratis wurde. Es gab einen Regierungswechsel; plötzlich ist die SPÖ an die Regierung gekommen und die haben Schulfreifahrten eingeführt und gratis Schulbücher. Und das war eigentlich ein wichtiger Grund für mich, weiter in die Schule zu gehen. Nicht den üblichen Weg, so wie es für die anderen Kinder im Dorf war, das heißt, man geht halt vier Jahre in die Volksschule und danach geht man in die Hauptschule, und wenn man ein Mädchen ist, dann ist man vielleicht noch ein Jahr in die Haushaltsschule gegangen und hat gelernt, wie man kocht und wäscht und putzt, also die typischen traditionellen Dinge für Mädchen.

M1 Und diese Haushaltsschule gibt's heute noch?

MICHAELA Die gibt's heute noch immer, ist noch immer sehr beliebt, als Vorbereitung für das Hausfrau und Mutter sein. Dort wo ich herkomme, ist es nach wie vor ein Ideal, wenn es sich eine Familie leisten kann, dass die Frau zu Hause bei den Kindern bleibt. Das ist etwas Positives. Erst als ich acht Jahre alt war, konnte sich die Familie das finanziell leisten, dass meine Mutter zu Hause bleibt, und seitdem ist sie Hausfrau und Mutter. Also bin ich eben in der Stadt in die Volksschule gegangen und hab' mich dann nicht wie alle anderen im Dorf für die Hauptschule entschieden, also für den traditionellen Weg auf dem Land, sondern bin aufs Gymnasium gegangen, also in die AHS, und zwar hab' ich den neusprachlichen Zweig gewählt, das heißt moderne Fremdsprachen.

Assessment tasks

3 Hörtext: Soll Schuluniform Pflicht werden?

F1 Bei uns in der Schule tragen die Schüler bereits seit sechs Jahren einheitliche Schulkleidung und ich stehe ganz hinter dem Konzept. Niemand wird diskriminiert, weil er keine Markenklamotten trägt. Es gibt keine Cliquen, wir sind ein „Wir" und wir akzeptieren uns alle gegenseitig.

M1 Ich bin anderer Meinung. Probleme wie Mobbing und Gewalt in unseren Schulen können wir nicht einfach durch einheitliche Kleidung lösen.

F1 Aber Schüler aus ärmeren Familien müssen sich nicht mehr vor ihren Mitschülern schämen. Ob ein Schüler aus einer armen oder einer reichen Familie stammt oder welcher Religionsgemeinschaft er angehört, ist nicht mehr anhand seiner Kleidung erkennbar. Im Moment werden Jugendliche in vielen Schulen zu Außenseitern, weil bestimmte Kleider- und Schuhmarken für sie und ihre Eltern einfach zu teuer sind.

M1 Man kann sich ja immer noch durch tolle Schuhe, eine teure Uhr, das neueste Handy-Modell oder eine feine Tasche von den anderen abheben. Außerdem haben viele Deutsche Angst vor der Einführung einer Uniform, weil Uniformen noch immer an die Nazi-Zeit erinnern. Nach dem Ende der Nazi-Diktatur wollten die meisten Deutschen nie wieder Teil einer uniformierten Masse sein. Jeder sollte das Recht haben, so zu leben und sich so zu kleiden, wie es ihm gefällt. Eine einheitliche Schulkleidung würde diese Freiheit einschränken.

F1 Wenn Schüler mitentscheiden dürfen, welches Design die Schuluniform haben soll, trägt es dazu bei, dass jeder gerne die Schulkleidung trägt. Politiker sollten Schulkleidung überall verbindlich einführen.

Geld nebenbei

2 Michaela arbeitet als Kellnerin

MICHAELA Ich habe in Graz in einem Studentenlokal gearbeitet, als Kellnerin. Das Lokal hatte nur abends geöffnet, tagsüber war es geschlossen und wir haben um sechs Uhr abends aufgesperrt, und solange jemand im Lokal war, haben wir offen gehabt. Es war eine sehr schöne Zeit. Ich hab' da sehr viele Leute kennen gelernt, die später zu meinen Freunden und Freundinnen geworden sind, und wir haben uns sehr gut verstanden. Die Lokalbesitzerinnen waren zwei Schwestern, die waren nicht viel älter als ich und haben das Lokal von ihren Eltern geerbt. Davor war es ein sehr traditionelles Südtiroler Lokal, und hin und wieder sind noch die alten Gäste gekommen und haben sich dann mit uns unterhalten und gesagt, wie das früher gewesen ist, aber im Prinzip waren das immer sehr viele junge Leute.

M1 Und war das eine harte Arbeit?

MICHAELA Es ist keine einfache Arbeit, wenn man ständig gehen, stundenlang stehen muss – es war auch ein Speiselokal, man muss auch viele Teller und so tragen. Und wie ich angefangen habe, da musste man alles noch im Kopf rechnen, und wenn am Schluss die Kasse nicht gestimmt hat, dann musste man das selbst hineinbezahlen. Also das war dann sozusagen meine Verantwortung, wenn das Geld nicht gestimmt hat.

M1 Hast du Trinkgelder bekommen?

MICHAELA Man muss auch ständig nett sein, freundlich sein, das ist eigentlich das, womit man sein Geld verdient, der Stundenlohn, das war sehr wenig Geld, aber wo man viel Geld machen konnte, das war durch das Trinkgeld. Das heißt aber auch, dass man ständig freundlich sein, sich um die Gäste kümmern muss.

M1 Und hat dein Job gut mit deinem Studium zusammengepasst?

MICHAELA Das war eigentlich ideal. Weil ich im Restaurant immer abends gearbeitet habe, konnte ich bis 5 Uhr in der Vorlesung sein und bin dann in die Arbeit gegangen. Manchmal habe ich sehr lange in der Nacht gearbeitet. Es war dann nicht ganz einfach, am nächsten Morgen um 8 Uhr in einer Vorlesung zu sitzen. Das war manchmal ein bisschen schwierig, aber ich habe nicht jede Nacht gearbeitet. Nur zwei, drei Mal in der Woche.

M1 Und hauptsächlich am Wochenende?

MICHAELA Eher unter der Woche. Ich bin am Wochenende sehr oft zu meinen Eltern nach Hause gefahren und wollte diese Zeit frei haben.

4 Ein Teilzeitjob

M1 Wie hast du dein Studium finanziert?

MICHAELA Ich habe Geld von meinen Eltern bekommen, aber ich hab' auch ab dem zweiten Studienjahr nebenbei Geld verdient. Also entweder im Sommer, da war ich zum Beispiel Kellnerin in Kärnten, bei Freunden von meinen Eltern, die hatten eine Gastwirtschaft, da hab' ich gekellnert. Montag bis Sonntag, Dienstag Nachmittag frei! Und später hab' ich dann auch während der Studienzeit gearbeitet. Ich habe als Putzfrau in einer Buchhandlung gearbeitet und ich habe auch in einem Gasthaus in Graz gearbeitet, wieder als Kellnerin. Und danach als Köchin. Da war jemand mal krank und dann bin ich als Köchin eingesprungen.

M1 Und diese Arbeit in der Buchhandlung? Was muss eine Putzfrau in einer Buchhandlung machen?

MICHAELA Also, ich musste hauptsächlich den Boden putzen und die Toilette putzen und hin und wieder die Fenster putzen, und manchmal hab' ich auch noch andere Dinge gemacht…

M1 Die Regale auch?

MICHAELA Eher nicht, das müssen die machen, die den ganzen Tag dort sind. Sie müssen Staub wischen. Oder die Bücher abwischen. Und manchmal hab' ich auch Bücher ausgeliefert für diese Buchhandlung oder Dinge zur Post gebracht, mit dem Fahrrad. Aber meine Hauptaufgabe war eben entweder am Abend nach Ladenschluss oder in der Früh, bevor das Geschäft geöffnet hat, hauptsächlich den Boden zu putzen. Im Winter war das keine schöne Arbeit. Wenn es schneit, dann wird Sand mit kleinen Steinen auf die Straßen gestreut. Und das wird alles an den Schuhen von den Kunden in den Laden hereingetragen. Im Sommer, da hat man ein bisschen Staub, das ist kein Problem.

Heute arbeitet man anders

8 Pendler berichten

M1 Adriana Zabarella ist seit sechs Jahren Berufspendlerin. Die Mutter einer neunjährigen Tochter fährt täglich mit dem Auto „exakt 55,5 Kilometer" von München nach Penzberg.

ADRIANA Die Fahrt am Morgen ist meine einzige private Stunde, die Zeit, in der niemand etwas von mir will. Ich nehme meinen Kaffee mit ins Auto, rauche in Ruhe die erste Zigarette und höre die Musik, die ich mag. Probleme gibt es nur, wenn die Straßen verschneit sind oder es einen Unfall gibt. Dann kann es auch schon mal drei Stunden bis zum Arbeitsplatz dauern. An solchen Tagen, wenn ich dann abends keine Zeit mehr für meine Tochter Katharina habe, dann wünsch' ich mir auch einen Job um die Ecke.

F1 Wochenendpendler Christoph Bogedain hat mir Folgendes berichtet:

CHRISTOPH Anfangs haben wir natürlich an einen gemeinsamen Umzug gedacht. Aber unser jüngstes Kind stand kurz vor der Einschulung und unsere Tochter machte gerade die erste Klasse auf dem Gymnasium. Wir haben auch viele Freunde und Bekannte hier in der Gegend, so schnell wirft man das nicht alles über den Haufen. Und meine Frau hat auch eine Traumstelle hier am Heimatort. Wenn wir umziehen würden, wäre sie es, die pendelte. Und Entfernung hat nicht nur negative Aspekte. In der Woche kann ich mich nun voll auf den Beruf konzentrieren, und die Zeit, die wir dann am Wochenende gemeinsam verbringen, ist viel intensiver als früher. So gesehen empfinde ich die klare Trennung zwischen Arbeit und Familie als durchaus positiv.

11 Tipps für die Arbeit zu Hause

HERR WIDMER Es hat viele Vorteile, wenn man – wie ich – sein Büro zu Hause hat. Aber es ist nicht immer einfach, mit diesen Freiheiten umzugehen. Wenn Sie diese vier Tipps aus meiner eigenen Praxis beachten, werden Sie produktiver arbeiten und auch dafür sorgen, dass Sie genug Freizeit bekommen.

Also, Regel Nummer eins: Beginnen Sie mit einem guten Vorsatz in den Tag. Ich beginne meinen Arbeitstag immer mit einer Aufgabe, die einfach ist; etwas, was Spaß macht oder was mich besonders interessiert.

Zweite Regel: Ich gestalte meinen Arbeitstag so, als ob ich einen „normalen" Job in einem Unternehmen hätte. Das heißt, ich fange um neun Uhr an und mache um fünf Uhr Feierabend. Eine richtige Mittagspause mache ich auch.

Regel Nummer drei: Ich sorge dafür, dass ich auch genug Zeit mit meiner Familie und meinen Freunden verbringe. Am Wochenende wird nicht gearbeitet. Und ich mache jeden Tag einen Spaziergang oder ich treffe mich mit Leuten zum Mittagessen. Egal was – die Hauptsache ist, man kommt aus dem Haus.

Und viertens: Ich trenne meine Arbeits- und Wohnbereiche. Mein Computer ist oben in meinem Arbeitszimmer. Und meine Familie weiß, dass eine geschlossene Bürotür bedeutet: „Jetzt bitte nicht stören."

Wenn Sie diesen einfachen Regeln folgen, dann werden Sie Arbeitszeit und Freizeit stresslos kombinieren können.

Allerlei Arbeiten

13 Eine Dolmetscherin

REPORTERIN Es wird nicht gearbeitet! Dieses Mal soll es richtig weh tun. Seit zwei Uhr nachts legt die Gewerkschaft der Lokführer den Nahverkehr lahm. Dazu gehören auch die S-Bahnen. Das trifft vor allem die Pendler. Die, die morgens zur Arbeit fahren müssen. Ich habe heute Morgen mit Frau Wiemann am Hauptbahnhof gesprochen.

FRAU WIEMANN Ich habe meiner Chefin Bescheid gesagt, dass ich es einfach nicht schaffe; ich habe nach einem Taxi gefragt, 128 Euro nach Westling, und das habe ich einfach nicht in der Tasche.

REPORTERIN Bis Donnerstagabend hatten die Bahn und die Gewerkschaft der Lokführer verhandelt. Man habe Fortschritte gemacht, hieß es, doch eine Lösung fand man nicht. Herr Werner Lohmeier von der Deutschen Bahn:

HERR LOHMEIER Wir haben in den letzten Wochen ständig versucht, diesen Streik abzuwenden: Er schadet allen, er nützt niemandem. Es muss eine Lösung geben, aber im Moment sind wir ja wirklich ratlos...

REPORTERIN Mit dem Streik kämpfen die Lokführer für deutlich mehr Lohn und vor allem für einen eigenen Tarifvertrag. Genau das will die Bahn vermeiden. Denn dann, so fürchtet sie, wollen auch andere Berufsgruppen eigene Verträge. Die Gewerkschaft bleibt bei ihrer Meinung: Der Streik soll bis Mitternacht weitergehen.

Assessment tasks

2 Hörtext: Arbeitspraktikum

F1 Für uns Schüler der kaufmännischen Schule sind Fahrten nach England ja mittlerweile beinahe Standardangebote. Letztes Jahr gab es aber einige Neuerungen, was alle als sehr positiv empfunden haben. Wir haben ein fünftägiges Arbeitspraktikum in verschiedenen Firmen und Institutionen gemacht.

Für dieses Arbeitspraktikum mussten wir im Voraus schon einen Lebenslauf und eine Bewerbung schreiben. Darin haben wir unter anderem auch unseren Praktikumswunsch angegeben. Unseren Lehrern ist es doch dann auch tatsächlich gelungen, unsere Wünsche zu erfüllen, vom Kindergarten über Büros, Boutiquen bis hin zum Reiterhof war alles vertreten.

Neben dem Arbeitseinsatz waren die sportlichen Aktivitäten eine gelungene Abwechslung. Abends haben wir uns im Pub entspannt und neue Leute kennen gelernt. Dies war sehr förderlich für unsere Sprachkenntnisse.

Das Arbeitspraktikum war ein unvergessliches Erlebnis, das wir jedem weiterempfehlen können.

Sitten, Traditionen, Glauben und Religionen

Ein Bundesland

1 Bayern

INTERVIEWER Frau Schramm, wie finden Sie das Leben hier in Bayern?

FRAU SCHRAMM Ich bin eigentlich keine gebürtige Bayerin, sondern komme ursprünglich aus Norddeutschland. Vor acht Jahren bin ich hierher gezogen – als Sopranistin im Chor bei den Bayreuther Festspielen. In den Wintermonaten gebe ich auch Gesangsunterricht. Die Bayern sind ganz anders als die Norddeutschen. Ich finde sie kontaktfreudiger und aufgeschlossener. Und ihr Sinn für Humor gefällt mir sehr.

INTERVIEWER Mauro, wie ist das Leben hier für Sie?

MAURO RIGHETTI Wie mein Name verdeutlicht, bin ich italienischer Herkunft. Bin erst letztes Jahr nach Augsburg gekommen. Meine Großeltern besitzen ein italienisches Restaurant in der Innenstadt. Dort jobbe ich ab und zu, um ein bisschen Geld zu verdienen. Ich bin Jurastudent an der Universität hier. Da die Bayern eine südeuropäische Mentalität haben, war es für mich einfach, mich an das Leben hier zu gewöhnen. Ich und meine Freunde sind alle begeisterte Radfahrer und sind am Wochenende in der wunderbaren Landschaft ständig unterwegs.

INTERVIEWER Yasmin, wie ist das Leben hier für Sie?

YASMIN MEYER Mit einem deutschen Vater und einer türkischen Mutter fühle ich mich in Bayern nicht ganz und gar zu Hause, obwohl ich in Aschaffenburg geboren bin. Ich mache nächstes Jahr das Abitur und denke an meine Zukunft. Wegen meiner etwas dunkleren Haut werde ich manchmal als andersartig betrachtet, was mich eigentlich ziemlich nervt. Die Leute hier sind nicht so aufgeschlossen, wie sie meinen.

Abtreibung

3 Kann man Abtreibung rechtfertigen?

ANSAGER Die Sozialarbeiterin Lisa Wolf-Loos arbeitet für die Beratungsstelle „Donum Vitae" für schwangere Frauen in Recklinghausen. Wir haben sie interviewt.

INTERVIEWER Was heißt eigentlich „Donum Vitae"?

LISA WOLF-LOOS Der Name ist lateinisch und bedeutet Geschenk des Lebens.

INTERVIEWER Aus welchen Gründen kommen Frauen zu Ihnen?

LISA WOLF-LOOS Aus verschiedenen Gründen. Vielleicht gibt es finanzielle Probleme oder Probleme in der Partnerschaft, oder bei ungewollten Schwangerschaften nach einer Vergewaltigung. Auch eine Schwangerschaft während der Ausbildung kann kritisch sein. Manche wollen nur diskutieren, ob sie ihr Kind ernähren können. Andere, ob Abtreibung Mord ist.

INTERVIEWER Und was ist Ihre Rolle?

LISA WOLF-LOOS Wir diskutieren mit den Frauen eventuelle Lösungen. Eine Abtreibung ist nur eine Lösung. Vielleicht könnte das Kind von den Großeltern erzogen werden oder in manchen Fällen ist eine Adoption die beste Lösung. Für einige wird die Situation während des Gesprächs gelöst und sie entscheiden sich dann doch gegen eine Abtreibung.

INTERVIEWER Wie alt sind die Leute, die zu Ihnen kommen?

LISA WOLF-LOOS Die jüngste war 14 und die älteste Mitte 40.

INTERVIEWER Frau Wolf-Loos, ich danke Ihnen für das Interview.

Gleichberechtigung

6 Ganz klar: Männersache

ANSAGERIN Eine junge Frau spricht über ihre Sexualität.

LISA Ich heiße Lisa Schäffer und komme aus Aschaffenburg, bin 18 Jahre alt. Vor zwei Jahren habe ich in meinem Freundeskreis bekannt gegeben, dass ich auf andere Frauen stehe statt auf Männer. Das war für mich keine schwierige Entscheidung, da ich immer diese Gefühle gehabt habe. Die meisten Jungen in meiner Clique haben das ohne Weiteres akzeptiert und erwähnen es fast nie. Meine Freundinnen aber – die sind skeptisch und wollen es nicht glauben. Sie meinen, ich würde eine Lüge erzählen. Einige sind direkt aggressiv mir gegenüber.

Das ist mir eigentlich egal. Ich kenne das Gesetz und fühle mich schon gleichberechtigt. Als Frau muss man sich sowieso anstrengen, um im Leben voranzukommen.

Was meine Eltern darüber denken? Na ja, sie werden es bald herausfinden, denn ich habe jetzt eine feste Freundin. Wir wollen uns nach dem Abitur eine Wohnung teilen. Was nutzt es, wenn ich meine Sexualität verberge?

Tierversuche

8 Tierschutz in Österreich

ANSAGER Tierversuche müssen endlich gestoppt werden – Teil 1

F1 Heute Nachmittag findet in der Innenstadt eine Demonstration gegen Tierversuche statt. Die Demonstration, die von der Gruppe „Grüne Jugend" organisiert wird, richtet sich gegen die neue Tierzuchtanstalt, die für diese Gegend geplant ist. Dort wird man Tiere – unter anderem Beagle, Mischlingshunde, Mäuse und Meerschweinchen – züchten und nach Bestellung ausliefern. Von 12 bis 16 Uhr wird es auf dem Rathausplatz Infostände geben. Ebenfalls wird es einen Cateringservice geben, der leckere vegetarische Kost anbietet. Dort werden auch verschiedene Reden gehalten, bevor der Demozug durch die Stadt zieht. Nach Angaben der Polizei werden nicht mehr als 5000 Menschen erwartet.

ANSAGER Tierversuche müssen endlich gestoppt werden – Teil 2

M1 Ich war zufällig in der Stadt und habe die Demonstration gesehen. Sie hat eigentlich ganz ruhig angefangen. Junge Leute haben Broschüren ausgeteilt. Andere haben Slogans gerufen. Einige haben sogar mit Passanten über die geplante Anstalt gesprochen. Das war für mich interessant. Und die Reden waren äußerst informativ. Leider waren aber auch einige Extremisten dabei und die wollten mehr als sprechen! Zuerst hat ein junger Mann etwas geworfen – einen Stein vielleicht – und hat ein Fenster eingeschlagen. Die Polizisten haben sich sofort eingemischt und dann wurde es gewalttätig. Der Rathausplatz wurde zu einer richtigen Kampfarena. Mindestens 50 Leute wurden verletzt. Ich verstehe schon, dass manche Leute radikale Meinungen haben. Aber mit Gewalt zu demonstrieren, bringt nichts.

Stammzellenforschung, Klonen, In-vitro-Fertilisation

10 Das erste deutsche Retortenbaby

M1 Kinderwunsch!

F1 Kinder zu haben, bedeutet für viele Menschen Glück, Liebe und Erfüllung. Doch für meinen Mann und mich ist dieser Wunsch nicht sofort in Erfüllung gegangen. Wir hatten alles versucht und dachten, dass wir unsere ungewollte Kinderlosigkeit einfach akzeptieren mussten.

M2 In einem Gespräch mit unserem Hausarzt haben wir dann erfahren, dass 70% der Fälle wie unsere von erfahrenen Spezialisten erfolgreich behandelt werden können. Deshalb haben wir eine Klinik für In-vitro-Fertilisation in Bad Münder besucht.

F1 Für uns war vor allem die individuelle und einfühlsame Betreuung durch einen Mediziner entscheidend für den Erfolg. In ausführlichen Gesprächen und ohne Zeitdruck ist das Vertrauen zwischen uns aufgebaut worden.

M2 Schön war auch, dass wir gemeinsam einen mehrtägigen Aufenthalt in der Klinik unternehmen durften – weg vom Stress des Alltags und anderen beruflichen Verpflichtungen.

F1 Und die Behandlung ist erfolgreich gewesen. Wir erwarten nämlich nächsten Monat unser erstes Kind…

M2 … und wir freuen uns riesig darauf!

Lebensstile, Gesundheit, Bildung und Arbeit

Abhängigkeit und Sucht

2 Eine Spielerkarriere

ANSAGER Der Spielsuchtexperte Thomas Hahne im Interview

F1 Ist ein Fall wie Friedhelm typisch für eine Spielerkarriere?

THOMAS HAHNE Ja, absolut. Fast alle süchtigen Spieler sind Männer, doch der Anteil der Frauen hat in den letzten Jahren stetig zugenommen. Früher waren es hauptsächlich erwachsene Männer, doch das Einstiegsalter wird immer geringer.

F1 Warum werden die Spieler immer jünger?

THOMAS HAHNE Ein Hauptgrund dafür ist das steigende Angebot von Glücksspielen im Internet. Seit 2005 ist beispielsweise in Deutschland eine regelrechte Pokereuphorie ausgebrochen. Viele Fans spielen nächtelang im Internet – oft um sehr viel Geld.

F1 Inwieweit kann das zu Problemen führen?

THOMAS HAHNE Das größte Problem der meisten Spieler ist neben der Unfähigkeit, die Sucht zu kontrollieren, das Problem der Verschuldung. Nicht selten sind die Geldbeträge so hoch, dass die Existenz gefährdet ist. Die letzte Chance ist für viele die Suchtberatung für Spielsüchtige.

F1 Wie kann man die Sucht effektiv bekämpfen?

THOMAS HAHNE Wichtig ist, dass mit der Sucht offen umgegangen wird. Denn in der Zukunft wird die Zahl der süchtigen Spieler dramatisch steigen. Ehemalige Spieler sollten in Schulen Vorträge halten und jeder sollte wissen, wo die nächste Beratungsstelle ist. Wenn man nicht selbst gefährdet ist, dann aber doch vielleicht jemand im Bekanntenkreis.

Ess-Störungen

4 Bulimie

MANUELA Am Anfang dachten die meisten, ich hätte Bulimie. Aber ich hätte mir nie den Finger in den Hals stecken können und Abführmittel habe ich auch keine genommen. Das ist bei der Magersucht anders. Ich habe einfach nur weniger gegessen, habe hin und wieder mal gefastet. Natürlich musste ich mir die blöden Sprüche meiner Klassenkameraden anhören: „Willst wohl als Model Karriere machen!"

oder „Die neue Kate Moss – sieht man dich demnächst in der Werbung?" Es stimmt, ich habe stark auf mein Gewicht geachtet, bin jeden Tag auf die Waage. Zu meinem 16. Geburtstag wollte ich 48 Kilo wiegen und dann das ständige Diäten machen und Hungern beenden. Am Morgen meines Geburtstags hat die Waage dann 44 kg angezeigt – aber ich konnte einfach nicht aufhören. Ich habe einfach mein Wunschgewicht immer weiter nach unten gesetzt. Der Neid und die Anerkennung anderer Mädchen wurden immer weniger, ich muss schlimm ausgesehen haben. Dann ist dieses brasilianische Model, Ana Carolina Reston, gestorben. Sie hat beim Tod nur noch 40 kg gewogen. Da hab' ich gedacht: Mist, du wiegst nur 2 kg mehr – was passiert mit dir? Heute wiege ich knapp über 50 kg. Meine Psychotherapeutin sagt, ich sei auf einem guten Weg, aber noch nicht geheilt. Ich werde nie übergewichtig sein – niemals!

Zwischen Rauchverboten und Legalisierungsdebatten

6 Meinungen zum Rauchen

M1 Also Leute, hier noch ein paar wichtige Informationen und statistische Angaben zum Thema Rauchen: Während in den Industrieländern die Zahl der Raucher fällt, erzielt die Zigarettenindustrie immer höhere Verkaufszahlen in den Entwicklungsländern. Weltweit rauchen mehr Männer als Frauen, in Korea fast 70%, in Russland 66%. Spitzenreiter bei den Frauen ist Dänemark mit 37%.

In Deutschland raucht ein Viertel aller Erwachsenen regelmäßig, etwa 34% aller Männer und ungefähr 23% aller Frauen. Überdurchschnittlich stark rauchen Bauarbeiter, Fernfahrer und Busfahrer, unterdurchschnittlich stark Lehrer, Ärzte und Apotheker.

In den alten Bundesländern rauchen weniger Männer als in den neuen Bundesländern, bei den Frauen ist es umgekehrt. Mädels, aufgepasst! Besonders Mädchen greifen in den letzten Jahren zunehmend zur Zigarette. In den neuen Bundesländern rauchen mehr Jugendliche zwischen 12 und 18 Jahren als in den alten – sowohl männlich als auch weiblich. Ungefähr 22% aller Männer und 13% aller Frauen rauchen mehr als 20 Zigaretten pro Tag.

Zusammenfassend ist zu sagen, dass Rauchen die häufigste vermeidbare Todesursache in den Industrieländern ist. Meine Zahlen sind vom Statistischen Bundesamt in Wiesbaden.

Die Rolle der Frau in Arbeit und Beruf

8 „Frauen in Führungspositionen"

F1 Frauen in Führungspositionen sind in Deutschland nach wie vor unterrepräsentiert. Knapp 47% aller Beschäftigten sind Frauen, aber nur 30% sind Führungskräfte. Bei den Top-Führungskräften ist die Situation noch extremer. Man schätzt, dass es in Deutschland zirka eine Million Personen gibt, die man als Top-Führungskräfte bezeichnen kann. Doch nur 21% sind Frauen. In den neuen Bundesländern ist die Situation für weibliche Führungskräfte in Industrieunternehmen deutlich besser. Zwar gibt es sowohl im Westen als auch im Osten mehr männliche Chefs, aber immerhin mit 42% in den neuen Ländern deutlich mehr weibliche Chefs als mit 32% in den alten Ländern. Interessant ist, dass die Chancen einer Frau, Karriere zu machen, stark von der Branche abhängen. Im Dienstleistungsbereich sind die Chancen 50:50, aber nur 14% aller Führungskräfte im Baugewerbe sind weiblich.

Die richtige Lebensbalance

12 Lebensbalance

ANSAGERIN Stress und seine Ursachen – Teil 1

M1 Frau Dr. Schlegel, was sind die Hauptursachen für Stress bei der Arbeit?

FRAU DR. SCHLEGEL Meiner Meinung nach ist es als erstes die Sorge um den Arbeitsplatz. Bei über 3 Millionen Arbeitslosen haben viele Leute Angst, ihre Stelle zu verlieren. Ein zweiter Faktor ist die Bedeutung der Arbeit. Das heißt, die Leute verbringen immer mehr Zeit auf der Arbeit und immer weniger zu Hause. Wenn beide Elternteile arbeiten, kann das zum Problem für die ganze Familie werden.

M1 Ist das in den letzten Jahren schlimmer geworden?

FRAU DR. SCHLEGEL Ja. Die Zahl der Überstunden hat zugenommen. Viele Leute verstehen sich schlecht mit ihrem Chef. Das Gehalt spielt keine so wichtige Rolle. Stattdessen finden es viele Frauen schwierig, Karriere zu machen, weil immer noch zu viele Unternehmen zu unflexibel sind.

…

ANSAGERIN Stress und seine Ursachen – Teil 2

M1 Gibt es Unterschiede zwischen Männern und Frauen beim Umgang mit Stress?

FRAU DR. SCHLEGEL Viele Männer hören das nicht besonders gerne. Aber Frauen sind deutlich belastbarer als Männer. Sie können sich besser auf neue Situationen einstellen, kommen besser mit Drucksituationen klar. Ein gutes Beispiel ist die Doppelbelastung Beruf – Familie. Viele Frauen erledigen nach der Arbeit ganz selbstverständlich die Hausarbeit. Sie kochen, waschen und putzen, bringen die Kinder ins Bett. Das bedeutet mehr Druck, aber Frauen haben Strategien, mit dem Druck umzugehen. Sie reden mehr über ihre Probleme und haben keine Angst, über ihre Probleme zu sprechen und sich helfen zu lassen. Da überrascht es nicht, dass Männer viel häufiger stressbedingt erkranken als Frauen.

14 Einen Ausgleich finden

ANSAGER Welche Rolle spielt Geld für dich? Andi

ANDI Geld regiert die Welt! Wer etwas anderes sagt, der ist ein Dummkopf. Ich möchte später reich sein, möchte mir etwas leisten können: ein tolles Haus, ein schnelles Auto, vielleicht eine Yacht. Man braucht nur eine gute Geschäftsidee oder muss im Fernsehen groß rauskommen. Im Lotto gewinnen wäre auch nicht schlecht, aber da stehen die Chancen schlecht. Mein Opa hat immer gesagt „Nur durch harte Arbeit wird man reich!" Opa, das war einmal! Geld bestimmt unseren Alltag, ob im Fernsehen mit den ganzen Glücksshows oder im Sport mit den vielen Sportmillionären.

ANSAGER Lisa

LISA Reich ist für mich ein relativer Begriff. Reich sein bedeutet nicht, automatisch viel Geld zu haben. Natürlich ist es schön, sich regelmäßig modische Kleidung zu kaufen und fünfmal im Jahr in den Urlaub zu fahren. Aber was nützen mir fünf Autos, ich kann nur in einem fahren. Und mehr als dreimal pro Tag gut essen und trinken kann ich auch nicht. Ich möchte genug für ein normales Leben: ein Haus, eine Familie mit Hund. Dafür muss ich mich anstrengen, muss Leistung zeigen und besser sein als andere, dann werde ich auch einen Beruf finden, der mir meinen gewünschten Lebensstandard finanziert.

ANSAGER Björn

BJÖRN Die Menschen, die nur ans Geld denken, vergessen, dass es viele Dinge gibt, die wichtiger als Geld sind. Viel entscheidender noch: Diese Dinge kann ich mir nicht für Geld kaufen. Das beste Beispiel ist Gesundheit: Was nutzen mir die Millionen, wenn ich arbeite wie ein Verrückter und dann stressbedingt umfalle und tot bin? Liebe und Freundschaft sind auch Sachen, die ich nicht für Geld bekomme. Reiche Leute fragen sich doch ständig: Mag er mich, weil ich reich bin oder weil ich ein netter Typ bin? Ich bin fest davon überzeugt, dass reiche Leute unglücklicher sind.

ANSAGER Yvonne

YVONNE Wenn ich mich mit Menschen in meinem Land vergleiche, dann bin ich arm. Aber wenn ich mich mit Menschen in Entwicklungsländern vergleiche, dann bin ich reich. Ich weiß, dass ich heute Nacht in einem Bett schlafen kann. Wenn ich morgen krank werde, dann gehe ich zum Doktor oder komme in ein Krankenhaus, wo mir geholfen wird. Ich habe genug zu essen und kann auf die Universität gehen und einen Beruf lernen. Was für uns selbstverständliche Realität ist, ist für andere Utopie! Das will keiner wissen, ist aber so.

Nationale und internationale Ereignisse der Vergangenheit

Der Zweite Weltkrieg

1 Bildunterschriften

M1 Die Deutschen haben eine radikale Lösung der sozialen Probleme in Deutschland gesucht, die von Adolf Hitler versprochen worden war. Im Januar 1933 ist er zum Reichskanzler ernannt worden.

F1 Sieben und A.

M1 Weniger als einen Monat später hat der Reichstag, das Symbol der deutschen Demokratie, gebrannt.

F1 Vier und B.

M1 Die Verfolgung der Juden hat begonnen, sich durch das Land zu verbreiten, und hat am 9. November 1938 einen erschreckenden Punkt erreicht, als Synagogen in ganz Deutschland in der Kristallnacht niedergebrannt sind.

F1 Zehn und C.

M1 Im September 1939 hat der Zweite Weltkrieg begonnen, als Deutschland Polen angegriffen hat.

F1 Fünf und D.

M1 Sechs Jahre später, im Jahre 1945, ist der Krieg endlich zu Ende gegangen, nachdem Hitler Selbstmord begangen hatte.

F1 Elf und E.

M1 Die vier Alliierten wollten zusammen in Deutschland arbeiten, aber es hat nicht lange funktioniert. Um zu versuchen, die USA aus West-Berlin zu verdrängen, hat die Sowjetunion alle Verkehrswege nach West-Berlin durch die sowjetische Zone gesperrt. Gleich darauf ist 1948 die Luftbrücke entstanden, die die ganze Stadt mit allem Nötigen versorgt hat.

F1 Acht und F.

M1 Wegen der Probleme zwischen den Alliierten sind ein Jahr später, im Jahre 1949, die Bundesrepublik und die DDR gegründet worden.

F1 Eins und G.

M1 Die Ostdeutschen waren mit ihrem Leben nicht so zufrieden und 1953 gab es einen Aufstand in Ost-Berlin, der von den Truppen der Sowjetunion und der DDR niedergeschlagen wurde.

F1 Drei und H.

M1 Da viele DDR-Bürger das Land verlassen wollten, hat die DDR im August 1961 die Mauer gebaut.

F1 Neun und I.

M1 28 Jahre lang bis 1989 hat diese Mauer die Stadt getrennt.

F1 Zwei und J.

M1 Am 3. Oktober 1990 ist Deutschland schließlich wiedervereinigt worden!

F1 Sechs und K.

3 Die HJ und der BDM

ANSAGER Zwei Geschwister, Ernst und Gudrun, sprechen miteinander über die HJ und den BDM:

ERNST Du, Gudrun, ich weiß wirklich nicht, warum du heute nicht zum BDM gegangen bist. Es war alles ganz toll, was wir gemacht haben.

GUDRUN Weißt du, Ernst, ich will eigentlich nicht, denn du weißt, dass ich nicht besonders sportlich bin und gerne was anderes mache.

ERNST Na ja, unser Gruppenführer meint, dass alle Jugendlichen mitmachen sollten. Und die Mädels beim BDM können als gute deutsche Mütter und Hausfrauen vorbereitet werden. Er meinte, Deutschland brauche starke Männer und auch Frauen, die gute Ehen führen.

GUDRUN Warum, um Gottes Willen?

ERNST Also, ich glaube, dass wir Männer ein neues Deutschland aufbauen müssen und unsere Frauen uns und dem Führer viele Kinder schenken müssen.

GUDRUN Was erzählst du denn hier! Ich dachte, die HJ wäre eigentlich die Gelegenheit, Sport zu treiben und Spaß zu haben. Was soll das mit Deutschlands Zukunft zu tun haben?

ERNST Weiß ich eigentlich nicht genau, aber wir haben gelernt, dass wir die Zukunft Deutschlands sind und dass wir ein besseres arisches Land aufbauen müssen.

GUDRUN Was meinst du mit arisch?

ERNST Ja, wir haben alle in der Schule gelernt, dass wir Deutschen die reinste Rasse auf der Welt sind und dass wir stolz auf Deutschland sein sollten. Andere Rassen wie die Juden wollen Deutschland zerstören.

GUDRUN Was für einen Quatsch redest du da! Hast du vielleicht vergessen, dass Herr Jakob nebenan Jude ist? Er hat im Ersten Weltkrieg gekämpft! Wie kannst du sagen, dass er Deutschland zerstören will?

ERNST Weiß ich nicht, aber ich glaube nicht, dass unsere Lehrer uns belügen würden. Auf jeden Fall bin ich der Meinung, dass du mit mir zum BDM gehen solltest.

GUDRUN Ehrlich gesagt, Ernst, wenn solcher Unsinn erzählt wird, bleibe ich lieber zu Hause und helfe im Garten.

Das geteilte Deutschland

7 Ankunft der Alliierten

LISA Oma, wir haben heute in der Schule über das Ende des Krieges gesprochen. War das, als du Opa kennen gelernt hast?

FRAU LONG Ja, klar. Es war ein paar Monate nach dem Kriegsende, als dein Opa in Hamburg stationiert war.

LISA Hast du viel Kontakt zu den britischen Soldaten gehabt?

FRAU LONG Am Anfang nicht, da die britischen Soldaten nicht so viel mit uns sprechen sollten.

LISA Warum nicht?

FRAU LONG Na ja, ich glaube, wir waren der Feind gewesen, und es war besser, ein bisschen Distanz zu halten. Aber ich bin so glücklich, dass wir nicht in der russischen Zone lebten, weil die Russen sehr grausam mit den Deutschen umgegangen sind.

LISA Warum denn?

FRAU LONG Weißt du, die Russen hatten sehr sehr viel im Hitlerkrieg gelitten, und ich glaube, Rache war der Hauptgrund.

LISA Was hast du gedacht, als du Opa zum ersten Mal gesehen hast?

FRAU LONG Obwohl wir kurz davor Feinde gewesen waren, war es für uns beide Liebe auf den ersten Blick! Er hat mit mir gesprochen und mir war kribbelig im Bauch! Aber ehrlich gesagt, ich dachte, er würde uns Deutsche alle hassen, nachdem er das alles in dem Konzentrationslager gesehen hatte.

LISA Ja, aber du hattest persönlich nichts gemacht. Und du hast auch in Hamburg gewohnt! Wie war das Leben damals in Hamburg?

FRAU LONG Es war ganz schön hart! Ein großer Teil der Stadt war zerbombt worden und es gab nur wenig zu essen. Der Winter nach dem Krieg war sehr kalt und viele Leute sind gestorben.

LISA Wann bist du nach England gekommen?

FRAU LONG Opa und ich haben uns im Sommer 1946 verlobt und einen Monat später kam ich mit ihm nach Manchester! Dann hat Opa die Arbeit in Stuttgart bekommen und wir sind 1955 wieder nach Deutschland gezogen!

13 Stasi!

ANSAGER Interview zwischen Michael Bradler und einer Journalistin.

JOURNALISTIN Guten Tag Herr Bradler! Sie sind in der DDR aufgewachsen?

MICHAEL BRADLER Ja, ich bin 1961 in Berlin geboren und bei meinen Großeltern aufgewachsen, weil meine Mutter schon 1970 verstorben war.

JOURNALISTIN Stimmt es, dass Sie Probleme mit den Behörden gehabt haben?

MICHAEL BRADLER Allerdings! Nachdem meine Großeltern die Erlaubnis bekamen, in die Bundesrepublik umzuziehen – Rentner konnten relativ problemlos die DDR verlassen –, wollte ich auch in den Westen und habe einen Ausreiseantrag gestellt. Der wurde mehrfach abgelehnt. Ich habe ein paar Jahre später einen Freund in Prag getroffen, um über meine Ausreise zu sprechen.

JOURNALISTIN Und das war für die Stasi sehr verdächtig?

MICHAEL BRADLER Ja, aber mein Vater war es, der mit der Stasi sprach und verlangte, dass ich in die Armee eingezogen werden sollte!

JOURNALISTIN Ihr Vater! Das ist ja unerhört!

MICHAEL BRADLER Vielleicht, aber wahr ist es! Ich musste mehrmals zur Stasi, um verhört zu werden, aber schließlich hatte ich genug. Meine Anträge wurden immer abgelehnt und ich ging einfach zur Grenze in der Sonnenallee. Ich sagte dem Grenzpolizisten, ich wollte die DDR verlassen und zu meinen Großeltern nach West-Berlin gehen. Auf der Stelle wurde ich verhaftet und kam ins Gefängnis, wo ich sieben Stunden lang verhört wurde.

JOURNALISTIN Was hatten Sie denn falsch gemacht?

MICHAEL BRADLER Ja, man hatte in der DDR nicht das Recht, das Land zu verlassen. Mir wurde erzählt, ich müsste wegen Landesverrats 12 Jahre ins Gefängnis.

JOURNALISTIN Und haben Sie wirklich so viel Zeit in Hohenschönhausen verbracht?

MICHAEL BRADLER Zum Glück nicht! Nach neun Monaten schob man mich in die Bundesrepublik ab. Ich konnte endlich zu meinen Verwandten gehen.

JOURNALISTIN Und wo wohnen Sie jetzt?

MICHAEL BRADLER Ich wohne hier in Berlin und arbeite an der Gedenkstätte Hohenschönhausen.

JOURNALISTIN Vielen Dank für das Gespräch, Herr Bradler!

MICHAEL BRADLER Bitte schön!

Gastarbeiter, Ausländer, Aussiedler

14 Willkommen in Deutschland?!

JOURNALIST Hallo Irfan! Als junger Türke hier in Stuttgart, wie gefällt es dir, hier zu wohnen?

IRFAN Ja, alles in allem gefällt es mir gut, aber ich muss sagen, dass es für uns Türken immer noch Probleme gibt.

JOURNALIST Ja, zum Beispiel?

IRFAN Zum Beispiel sind nicht alle integriert und manche können immer noch kein Deutsch sprechen.

JOURNALIST Du bist aber in Deutschland geboren, oder?

IRFAN Ja, klar, und ich fühle mich als Deutscher. Ich habe die doppelte Staatsangehörigkeit – das heißt, ich habe einen deutschen und einen türkischen Pass.

JOURNALIST Wann ist deine Familie nach Deutschland gekommen?

IRFAN Mein Großvater hat hier in Stuttgart arbeiten wollen. Er hatte einen Bekannten, der sechs Monate davor nach Deutschland hat kommen können. Er meinte, man würde gut Geld verdienen können.

JOURNALIST Und wie war es für deinen Opa?

IRFAN Weißt du, zuerst war es nicht so toll. Mein Opa hat in einem Heim wohnen müssen und er hatte wenig Kontakt zu Deutschen. Die Sprache war auch ein Problem.

JOURNALIST Hat er inzwischen die Sprache gelernt?

IRFAN Eigentlich nicht! Nach sechs Monaten ist meine Oma auch nach Stuttgart gekommen und weder er noch sie können viel Deutsch sprechen. Sie bleiben meistens mit anderen Türken zusammen.

JOURNALIST Wie findest du das?

IRFAN Eigentlich nicht so gut. Sie leben doch in Deutschland, oder?

JOURNALIST Aber dein Vater spricht gut Deutsch?

IRFAN Ja, er hat Deutsch in der Schule gelernt. Davor hat er die deutsche Sprache aber nicht gekonnt und zu Hause hat er nur Türkisch sprechen dürfen!

JOURNALIST Fühlt er sich also eher als Türke?

IRFAN Ich meine ja. Ich glaube, erst in meiner Generation beginnen die Türken, sich als Deutsche zu fühlen. Ich habe eine deutsche Freundin und das ist meiner Familie ganz recht.

JOURNALIST Finde ich auch toll. Also Irfan, danke für das Gespräch und alles Gute!

IRFAN Ja, bitte sehr.

Interessen und Sorgen der Jugend/Unsere Welt

Obdachlosigkeit

3 Crashkurs Obdachlos in Berlin

F1 Meine Obdachlosigkeit beginnt um acht Uhr morgens in einem Schlafzimmer. Es riecht nach Männerschweiß und Kaffee. Acht Verkäufer des „Straßenfegers" haben hier übernachtet. Gerade sind sie aufgestanden, haben das Sofa zusammengeklappt, die Matratzen zur Seite geräumt und den Frühstückstisch gedeckt. Aus der Notübernachtung ist wieder das Redaktionsbüro der Obdachlosenzeitung geworden. Die Männer hängen müde auf ihren Stühlen. Neugierig mustern sie mich. „Hast du schon eine Geschichte, wieso du auf der Straße lebst?", fragt einer. Ich habe keine. „Weißt du schon, wo du pennen willst?" Ich weiß es nicht. „Wie willst du an Kohle kommen?" „Ich verkaufe den Straßenfeger." Zwei Tage zuvor hatte ich mich angemeldet beim „Crashkurs Obdachlos". Kann nicht so schlimm sein, habe ich gedacht: sich einmal 24 Stunden lang vom gewohnten Leben abzuschneiden. Auszuprobieren, was das heißt: kein Geld, kein Besitz, kein Zuhause. Bevor ich auf die Straße gehe, werde ich eingekleidet. Auf der Toilette tausche ich meine Jeans gegen eine dunkelblaue Cordhose, die zu weit ist. Meinen Pullover tausche ich gegen einen verwaschenen Wollrolli, der zu eng ist. Darüber ziehe ich einen kurzen, schwarzen Mantel. Ich gucke in den Spiegel. Alles ist sauber, alles ist alt, alles ist hässlich. „Sieht doch gut aus", sagt einer, als ich ins Büro komme. Ich lächele hilflos. Auf der Straße laufe ich immer an den Häuserwänden entlang. Ich erinnere mich, wie ich neulich selbst Altkleider weggebracht habe. Dabei habe ich gedacht: „Endlich weg mit dem Mist." Sieht man, dass ich trage, was ein anderer aussortiert hat? Im Rucksack liegt mein Schlüssel, in meinem Strumpf stecken 20 Euro. Doch mir ist, als gäbe es sie gar nicht, denn die fremde Kleidung hat die Verbindung zu meinem alten Leben gelöst. Sie hat mich obdachlos gemacht.

Werbung

5 Deutsche Werbung

PERSON 1 Ich finde Werbung total entnervend. Ich könnte mir gut vorstellen, dass ich ganz ohne Werbung leben könnte. Es gibt einfach zu viel Werbung – im Fernsehen, in der Presse, im Internet und auf der Straße – überall gibt es Werbung.

Ich habe gerade gelesen, dass es bald auch Werbung in unseren Taxis in Berlin geben wird. Und nicht nur ein paar Plakate oder so… nein… jedes Taxi soll jetzt einen Flachbildschirm bekommen, worauf sich der Fahrgast dann Nachrichten oder Musikvideos anschauen kann. Schön, aber das soll alles über Werbung finanziert werden. Ich bin total dagegen.

PERSON 2 Ich bin eigentlich nicht gegen Werbung. Ich finde zum Beispiel viel Werbung im Fernsehen lustig und wenn ich mal eine Zeitschrift lese, dann brauche ich nicht jede Werbung mitzulesen. Gute Werbung bringt ein bisschen Farbe ins Leben.

Ich finde es aber auch vernünftig, dass es Produkte gibt, für die keine Werbung gemacht wird, und dass es Orte gibt, wo keine Werbung erlaubt ist. Ich bin zum Beispiel damit einverstanden, dass es keine Werbung im Fernsehen für Zigaretten gibt, denn sie sind ja gesundheitsschädlich.

Ich bin auch im Prinzip dagegen, dass Firmen innerhalb von Schulen werben dürfen. Es ist nicht so schlimm, wenn eine Firma kostenlose Schreibblöcke anbietet… oder so… aber das würde für mich dann reichen.

Cyber Dating/Einkaufen im Internet/Teleshopping

11 Dating online

TOBIAS Eigentlich wollte ich schon das Handtuch werfen, nachdem das erste Date von der Agentur nichts geworden war. Aber wie aus dem Nichts tauchte eine superlange Kontaktanfrage – es waren ganze zwei Seiten – aus Berlin auf. Es war schon eine Überraschung, da ich eigentlich nur im Süden gesucht habe. Wir hatten fast hundert Matching-Punkte.

Anfangs war ich mir etwas unsicher, ob das was werden könnte bei dieser Entfernung – es sind ja schließlich über 600 Kilometer. Nachdem wir aber zwei Wochen intensiven Mailkontakt hatten und uns kurz am Telefon sprachen, war ich dann doch so neugierig und habe mich kurz entschlossen in den Zug gesetzt und bin hochgefahren. Und schon die Begrüßung war sehr herzlich und innig – für uns beide war es wirklich Liebe auf den ersten Blick. Noch auf dem Bahnsteig wusste ich, die ist es!

Jetzt seit Juni sehen wir uns an den Wochenenden, entweder hier bei mir in Stuttgart oder bei Imke in Berlin. Wir wecken einander morgens per Telefon und erzählen uns abends Gute-Nacht-Geschichten. Imke wird bald in den Süden ziehen, damit wir uns näher sind. Auch wenn Hochzeit, Kinder und die gemeinsame Zukunft eigentlich noch ein wenig Zeit haben, sind wir fest davon überzeugt, den Weg gemeinsam doch recht flott zu bestreiten, da wir keinen Grund sehen, noch lange warten zu müssen. Die Gewohnheiten passen, und in allen anderen Dingen ergänzen wir uns großartig.

Wenn ich damals nicht nach Berlin hochgefahren wäre, hätten wir uns nie so schnell kennen gelernt.

Tiere in Gefahr/Regenwald

14 Die Arbeit der „World Rainforest Movement"

ANSAGERIN Baum-Plantagen sind keine Wälder

M1 Ich arbeite bereits seit einigen Jahren für die World Rainforest Movement (WRM). Jeder von uns im Sekretariat hat ein spezielles Arbeitsgebiet, aber bei der Planung arbeiten wir als Team zusammen. Wir trinken dabei immer viel Mate-Tee, das ist unser traditionelles Getränk.

Wir konzentrieren uns auf den Schutz der tropischen Wälder, denn diese Ökosysteme betreffen die Menschen, die in ihnen leben. Wir versuchen den Bewohnern, die von diesen Wäldern abhängig sind, eine Stimme zu geben, um sie in ihrem Kampf gegen die Waldzerstörung zu unterstützen. Die Zerstörung der Wälder bedroht ihre Lebensgrundlage.

In diesem Zusammenhang kritisieren wir die industriellen Baum-Plantagen, für die immer noch natürliche Wälder abgeholzt werden. Besonders problematisch finden wir, dass die FAO diese Plantagen als eine Art Wald definiert. Vor einigen Jahren haben wir die Kampagne „Baum-Plantagen sind keine Wälder" gestartet, mit der wir gegen die rasante Zunahme dieser Plantagen weltweit protestieren, weil sie schlimme soziale Probleme zur Folge haben und die Umwelt massiv belasten.

Wir haben keine leichte Aufgabe. Wir glauben aber fest daran, dass eine andere Welt, in der soziale Gerechtigkeit und der Schutz der Umwelt verwirklicht werden, möglich ist.

15 Antilopen

ANSAGER Tod in der Dunkelheit

F1 Forscher von dem Institut für Zoo- und Wildtierforschung in Berlin haben einen überraschenden Effekt der globalen Klimaerwärmung in Südafrika gefunden. Es handelt sich hier um die Antilopen. Zurzeit gibt es eine ungewöhnliche Hitze in Südafrika und die Tiere reagieren darauf, indem sie abends und in der Nacht fressen. Die Forscher haben Peilsender an den Tieren befestigt, damit sie den Tieren in der Nacht folgen können. Das Problem für die Antilopen ist, dass sie bei Dunkelheit zu einer leichten Beute für Raubtiere werden. Die Tiere sehen nachts ihre Feinde einfach zu spät. Tierforscherin Anne Berger warnt davor, dass ganze Populationen der Huftiere durch die Erwärmung der Erdatmosphäre aussterben könnten.

Atompolitik in Deutschland

18 Die Atompolitik von Greenpeace

INTERVIEWERIN Warum sind Sie der Meinung, dass es große Probleme bei den deutschen Atomkraftwerken gibt?

SPRECHER Wissen Sie, kein Atomkraftwerk ist absolut sicher. Seit 1986, also seit der Explosion des Atomkraftwerks in Tschernobyl, ist in Deutschland kein Atomkraftwerk sicherer geworden. Die alten Reaktoren sind zum Teil mehr als 25 Jahre am Netz und sie laufen weiter. Wir wissen, dass die Versprödung der Reaktoren und die Ermüdung der Materialien zunehmen.

INTERVIEWERIN Wäre eine Explosion in Deutschland genauso gefährlich wie die in Tschernobyl?

SPRECHER Sebstverständlich. Deutschland ist ein dicht besiedeltes Land und ein Supergau wie in Tschernobyl würde eine riesige Katastrophe auslösen. Hamburg zum Beispiel ist von Atomkraftwerken umgeben, das Ballungszentrum Mannheim/Heidelberg sogar von sechs.

INTERVIEWERIN Wie ist es denn mit dem radioaktiven Müll?

SPRECHER Beim Betreiben eines Atomkraftwerks fällt hochradioaktiver Müll an. Dieser Müll kann weltweit immer noch nicht sicher gelagert werden. Kein Land der Erde weiß, wo man diesen Müll für hunderttausende von Jahren sicher unterbringen kann, denn bei solchen Zeitdimensionen weiß man nicht, für wie lange geologische Formationen halten. Und mit jedem Tag produzieren die Atomkraftwerke mehr Müll. Allein die 17 deutschen AKWs produzieren pro Jahr 400 Tonnen hochradioaktiven Müll.

INTERVIEWERIN Der Müll von den Atomkraftwerken soll in dem Salzstock Gorleben gelagert werden, oder?

SPRECHER Der Salzstock Gorleben kommt immer wieder als Endlager ins Gespräch. Es wäre kein sicherer Lagerplatz für hochradioaktiven Müll. Die Abdichtung zum Grundwasser ist nicht überall gewährleistet. Dass trotzdem an dem Standort festgehalten wird, hat rein politische Gründe.

INTERVIEWERIN Wie würden Sie also den Standpunkt von Greenpeace zusammenfassen?

SPRECHER Egal, welche Partei an der Macht ist – Atomkraft ist keine Lösung für unsere Energieversorgung! Die Technologie ist zu gefährlich, wir müssen aussteigen, so schnell wie möglich!

Nationale und internationale Ereignisse der Gegenwart

Entwicklungsländer

2 Uganda-Tagebuch

KATHRIN Donnerstag, den 13. September.

Die Vorbereitungen laufen auf Hochtouren. Es sind nur noch sechs Tage bis zum Abflug. Nach Jahren bereise ich endlich wieder den afrikanischen Kontinent. Gespannt bin ich auf die Projekte, die ich bislang nur vom Papier kenne. Ich freue mich darauf, die Menschen, mit denen ich bislang per E-Mail Kontakt hatte, kennen zu lernen.

Mittwoch, den 19. September.

Der Flug war gut, die Verbindung in Dubai klappt hervorragend und nach einer kurzen Zwischenlandung in Addis Abeba, fliege ich endlich in einer kleinen Maschine weiter.

Vom Flieger sieht das Land viel grüner aus als erwartet, mit viel Wasser. Nach dem Regen sind die Seen gefüllt, von den Überflutungen kann ich aber auf dieser Flugroute nichts sehen.

Sonntag, den 23. September.

Gleich frühmorgens fahre ich zu einem Dorf in der Nähe. Mit einem Jeep geht es über zwei Stunden – nur 28 Kilometer – auf einem engen Feldweg dorthin. Father Pelegrine erklärt auf der Fahrt die rudimentäre medizinische Versorgung der Gegend. Endlich sind wir in Ibana. Hier gibt es ein staatliches und ein von Missionaren geführtes Hospital. Die Leute bevorzugen das der Missionare, da dort Medizin und Ärzte vorhanden sind, während im staatlichen Hospital so genannte „Ghost-Doctors" angestellt sind. Die Ärzte sind schlecht bezahlt und deshalb häufig nicht anwesend.

Dienstag, den 25. September.

Vormittags besichtige ich das Brunnenbau-Projekt von Emesco. Ziel war, vorhandene Quellen auszubauen, damit die Leute ganzjährig sauberes Wasser haben. Ein Brunnen versorgt zwischen sechs und 30 Familien mit Wasser. Zusätzlich wurden die Menschen in Hygiene geschult, da viele Krankheiten ganz einfach zu vermeiden sind: Zum Beispiel Hände waschen nach dem Toilettengang und in einem separaten Gebäude kochen.

Unterwegs sehe ich plötzlich mehrere runde Lehmhütten: Es ist eine Grundschule. Über 100

Kinder werden dort und im angeschlossenen Kindergarten betreut. Ich darf die offenen Räume besichtigen. Der Direktor erklärt, dass die Eltern für die Schule ein Schulgeld bezahlen. Hat eine Familie noch zwei Elternteile, sind es je nach finanzieller Situation etwa 4 Euro.

Rassismus

5 Radiobericht Mügeln

MODERATOR Dieses Altstadtfest werden sie in Mügeln in Sachsen so schnell wohl nicht vergessen. Spät in der Nacht zum Sonntag jagte eine Gruppe von etwa 50 deutschen Jugendlichen acht Inder durch die Gassen des Städtchens und brüllte dabei rechtsradikale Parolen. Das Ganze endete mit einer wilden Prügelei auf dem Marktplatz. Ein Großaufgebot von 60 Polizisten musste dazwischen gehen. Die acht Inder, vier Angreifer und zwei Polizisten wurden verletzt und der Ruf von Mügeln ist nun ziemlich ruiniert. Am Telefon ist Heiko Funke, Experte für Rechtsextremismus, Professor für Politik und Kultur an der FU in Berlin. Herr Funke, hat Sie das überrascht, was am Wochenende in dieser sächsischen Kleinstadt passiert ist?

HEIKO FUNKE Eigentlich nicht, weil das zu den typischen Erscheinungsformen des Rechtsextremismus in Teilen Ostdeutschlands gehört.

MODERATOR Wie normal ist es inzwischen in Ostdeutschland, ein Rechter zu sein?

HEIKO FUNKE Das ist verbreitet, besonders in den Städten. Leute sprechen nicht darüber in der Öffentlichkeit. Aber die Fremdenfeindlichkeit ist verbreitet.

MODERATOR Kann man das in Zahlen ausdrücken?

HEIKO FUNKE Ja, es gibt Umfragen, die zeigen, dass Fremdenfeindlichkeit bei etwa 40% der Bevölkerung vorkommt. Das variiert dann von Bundesland zu Bundesland noch einmal und auch je nach Aktivität. Am Arbeitsplatz kommt es öfters vor.

MODERATOR Apropos Aktivität, sind diese rechten Gruppen wie im Fall Mügeln irgendwie organisiert?

HEIKO FUNKE Offenbar gab es zuvor Aktivitäten, die auf dieses Fest abzielten, also in diesem Sinne, ja. Auch die Rufe, die hier geäußert wurden, lassen erkennen, dass hier nationaler Widerstand oder eine neonazistische Gesinnung herrscht.

MODERATOR Aber es muss ja sozusagen... einen Anstifter gegeben haben, der irgendwann gesagt hat, wir gehen auf dieses Fest?

HEIKO FUNKE Es gibt natürlich Leute, die provozieren. Das sind organisierte Gruppen außerhalb und innerhalb der NPD. Außerhalb sind es die neonazistischen Kameradschaften.

6 Rassismus und Fußball: Die Meinungen der Fans

INTERVIEWER Herr Gatti, am Wochenende wurde in Brandenburg ein Schiedsrichter niedergeschlagen und türkische Jugendspieler verprügelten ihre Gegenspieler. Überraschen Sie solche Vorfälle?

MARTINO GATTI Nein. Schon in den letzten Jahren ging es auf und am Rande von Fußballplätzen immer aggressiver zu. Besonders intensiv erlebe ich das, seit ich in der Oberliga Nordost für den Berliner Club SV Yesilyurt spiele. Bei den Auswärtsbegegnungen in Mecklenburg-Vorpommern und Brandenburg herrscht uns gegenüber häufig eine äußerst feindselige Stimmung.

INTERVIEWER Sie selbst sind italienischer Herkunft, Ihr Verein hat türkische Wurzeln. Was erwartet ein ausländisches Team im Osten?

MARTINO GATTI Anfeindungen und Beleidigungen jeglicher Art. Wir werden von Gegenspielern, Schiedsrichtern und Zuschauern beschimpft. Vor, während und nach dem Spiel. Egal, ob wir gewonnen oder verloren haben.

INTERVIEWER Was passiert genau?

MARTINO GATTI Es fängt an, wenn wir mit dem Bus ankommen. Dann brüllen zuweilen schon einige: „Die blöden Kanaken kommen." Während des Spiels nehmen die Beschimpfungen zu. Besonders schlimm ist es, wenn wir gewinnen. Dann herrscht eine extrem aggressive Atmosphäre. In Neustrelitz wollten uns die gegnerischen Spieler daran hindern, zu duschen. Einmal mussten wir nach Spielschluss eine halbe Stunde im Bus warten, bis die Polizei den Mob beruhigt hatte und wir nach Hause fahren konnten.

INTERVIEWER Werden Sie von den Schiedsrichtern geschützt?

MARTINO GATTI Die Schiedsrichter greifen viel zu wenig ein. Sie hören reihenweise weg. Beschwert man sich deshalb, riskiert man eine gelbe Karte. Selbst ein Linienrichter hat einmal zu unseren Leuten auf der Bank gesagt: „Geht doch dahin zurück, wo ihr herkommt."

Gewalt, Verbrechen und Terrorismus

8 Internationaler Terrorismus: Die Ermordung Benazir Bhuttos

M1 Islamabad.

Nach der Ermordung der Oppositionsführerin Benazir Bhutto ist es in ganz Pakistan zu schweren Unruhen gekommen, bei denen mehrere Menschen getötet wurden. Betroffen waren vor allem Bhuttos Heimatprovinz Sindh und die Millionenstadt Karachi. Autos und Regierungsgebäude wurden in Brand gesteckt, Autos geplündert und Straßen mit brennenden Reifen blockiert. Der Leichnam Bhuttos wurde zur Beisetzung in den Süden Pakistans geflogen. In ihrem Heimatort Garhi Khuda Bakhsh soll sie im Laufe des Tages im Familiengrab beigesetzt werden. Präsident Pervaz Musharaf rief die Bevölkerung zur Ruhe auf und ordnete eine dreitägige Staatstrauer an. Am achten Januar als Termin für die Parlamentswahl will die Regierung jedoch festhalten. Der frühere Premierminister Narwaz Sharif, ein politischer Rivale Bhuttos, rief zum Boykott der Wahl auf. Mehrere Medien berichten, das Terroristennetzwerk Al-Kaida habe sich zur Ermordung Bhuttos bekannt. Bhutto war am Donnerstag in Rawalpindi nach einer Wahlkampfveranstaltung erschossen worden. Der Attentäter feuerte mehrmals auf die Vierundfünfzigjährige, sprengte sich dann in die Luft und riss dabei mindestens zwanzig Menschen mit in den Tod.

Werke der deutschen Literatur

7 „Die Bremer Stadtmusikanten"

F1 Ein Mann hatte einmal einen Esel, der schon lange Jahre die Säcke zur Mühle getragen hatte. Aber der Esel wurde älter und konnte seine Arbeit nicht mehr machen. Sein Herr wollte ihn totschlagen, aber der Esel lief fort und machte sich auf den Weg nach Bremen. Dort, meinte er, könnte er Stadtmusikant werden.

Nach einer Weile fand er einen Hund neben dem Wege liegen. Er war müde nach dem Laufen und war außer Atem. „Was ist denn los?" fragte der Esel.

„Ach", sagte der Hund, „weil ich jeden Tag schwächer werde und nicht mehr jagen kann, wollte mich mein Herr totschlagen. Deswegen bin ich weggelaufen. Aber wie soll ich nun mein Brot verdienen?"

„Weißt du was", sprach der Esel, „ich gehe nach Bremen und werde dort Stadtmusikant, komm mit und du kannst auch Musik machen." Der Hund war zufrieden und sie gingen weiter.

Etwas später sahen sie eine Katze, die neben dem Weg saß und ein so trauriges Gesicht machte. „Na, was ist mit dir los?" fragte der Esel.

„Meine Zähne werden stumpf", antwortete die Katze. „Ich sitze lieber hinter dem Ofen, als nach Mäusen zu jagen. Deswegen hat mich mein Frauchen ersäufen wollen. Ich bin weggelaufen, aber wo soll ich jetzt hin?"

„Geh mit uns nach Bremen, da kannst du Stadtmusikant werden!"

Die Katze hielt das für gut und ging mit.

Ein bisschen später kamen die drei Tiere an einem Hof vorbei. Da saß auf dem Tor ein Hahn und schrie, so laut er konnte.

„Warum schreist du denn so?" sprach der Esel.

„Am Sonntag kommen Gäste", sagte der Hahn, „und die Köchin hat gesagt, sie will Suppe aus mir machen und mir heute Abend den Kopf abschneiden."

„Ach was", sagte der Esel, „zieh lieber mit uns fort. Wir gehen nach Bremen. Du hast eine gute Stimme und wenn wir zusammen musizieren, so wäre dies wohl fantastisch." Dem Hahn gefiel der Vorschlag und sie gingen alle zusammen fort.

Sie konnten aber die Stadt Bremen in einem Tag nicht erreichen und kamen abends in einen Wald, wo sie übernachten wollten.

In der Ferne sah der Hahn das Licht eines Hauses. „Da müssen wir hin", sagte er.

Der Hund meinte, man könnte dort ein paar Knochen und etwas Fleisch bekommen. Also machten sie sich auf den Weg, bis sie das Haus erreichten.

Der Esel näherte sich dem Fenster und schaute hinein. „Was siehst du?" fragte der Hahn.

„Was ich sehe?" antwortete der Esel. „Einen gedeckten Tisch mit schönem Essen und Trinken. Aber Räuber sitzen daran."

„Das wäre was für uns", sprach der Hahn. „Ja, ja", sagte der Esel.

Die Tiere besprachen einen Plan, wie sie die Räuber hinausjagen könnten, und fanden endlich ein Mittel.

Der Esel musste sich mit den Vorderfüßen auf das Fenster stellen, der Hund auf den Rücken des Esels springen, die Katze auf den Hund klettern und dann flog der Hahn hinauf und setzte sich auf den Kopf der Katze.

Als sie das gemacht hatten, fingen sie an, zu musizieren. Der Esel schrie, der Hund bellte, die Katze miaute und der Hahn krähte.

Dann stürzten sie durch das Fenster in die Stube hinein. Die Räuber meinten, ein Gespenst käme herein, und flohen voller Furcht in den Wald hinaus.

Nun setzten sich die vier Tiere an den Tisch und aßen, als ob sie vier Wochen lang nichts gegessen hätten. Und weil sie müde waren von ihrem langen Weg, schliefen sie sofort ein.

Und es gefiel den vier Bremer Stadtmusikanten in dem Haus so gut, dass sie den Rest ihres Lebens dort blieben.

Extension activities answers

Musik und Mode

8 MP3 (p. 7)

B 💬 Using these questions, it should be possible to engage students in a discussion on MP3 players and data, building on the information and points of view given in the listening extract.

9 Schöne Männer braucht das Land (p. 8)

B 📖 💬 These questions would allow for a more general discussion of the pros and cons of life and work in the fashion industry.

Technologie

13 Fernsehen: Macht es schlechte Augen? (p. 13)

B 📖 💬 The questions on the copymaster offer students the opportunity to engage in discussion on the positive and negative aspects of television as a medium and to evaluate their own habits with regard to watching the television. They should be encouraged to use the reading text as a starting point for their opinions, integrating the vocabulary met there into their responses.

C ✏ This offers a more formal writing task, in the format that students will meet in section C of AS level Unit 2. Most students might find it challenging to write 200–220 words at this early stage, so a reduced word count might produce a more positive outcome. It would be appropriate to explain that the content criteria are looking for evidence that all four bullet points have been addressed with some development, and that the language criteria reward a variety of both lexis and structure, although of course students might not be able to offer such a variety at this early stage.

Since this is the first task of this kind, students might find it more helpful to work through the bullet points as a group activity before going off to write their article. The bullet points draw together ideas raised in the reading text and aired in the discussion.

Alkohol, Drogen und Sex

18 Weihnachten hinter Gittern? (p. 17)

C 📖 💬 These short articles (headlines, really) provide another opportunity to discuss other, perhaps more commonplace, aspects of teenage sexuality.

Extension activities answers

Sport und Fitness

4 Trendsport (p. 25)

 A comprehension exercise in which students answer a number of questions in the text.

Suggested answers

1. Als erstes hat sie Judo und Kickboxen gemacht, dann hat sie mit dem Boxen begonnen.

2. Als Profi-Boxerin hat sie nur einen Kampf verloren, im April 1994 gegen eine Amerikanerin.

3. Sie hat 56 Kämpfe gehabt, davon hat sie 54 gewonnen und es gab ein Unentschieden. Zwölf Jahre lang hat sie keinen Kampf verloren und blieb so Weltmeisterin.

4. Viele Leute haben sie nicht ernst genommen oder belächelt, als sie mit dem Boxen angefangen hat. Sie dachten wohl, dass Boxen kein Sport für Frauen sei.

5. Sie möchte weiterhin im Boxsport arbeiten, allerdings als Fernsehmoderatorin bei großen Kämpfen.

After reading the text, students do a gap-fill exercise on key terms of the text.

1. Amateur

2. Unentschieden

3. Niederlage

4. Experiment

5. Disziplin

6. populär

A discursive task to discuss various aspects of competitive sport in today's society. Students should stick to the questions provided.

Thema Ernährung

9 Gesünder essen und trinken (p. 29)

Students decide who says what.

1. Dirk   5. Tanja
2. Jule   6. Dirk
3. Sandra   7. Jule
4. Tanja   8. Sandra

A comprehension task in which students answer a number of questions in their own words.

Suggested answers

1. Tanja hat früher viel Obst gegessen, weil ihr Großvater das Obst klein geschnitten hat.

2. Mit „richtig schwitzen" meint Jule, dass man so trainieren muss, dass der Puls hoch geht und man wegen der Anstrengung stark schwitzen muss. Dies passiert bei manchen Leuten erst, wenn sie mehr als 30 Minuten intensiv trainieren, aber nicht bei einem gemütlichen Spaziergang oder einer kleinen Radtour.

3. Sie denkt, dass die Menschen besser vor ungesunden Nahrungsmitteln geschützt werden müssen. So könnte man, beispielsweise in Schulen, Süßigkeitenautomaten verbieten, bei Sportveranstaltungen, Alkohol oder bei Konzerten, süße Getränke wie Cola oder Limo.

4. Dirk möchte die Eltern auf Kochkurse schicken, weil er glaubt, dass sie die wichtige Entscheidung, was und wann gegessen wird, treffen. Er vermutet, dass viele Eltern nicht kochen können und deshalb ihre Kinder ungesunde Dinge zu sich nehmen.

An oral activity in which students give their opinions and try to use some of the language met in the chapter. Again, the questions seek to provoke different opinions.

These additional questions are a good opportunity to engage in some independent research as well as making use of the recommended German website.

Fragen der Gesundheit

11 Eine Frage der Schönheit (p. 32)

C 📖 Students match up the six statements with the three paragraphs.

1. 3 (Sind Solarien sicher)

2. 1 (Schönheit, die man sieht)

3. 1

4. 2 (Gefährliche Strahlen)

5. 3

6. 2

D 💬 A discursive task to discuss the issues around tanned skin in which students should be encouraged to put forward their ideas and points of view paying special attention to supporting their opinions with concrete facts and figures as well as sticking to the questions provided.

E ✏ These additional questions are a good opportunity to engage in some independent research on the important issue of skin cancer.

F ✏ **Suggested translations**

1. Die Benutzung eines Solariums kann das Risiko, Krebs zu bekommen, erhöhen.

2. Über 1.600 Australier sterben jedes Jahr an Hautkrebs.

3. In einem Solarium sollte man immer eine Schutzbrille tragen.

4. Leute mit heller Haut (Hellhäutige) sollten sie nicht benutzen.

5. In einigen Gebieten bekommt jeder Neunzehnte zu Lebzeiten eine Geschwulst (Melanom).

Reisen

2 Gute Reise! Oder vielleicht eben nicht… (p. 43)

E 💬 The discussion on holidays with or without parents could be widened to include the issue of whether students think they should be able to go on holiday alone with friends or with their girlfriend or boyfriend (and from what age). You could get students to suggest concerns parents might have, then think of ways they could reassure parents with regard to each of their concerns, e.g.

Concern: *Persönliche Sicherheit in einer unbekannten fremden Stadt.*

Reassurance: *Wir werden zusammenbleiben und gefährliche Stadtteile vermeiden.*

1. Falsch. Man kann bis zu 30 Länder mit dem InterRail Ticket besuchen.

2. Richtig.

3. Richtig.

4. Nicht im Text.

5. Falsch. InterRail hat für jeden etwas zu bieten.

6. Falsch. Den InterRail Pass gibt es seit über 30 Jahren.

7. Falsch. Mit dem InterRail Pass kann man Europa spontan und flexibel bereisen.

Touristeninformation

6 Tipps und Informationen für faire Ferien (p. 51)

D ✏️ You should look to assess this writing task in terms of the specification's marking scheme: content and response (15 marks) and quality of language (15 marks). Students should use the appropriate tone/register for a blog.

Extension

Refer students to the website www.fairunterwegs.org for further reading on all aspects of sustainable travel.

Extension activities answers

Das Wetter

3 Was verursacht die Erderwärmung und wie kann man sie bremsen? (p. 65)

1. d 2. g 3. f 4. b 5. c 6. a 7. e

 Suggested answers

1. Fast alle Klimaforscher glauben, dass die Verbrennung fossiler Energiestoffe den Klimawandel verursacht.

2. Die Produktion von CO_2 verstärkt den Treibhauseffekt.

3. Ohne eine Gasschicht würde die ganze Wärme ins Weltall entweichen.

4. Wenn zu viele Abgase in der Atmosphäre sind, entweicht Wärme langsamer.

5. Wenn wir auf Kohle und Erdöl verzichten können und weniger Energie verbrauchen, können wir die Erderwärmung vielleicht bremsen.

6. Wenn wir Energie sparen, sparen wir auch Geld.

H This asks students to try to explain in German (from memory or from very brief notes, and in their own words), how the greenhouse effect works. They should use simple short sentences derived from the second and third paragraphs of the reading text *Was verursacht die Erderwärmung und wie kann man sie bremsen?* on page 65 of the Student's Book, plus vocabulary from the grid in activity A on page 66.

Deutsche Schulen

4 G8 (p.84)

These two exercises could be done after the students have done the topic *G8* on page 84.

1. Jasmin 2. Elly 3. Marcus 4. Monika 5. Elly

 Suggested translations

1. Das achtjährige Gymnasium hat man vor drei Jahren in Bayern eingeführt.

2. Viele G8-Schüler fühlen sich unter Druck.

3. Das Hausaufgabenpensum eines Sechstklässlers ist zwei Stunden pro Abend.

4. Viele Eltern meinen, die Freizeit ihrer Kinder reicht nicht aus.

5. Der Familienalltag wird auch belastet.

Nach der Schule

5 Das Freiwillige Soziale Jahr (p.85)

These two exercises could be done after the students have read the passages about *Das Freiwillige Soziale Jahr* on page 85.

1. Judith Breuning

2. Eva Speck

3. Ann-Kathrin Hann

4. Katharina Pahlke

5. Anna Künkel

6. Judith Breuning

Further reasons the students might list could include the following:
- Man erhält viele schöne Eindrücke.
- Die Erfahrungen, die man während eines FSJ macht, kann man nirgendwo anders machen.
- Durch das soziale Jahr bin ich positiver und glücklicher geworden.

Students write about *das FSJ*, using the articles and the website as a resource. Students should be encouraged to adapt the language from the resource articles to make it their own.

Universitätsstudium

11 Zulassung (p.89)

Students could do this exercise after they have read the articles about university life on pages 88 and 89.

Possible answers

1. Das Fahrrad. Um schnell zu einem anderen Universitätsgebäude zu kommen.

2. Ein Semesterticket.

3. Zu Beginn eines neuen Semesters.

4. Sie sind preisgünstiger und teilmöbliert.

5. Das Bibelmuseum; das archäologische Museum; das geologisch-paläontologische Museum; das mineralogische Museum (der botanische Garten).

6. Deutsch, Englisch, Italienisch (und andere Sprachen)

7. Die städtischen Bühnen; das GOP-Varieté-Theater Münster; das Wolfgang-Borchert-Theater. Günstige Eintrittspreise.

8. Essen. 1700 Plätze.

9. In den Vorlesungen und Seminaren; beim Hochschulsport; Begegnungszentren.

10. Ausländische Studenten.

Aktuelle Themen im Bildungsbereich

12 Schulkleidung (p.90)

Students could do this exercise after they have read the articles about school uniform on page 90.

1. d, KM
2. i, F
3. k, F
4. b, G
5. g, G
6. c, G
7. j, F
8. e, G
9. a, G
10. f, F
11. h, KM

14 Ganztagsschule (p.92)

Students could do this exercise after reading the passage about *Ganztagsschule* on page 92 and listening to the passage about *Samstagsschule* on page 93.

The questions offer students the opportunity to discuss various aspects relating to the role of homework. They should be encouraged to use the reading texts as a starting point for their opinions, but to integrate the vocabulary met there into their own responses.

Grammatik

These two exercises are based on the whole of the chapter. They would be best attempted after the whole chapter has been taught and the relevant grammar covered.

1. das
2. die
3. deren
4. die
5. dem
6. das
7. dem
8. das
9. der
10. den

1. studiert hatte; bekam
2. gemacht hatte; waren
3. dürfte; gemacht hatte
4. verbrachte; wollte
5. wollte; gemacht hatte
6. war; hörte; abgeschafft hatte
7. kam; verpasst hatte
8. wusste; vergessen hatte; saßen
9. konnte; gegeben hatten
10. studiert hatte; bekam

Extension activities answers

Geld nebenbei

These two exercises could be done after the students have read the passages about part-time jobs on pages 102, 103 and 104.

3 Schule und Job sind vereinbar (p.103)

a. 4

b. 11

c. 2

d. 10

e. 9

f. 12

g. 7

h. 1

i. 8

j. 6

k. 5

l. 3

D ✎ Students write an article persuading parents to let their children have a part-time job. They should attempt to give reasons for a part-time job and to counter the parents' possible worries, using exercise **C** as a basis for the article. They should not simply copy from exercise **C**, but should adapt the language to make it their own.

Heute arbeitet man anders

10 Arbeitsstellen heute (p.112)

Students should do these exercises after they have read or listened to the texts relating to various jobs on pages 108, 109, 110, and 112.

Possible answers

1. Weil sie Schwedisch an der Universität studiert hat.

2. Nicht besonders interessant. Sie wollte mit Menschen arbeiten.

3. Sie hat einen Kursus an der Universität Zürich gemacht, und dann ein Praktikum in einer Schule.

4. Nein. Nach vier Jahren hat sie die Schule gewechselt.

5. Man muss Geduld und Einfühlungsvermögen haben, und man muss auch über den eigenen Unterricht nachdenken.

6. Weil es viele Themen gibt. Sie macht Grammatik, Orthographie und Literatur und untersucht die verschiedenen Textstile in Zeitungen.

7. Sie fragt sich nach jeder Stunde, was sie das nächste Mal besser machen kann.

8. Man kann selbstständig arbeiten. Man kann auch zu Hause arbeiten. Aber ein Lehrer fühlt sich manchmal isoliert.

D 🗩 Students should discuss the advantages and disadvantages of the various jobs. They should consider the jobs in general terms, and also discuss whether the jobs would be right for them personally. They should be encouraged to use the reading texts as a starting point for their opinions, but to integrate the vocabulary met there into their own responses.

Allerlei Arbeiten

14 Wie bekomme ich eine Arbeitsstelle? (p.116)

These two exercises could be used after the students have studied the CV and application letter on page 116.

a. 2 **b.** 1 **c.** 6 **d.** 3 **e.** 4 **f.** 5

 Possible answers

1. Do a practice with a friend.

2. The first impression is very important.

3. Check your watch is right; set the alarm.

4. 15 minutes in advance; it makes a bad impression if you arrive at the last minute.

5. Check your appearance again.

6. Be polite and friendly.

7. Questions the interviewer might ask; questions you might ask.

8. Sit relaxed; don't sit on edge of chair; don't tip the chair. Don't lean back or fold arms. Make lots of eye contact.

9. Ask yourself if you were satisfied with your performance. Were you on time? Did you have the right clothes? What did you do right? What will you do differently next time?

These sentences are based on the whole chapter. The exercise should be done when students have completed all the material in the chapter.

Possible translations

1. Heutzutage pendeln viele Leute zur Arbeit, damit die Familie nicht umziehen muss.

2. Viele Eltern meinen, ein Teilzeitjob würde eine negative Wirkung auf die Schularbeit ihres Kindes haben.

3. Bei meinem Arbeitspraktikum waren die Stunden lang und ich musste langweilige Arbeiten ausführen.

4. Ich habe viele Bewerbungsbriefe abgeschickt, aber kein Interview bekommen.

5. Viele Leute verlassen die neuen Bundesländer, weil sie dort keine Arbeitsstelle finden.

6. Nächste Woche streikt die Deutsche Bundesbahn wieder.

7. Dolmetscher bei dem Europäischen Parlament sollten mehrere Sprachen beherrschen.

8. Ich will keinen Job, bei dem ich den ganzen Tag lang am Schreibtisch sitzen muss.

Extension activities answers

Grammatik

The various uses of *werden*

1. Future
2. Passive
3. Future
4. to become
5. to become
6. Passive
7. Passive
8. Future
9. Passive
10. to become

1. Viele Sinfonien wurden von Mozart komponiert.
2. Alles wird von unserem Lehrer erklärt.
3. Das Essen wird heute Abend von mir vorbereitet.
4. Vor hundert Jahren wurde ein Meisterwerk von diesem Autor geschrieben.
5. München wird von Touristen ganz entzückend gefunden.
6. Eine wertvolle Vase wurde von Dieben aus dem Museum gestohlen.
7. Im Herbst werden die Uhren eine Stunde zurückgestellt.
8. Der König wurde von dem Erzbischof der Kathedrale gekrönt.
9. Wo werden Brot und Brötchen verkauft?
10. Das Rathaus wurde im Jahre 1870 von den Behörden gebaut.

1. Wann wurde das Freizeitzentrum gebaut?
2. Wir werden wahrscheinlich nächstes Jahr nach Amerika fliegen.
3. Es wird um ungefähr 7 Uhr hell.
4. Ein Mann wurde letzte Woche bei einem Autounfall getötet.
5. Ich will Schauspielerin werden.
6. Wie viele Bücher werden jedes Jahr geschrieben?
7. Viele Leute werden im Winter die Schweiz besuchen.
8. Das Haus wurde 2005 verkauft.
9. Wirst du die Prüfung bestehen?
10. Alte Leute werden oft einsam.

Gleichberechtigung

5 Alles unter einem Dach (p.129)

This introduces various expressions, colloquial or formal, which can be used when arguing against a point of view.

1. e
2. h
3. c
4. j
5. b
6. a
7. g
8. d
9. i
10. f

Extension activities answers

Ess-Störungen

4 Bulimie (p.148)

E 📖 Students read a text on eating disorders and match up the sentence halves.

1. f
2. b
3. h
4. e
5. d
6. i
7. c
8. g
9. j
10. a

F 🔊 After listening again to the audio for page 149, students do a gap-fill exercise on a summary of the text.

1. magersüchtig
2. Mitschüler
3. kontrolliert
4. Ziel
5. weniger
6. Trotzdem
7. niedriges
8. aufgehört
9. Behandlung
10. schlank

Die richtige Lebensbalance

10 Arbeitszufriedenheit (p.158)

E 💬 An oral activity in which students reflect on and debate the potential strengths and weaknesses of the services and measures offered by Wolf & Söhne to its employees.

F ✏️ An opportunity to write short statements imagining the thoughts and hopes of employees working for a very special and friendly company.

Die richtige Lebensbalance

14 Einen Ausgleich finden (p.162)

D 📖 Students read the text and answer the first question. They should discuss different ways of coping with stress. Then they write specifically about their own experiences and about those of family members and friends (question 2).

E 💬✏️ Students conduct a short survey to identify practices that can relieve stress.

Extension activities answers

Das geteilte Deutschland

7 Ankunft der Alliierten (p.170)

1. Das Konzentrationslager Bergen-Belsen wurde von den britischen Truppen befreit.

2. Sie waren ganz empört und konnten kaum glauben, was sie da vorfanden.

3. Weil viele noch sehr schwach waren und Krankheiten immer noch im Lager ausbrachen.

4. Er konnte es nicht beschreiben und ihm war klar, warum er im Krieg gekämpft hatte.

5. Weil sie mit Menschen, die solche Grausamkeiten in ihrem Land erlaubt hatten, nicht kommunizieren wollten.

11 Die sieben Weltwunder der DDR (p.170)

1. Es gibt in den Läden nichts zu kaufen, obwohl wir die Pläne erfüllen und übererfüllen.

2. Die Leute haben fast alles, obwohl es in den Läden nichts zu kaufen gibt.

3. Die Hälfte meckert, obwohl die Leute fast alles haben.

4. 99,9 Prozent wählen die Kandidaten der Nationalen Front, obwohl die Hälfte meckert.

13 Stasi! (p.176)

1. Falsch. Die Sperrzone reichte bis zu fünf Kilometern von der Grenze.

2. Falsch. Man brauchte eine Genehmigung, um in die Zone zu fahren.

3. Richtig.

4. Falsch. Es war sehr schwer, diese Genehmigung zu bekommen.

5. Falsch. Man musste auf einem staatlichen Campingplatz übernachten.

6. Richtig.

7. Richtig.

8. Richtig.

Grammatik

1. Die ganze Kuste **wurde** auch zu einer Sperrzone **erklärt**.

2. Einreise und Aufenthalt in dieser Sperrzone **mussten** zuerst bei den Behörden **beantragt werden**.

3. Alle Veranstaltungen **mussten** im voraus **genehmigt werden**.

4. Selbst sportliche Aktivitäten im Freien **wurden reglementiert**!

5. Die gesamte Küste der DDR **wurde** sorgfältig **bewacht**.

6. In dieser Region **durften** Zimmer und Ferienwohnungen nur nacht staatlicher Erlaubnis an Feriengäste **vermietet werden**.

Gastarbeiter, Ausländer, Aussiedler

18 Welche Ausländer wohnen in Deutschland? (p.180)

B Students read the second text about foreigners in Austria. They may well be advised to use a dictionary and note vocabulary. They then briefly discuss the text in response to the questions.

C Teachers should divide the translation into 30 sections and assess using the mark scheme in the specification. Each box needs to be correct to gain a mark. There will often be alternatives which the teacher should accept at his or her discretion. For example the perfect and imperfect tense may both be acceptable. The German word order needs to be correct to gain the mark where appropriate.

1.	In the 19th century	*Im neunzehnten Jahrhundert*
2.	moved	*zogen*
3.	many Germans	*viele Deutsche*
4.	and their families	*und deren Familien*
5.	to eastern Europe	*nach Osteuropa*
6.	in order to	*um... zu*
7.	new settlements.	*neue Siedlungen*
8.	begin	*aufbauen.*

9.	Life	*Das Leben*
10.	in Transylvania	*in Transylvanien*
11.	was hard	*war hart*
12.	and the settlers	*und die Einsiedler*
13.	had to work	*mussten... arbeiten*
14.	from morning till night	*von morgens bis abends*
15.	in order to survive.	*um zu überleben.*
16.	After the Second World War	*Nach dem Zweiten Weltkrieg*
17.	the Romanian government	*die rumänische Regierung*
18.	oppressed	*verfolgte*
19.	the German minority	*die deutsche Minderheit*
20.	but didn't allow	*aber erlaubte... nicht*
21.	them	*ihr*
22.	to leave.	*auszuwandern.*
23.	Not until	*Erst nachdem*
24.	the borders opened	*sich die Grenzen öffneten*
25.	were they able	*konnten sie*
26.	to emigrate	*auswandern.*
27.	to the Federal Republic.	*in die Bundesrepublik*
28.	However even today	*Aber auch heute*
29.	it is quite difficult for them	*fällt es ihnen ziemlich schwer*
30.	to integrate.	*sich zu integrieren.*

Die Wiedervereinigung Deutschlands

Das Deutschlandbild in der Welt

A Students read the texts about the various towns and cities in the former GDR and then match them to the sentences in activity A. This would be a good opportunity to find out more about these cities as well as finding out more about others.

1.	Weimar	7.	Rostock
2.	Görlitz	8.	Potsdam
3.	Potsdam	9.	Chemnitz
4.	Dresden	10.	Rostock
5.	Weimar	11.	Chemnitz
6.	Rostock	12.	Dresden

B Possible other places to research might include: Magdeburg, Stralsund, Leipzig, Brandenburg, Cottbus, Bautzen, Schwerin. Students might also like to find out about the history of the former German cities of Breslau (Wroclaw), Danzig (Gdansk) or Königsberg (Kaliningrad).

C

1.	Germany	*Deutschland*
2.	has just received	*hat gerade... bekommen (erhalten).*
3.	the most wonderful	*das wunderbarste*
4.	Christmas present.	*Weihnachtsgeschenk.*
5.	The Brandenburg Gate,	*Das Brandenburger Tor,*
6.	which	*das...*
7.	had symbolised	*symbolisiert hatte,*
8.	the division	*die Teilung*
9.	of the country,	*des Landes*
10.	was declared open	*wurde... als offen erklärt.*
11.	by the East German president.	*vom Präsidenten der DDR*
12.	Thousands	*Tausende*
13.	of Berliners	*von Berlinern*
14.	cheered	*jubelten,*
15.	as	*indem*
16.	the two ministers	*die zwei (beiden) Minister...*
17.	released	*fliegen ließen.*
18.	two doves of peace.	*zwei Friedenstauben*
19.	The people cried,	*Die Menschen weinten,*
20.	fell into one another's arms	*fielen sich in die Armen*
21.	and sang.	*und sangen.*
22.	This new crossing point	*Dieser neue Übergang*
23.	for pedestrians	*für Fußgänger*
24.	is	*befindet sich (better than ist)*
25.	at the heart	*im Herzen*
26.	of the city,	*der Stadt,*
27.	which	*die*
28.	now	*jetzt*
29.	cries out:	*ruft:*
30.	Berlin! Be happy!	*Berlin! Freue dich!*

Obdachlosigkeit

3 Crashkurs Obdachlos in Berlin (p.190)

 Suggested answers

1. Sie ist realistisch. Sie kann nicht allen obdachlosen Müttern helfen.

2. Ihr Haus gewährt 24 Müttern und ihren Kindern eine Zuflucht.

3. Viele sagen, dass die Mütter und Kinder selbst daran schuld sind/sie sind nicht an dem Projekt interessiert.

4. Oft haben die Kinder nicht die sozialen Kompetenzen, die sie für den Schulbesuch brauchen.

5. Die Kinder werden von ehrenamtlichen Lehrern mit Hausaufgaben und Sprach- oder Computerkursen geholfen.

6. Die Frauen müssen lernen, auf eigenen Beinen zu stehen.

7. Sie bekommen Hilfe mit der Wohnungssuche und mit der Schule.

8. Sie kann stolz darauf sein, dass sie Kindern geholfen hat, auf eine bessere Schule zu kommen.

E Students should be encouraged to produce an essay of 240–270 words. Students can refer to the reading text, but should be encouraged to adapt the language to make it their own. Students could be assessed using the Edexcel assessment criteria for Unit 4. Refer to section 4.4 of the specification using the grids for Range and Application of Language, Accuracy of the Target Language, Understanding and Response and Organisation and Development.

Cyber Dating/Einkaufen im Internet/Teleshopping

11 Dating online (p.198)

B

1. c 2. l 3. e 4. i 5. f 6. j

C Students should be encouraged to produce an essay of 240–270 words. Students can refer to the listening and reading texts, but should be encouraged to adapt the language to make it their own. Students could be assessed using the Edexcel assessment criteria for Unit 4. Refer to section 4.4 of the specification using the grids for Range and Application of Language, Accuracy of the Target Language, Understanding and Response and Organisation and Development.

Atompolitik in Deutschland

18 Die Atompolitik von Greenpeace (p. 206)

 Students find in the text the equivalent terms for the expressions listed.

1. Unterrichtszwecke

2. beachtenswerte Ergebnisse

3. dicke Bretter bohren

4. ausreichend behandelt

5. wird im Unterricht behandelt werden

6. vielfältig

7. stehen… kritisch gegenüber

8. ein fachübergreifendes Thema

E **Suggested answer**

I believe students understand very well how important environmental protection is for their own future. In the end, these topics are about the preservation of your own environment, the preservation of a variety of life forms and about creating a world for the next generation which is sustainable and ecologically just. The protection of this world begins outside your own front door. Anybody who experiences and learns about this as a young person will never forget what is at stake.

Extension activities answers

Entwicklungsländer

3 Entwicklungshilfe mal anders (p. 212)

1. B 2. C 3. E 4. A 5. A 6. C 7. F 8. D 9. A 10. D

F Students should be encouraged to produce an essay of 240–270 words. Students can refer to the listening and reading texts, but should be encouraged to adapt the language to make it their own. Students could be assessed using the Edexcel assessment criteria for Unit 4. Refer to section 4.4 of the specification using the grids for Range and Application of Language, Accuracy of the Target Language, Understanding and Response and Organisation and Development.

Rassismus

6 Rassismus und Fußball: die Meinungen der Fans (p. 215)

 Suggested answers

1. Sie wollen nicht auf sich aufmerksam machen.

2. Aufenthaltspapiere.

3. Sie verschwinden/Sie tauchen ab.

4. Sie haben ein besseres Leben in Deutschland/Sie verdienen mehr Geld in Deutschland.

5. In Frankreich und Italien gibt es extra Namen für sie.

6. Illegale Einwanderer werden sofort als Kriminelle verdammt.

7. Dass sie auffallen/Dass man sie bemerkt.

8. Man muss keine Ausweispapiere bei sich tragen.

9. Wenn sie zum Arzt gehen/In die Schule gehen.

10. Sie brauchen sich nur bei der Kommune anzumelden.

Internationale Verhältnisse

15 Internationale Diplomatie (p. 228)

1. g 2. c 3. b 4. h 5. e 6. i 7. n 8. f 9. d 10. p

D Students should be encouraged to produce an essay of 240–270 words. Students can refer to the reading texts, but should be encouraged to adapt the language to make it their own. Students could be assessed using the Edexcel assessment criteria for Unit 4. Refer to section 4.4 of the specification using the grids for Range and Application of Language, Accuracy of the Target Language, Understanding and Response and Organisation and Development.

Extension activities answers

Berühmte Persönlichkeiten

4 Wolfgang Amadeus Mozart (p. 235)

 It would be appropriate for pupils to do this exercise after they have read the text on Mozart on page 235.

Answers

1732 / Rohrau / zwölf / Michael / Stefansdom / Esterházy / Sinfonien / zwölf / Uhr / Satz / Nationalhymne / Strophe / England / Oxford / 1809 / Schotten / Mozart

Werke der deutschen Literatur

9 „Das Leben des Galilei" (1) (p.241)

These two poems by Bertolt Brecht and Hans Manz could be read after students have read the extracts from Leben des Galilei on pages 241–2 and the poem by Hans Manz on page 241.

Possible answers

1. Es regnet.

2. Es ist Abend.

3. Am Straßenrand.

4. Zerlumpt. Arm; mit alten Kleidern

5. Er will mitfahren.

6. Sie fahren weiter.

7. „Wir können niemanden mitnehmen."

8. Sie haben Platz in dem Wagen.

9. Später. Nach einigen Kilometern. „Ein Tagesmarsch" = so weit wie der Mann an einem Tag gehen konnte. (20–25 Kilometer?)

10. Er ist traurig.

11. Sie hätten den Mann mitnehmen sollen.

12. Alle Leute sind so unfreundlich wie er. Die Welt wäre viel besser, wenn jede Person auf den Nachbarn achtete.

 The students should write an outline of the poem in their own words. They could perhaps include some critical observations in their writing.

Possible answers

1. Er macht den Platz vor seiner Tür sauber, wenn er vor der eigenen Tür kehrt.

2. Er ist erstaunt. Der Chinese weiß nicht, dass man sich in der Schweiz (in Europa) nur mit dem eigenen Haus beschäftigt.

3. Er macht vor dem Haus des Chinesen sauber.

4. Dass der Chinese auch bei ihm die Treppe geputzt hat.

5. Die alten Regeln.

6. Es sollte im Leben keine „Grenzen" geben. Man sollte anderen Leuten gegenüber offener sein. Man sollte dem Nachbarn helfen.

7. In dem Gedicht von Brecht nimmt Brecht den Mann am Straßenrand nicht mit und fühlt sich traurig deswegen. In dem Gedicht von Hans Manz helfen sich die Nachbarn. Beide Gedichte haben als Thema „Man soll dem Nachbarn helfen".

Werke der deutschen Literatur

9 „Das Leben des Galilei" (2) (p.243)

 **Possible answers**

1. Students should identify the countries on a map.
2. Die Weichsel ist der Fluss, der durch Warschau fließt. Auf Englisch heißt er Vistula.
3. „Der Sund" ist die Ostsee. Auf Englisch heißt sie „the Baltic".
4.

Strophe	Geschenk	aus welcher Stadt?	in welchem Land?
1.	Stöckelschuhe und einen Gruß	Prag	die Tschechei
2.	ein polnisches Hemd aus Leinen	Warschau	Polen
3.	ein Kräglein aus Pelz	Oslo	Norwegen
4.	ein Hut	Rotterdam	Holland
5.	Spitzen	Brüssel	Belgien
6.	ein seidenes Kleid	Paris	Frankreich
7.	ein kupfernes Kettchen	Tripolis	Libyen
8.	der Witwenschleier	--------	Russland

5. Der Mann stirbt in Russland. Eine Witwe ist eine Frau, deren Mann gestorben ist.
6. Ein Anti-Kriegs-Gedicht.

E Students should collect the necessary props and present the 'story' of the poem in the form of a mime. The addition of large 'postcards' to indicate where the presents had come from would add a typical Brechtian *Verfremdungseffekt* to the scene.

11 „Der Milchmann" (p.244)

D Students should read this story after they have read „Der Milchmann" (also by Peter Bichsel) on page 244. Students should read the story purely for enjoyment. There is no exercise related to the story, but teachers might like to discuss it and its meaning orally with the students.

Grammar worksheet answers

Weak, strong and modal verbs

1. *starren*; W.
2. *gibt*; S.
3. *trägt*; S.
4. *sieht*; S.
5. *darf*; M. *will*; M.
6. *lassen*; S.

Separable, inseparable and reflexive verbs

1. Die meisten Familien *bestehen* immer noch aus verheirateten Eltern mit Kindern.
2. Mein Bruder *räumt* sein Zimmer nie *auf*.
3. Ich *ziehe mich* im Winter warm *an*.
4. Was für ein Publikum *spricht* man *an*, wenn eine Band mit deutschen Texten *auftritt*?
5. Er *erzählt* von seinem Leben in den USA und *erfährt* auch von meinem Leben.

Word order

1. Meistens *trinke* ich nur ein Glas Bier, manchmal zwei, und ich *rauche* überhaupt nicht.
   (both are main clauses)
2. Früher *habe* ich zu viel Alkohol *getrunken*, aber jetzt *trinke* ich fast nichts.
   (both are main clauses)
3. Fernsehen *ist* ganz toll, wenn man sich ein paar schöne Sendungen *aussucht* und ein bisschen Freizeit *hat*.
   (first clause is main; the second and third are subordinate)
4. Motivation und Konzentration *lassen nach*, wenn man oft Cannabis *raucht*.
   (first clause is main, the second subordinate)
5. Viele Jugendliche *können* schon mit 16 nicht auf Zigaretten *verzichten*, weil Nikotin abhängig *macht*.
   (first clause is main, the second subordinate)
6. (3) Wenn man sich ein paar schöne Sendungen *aussucht* und ein bisschen Freizeit *hat*, *ist* Fernsehen ganz toll.

   (4) Wenn man oft Cannabis *raucht*, *lassen* Motivation und Konzentration *nach*.

   (5) Weil Nikotin abhängig *macht*, *können* viele Jugendliche schon mit 16 nicht auf Zigaretten *verzichten*.

Grammar worksheet answers

The perfect tense

1. Die beste Mannschaft *hat* viel weniger Fehler *gemacht*, weil sie mehr Erfahrung *gehabt hat.*

2. Natürlich *haben* wir nach dem Spiel *gefeiert*, weil wir *gewonnen haben.*

3. Unsere Mannschaft *ist* Meister *geworden*

4. Die Mannschaft *ist* mit dem Flugzeug zur Weltmeisterschaft *geflogen.*

5. Alle *haben* ihr Bestes *gegeben.*

The perfect tense of separable and inseparable verbs

1. Ich *habe* mich immer gesund *ernährt.*

2. Wann *hast* du mit diesem Sport *angefangen?*

3. Ich *habe* hart *trainiert*, dann *habe* ich mich richtig wohl *gefühlt.*

4. Danach *bin* ich sofort *eingeschlafen* und *bin* erst um 10 Uhr wieder *aufgewacht.*

5. Im Sport *hat* sich heutzutage alles *verändert.*

6. Wann *seid* ihr denn *abgefahren?*

The cases: nominative, accusative, genitive, dative

1. <u>In unserer Mannschaft</u> (*D; after preposition*) bin <u>ich</u> (*N; subject*) <u>der beste Spieler</u>. (*N; complement of sein*)

2. <u>Ich</u> (*N; subject*) will <u>keinen Sport</u> (*A; direct object*) treiben.

3. <u>Er</u> (*N; subject*) hat schon <u>alles</u> (*A; direct object*) probiert.

4. <u>Die alten Rückenprobleme</u> (*A; direct object*) habe <u>ich</u> (*N; subject*) auch nicht mehr.

5. <u>Ich</u> (*N; subject*) halte <u>sie</u> (*A; direct object*) für <u>eine sehr gute Sportlerin</u> (*A; after preposition*).

6. <u>Wer</u> (*N; subject*) hat <u>dir</u> (*D; indirect object*) <u>dieses tolle Buch</u> (*A; direct object*) geschenkt?

7. Während <u>des letzten Spiels</u> (*G; after preposition*) hat <u>sie</u> (*N; subject*) sich an <u>dem Kopf</u> (*D; after preposition*) verletzt.

Grammar worksheet answers

The future tense

1. Dieses Jahr *werde* ich ich zu Hause *bleiben*.

   Dieses Jahr *will* ich ich zu Hause *bleiben*.

2. Nächsten Monat *werden* wir einen Skiurlaub in Österreich *machen*.

   Nächsten Monat *haben* wir *vor*, einen Skiurlaub in Österreich *zu machen*.

3. *Wirst* du im Sommer nach Island *fahren*?

   Möchtest du im Sommer nach Island *fahren*?

4. *Werden* wir Wien zu Ostern *besuchen*?

   Sollen (or *Sollten*) wir Wien zu Ostern *besuchen*?

Case endings after prepositions

1. Ich bin mit *meiner* Freundin in *das* Kino gegangen.

2. Sie sind in *die* Stadt gefahren, um in *einem* tollen Restaurant zu essen.

3. Vor *einigen* Monaten war ich auf *einer* schönen Insel in *der* Karibik.

4. Während *ihres* Aufenthalts in den Alpen konnten sie wegen *des* Wetters nicht in *den* Bergen wandern gehen.

Case endings

1. Wir haben unser neu*es* Auto auf *der* Straße vor *dem* Hotel geparkt.

2. Er hat *den* letzt*en* Flug verpasst, weil er sein*en* Pass vergessen hat.

3. Ich habe um ein schön*es* Hotel direkt a*m* Strand gebeten. Ich habe mich über *den* Blick auf *den* hässlich*en* Parkplatz beschwert.

4. Zu sein*em* Entsetzen haben di*e* Autodiebe d*as* Auto sein*er* Eltern aufgebrochen.

5. Nach *den* Strapazen *des* täglichen Lebens braucht jed*er* Mensch ein*en* lang*en* Urlaub.

Grammar worksheet answers

Comparative and superlative

1. Am Nordpol wird es immer *wärmer*.

2. Bei *trockeneren* Sommern und *feuchteren* Wintern verändern sich Tier- und Pflanzenarten immer *schneller*.

3. Dieses Jahr hatten wir den *nässesten* und *kältesten* Sommer seit 150 Jahren. Im Juli war es *am schlimmsten*.

4. Was ist der *einfachste* und *billigste* Weg, den Ölverbrauch zu reduzieren?

5. In den *ärmsten* Ländern leiden die Kinder *am meisten*.

The imperative

1. Kauf Getränke immer in Mehrwegflachen.
   Kaufen Sie Getränke immer in Mehrwegflachen.
   Getränke immer in Mehrwegflachen kaufen.

2. Vermeid Einwegverpackungen.
   Vermeiden Sie Einwegverpackungen.
   Einwegverpackungen vermeiden.

3. Iss weniger Fastfood.
   Essen Sie weniger Fastfood.
   Weniger Fastfood essen.

4. Fahr möglichst viel mit dem Fahrrad oder nimm den Bus.
   Fahren Sie möglichst viel mit dem Fahrrad oder nehmen Sie den Bus.
   Möglichst viel mit dem Fahrrad fahren oder den Bus nehmen.

5. Werde umweltbewusster.
   Werden Sie umweltbewusster.
   Umweltbewusster werden.

Wenn-clauses

1. Was passiert, wenn noch mehr Eis schmilzt?

2. Was muss man tun, wenn man solche Ereignisse vermeiden will?

3. Wenn die Wärme langsamer als früher entweicht, wird die Erde bis zu 6 Grad wärmer.

4. Wenn man fossile Brennstoffe verbrennt, entsteht Kohlendioxid.

5. Wenn wir weniger Verpackungen verwenden, produzieren wir weniger Müll.

6. Wenn wir nichts tun, werden die Länder um das Mittelmeer bald unbewohnbar sein.

Relative pronouns

1. Sie ist ein Kind, *das* nicht gern zur Schule geht.

2. Medizin ist ein Fach, für *das* man hervorragende Noten braucht.

3. Kinder, *deren* Sprachniveau ganz niedrig ist, haben schlechtere Aussichten.

4. Wir lernen alles, *was* wir für das Abitur brauchen.

5. Die Fächer, für *die* ich mich am meisten interessiere und in *denen* ich gute Noten bekomme, sind Deutsch und Mathe.

6. Der Schüler, *den* der Lehrer nervig findet, muss nächstes Jahr sitzen bleiben.

7. Richard macht gerade seinen Medizinertest, *den* jeder Deutsche machen muss, *der* Medizin studieren will.

The imperfect tense

Als ich 7 Jahre alt *war*, *ging* ich auf die Schule in dem Dorf, wo wir *wohnten*. Meine Mutter *brachte* mich dorthin. Meine Lehrerin *hieß* Frau Meyer. Bald *konnte* ich gut lesen, was ich toll *fand*. Mit 10 *musste* ich in die nächste Stadt fahren, weil es in unserem Dorf kein Gymnasium *gab*. Wenn ich nachmittags Unterricht *hatte*, *aß* ich in der Schule. Ich *kam* erst um 4 Uhr nach Hause.

The pluperfect tense

(The main clause may also precede the subordinate clause in each of these sentences.)

1. *Nachdem* ich die Grundschule verlassen *hatte*, bin ich auf das Gymnasium gegangen.

2. *Weil* er seine Hausaufgaben schon gemacht *hatte*, durfte er ausgehen.

3. *Obwohl* ich mich auf die Prüfung *vorbereitet hatte*, habe ich sie schwierig gefunden.

4. *Weil* ich Zivildienst *gemacht hatte*, lernte ich vieles, was für das Alltagsleben nützlich war.

Grammar worksheet answers

Konjunktiv 2

1. Wenn ich Lehrerin *wäre*, *würde* ich die Kinder wie Erwachsene *behandeln*.

2. Wenn sie Prüfungen *hätten*, *wäre* es für die Schüler schwieriger.

3. Wenn ich stundenlang stehen *müsste* und nicht sitzen *dürfte*, *wäre* ich sehr müde.

4. Wenn die Kasse nicht *stimmen würde*, *müsste* ich das selbst bezahlen, weil es meine Verantwortung *wäre*.

5. Wenn sie ihr Studium vollendet *hätte*, *würde* Jelena ihren Job *aufgeben*.

6. Ich *würde* einen Nebenjob *machen*, um Geld zu verdienen.

Personal pronouns

1. *Er* schafft es nicht mehr, mit *ihm* auszugehen.

2. *Sie* hilft *ihnen* gern.

3. Nicht nur *er*, sondern auch *sie* sucht einen Nebenjob.

4. Ich habe das Geld *dafür* von *ihm* bekommen.

5. *Danach* wird sie *ihm* allerdings nicht den Rücken kehren.

6. Was sind die Gründe *dafür*?

7. Was sind für *ihn* die wichtigsten Gründe, dass er *sie* sucht?

Impersonal verbs

Possible answers

1. Die Arbeit gefällt mir, weil ich die Chance habe, mit meinen Kunden zu sprechen.

2. Wenn es mir gelingt, gegen 6.15 anzufangen, bin ich gegen 12.00 fertig.

3. Es hängt von Wetter und Jahreszeit ab.

4. Es ist mir egal, ob es regnet.

5. Die Leute, die nicht ausgehen können, tun mir leid.

Grammar worksheet answers

The passive

1. Dieser Trend *wird* überall in der EU *beobachtet*.

2. In der Stadtmitte *ist* ein Gedenkplatz *errichtet worden*.

3. In München *wird* das Theater *häufig besucht*.

4. In der Nazizeit *wurden* viele Synagogen *zerstört*.

5. Letztes Jahr *ist* ein neues Gesetz *eingeführt worden*.

6. Die Karten *wurden* überall *verkauft*.

The passive with modal verbs

1. München *kann* mit Paris *verglichen werden*.

2. Die Frage besteht, ob diese Versuche *gerechtfertigt werden können*.

3. Man diskutierte, wie viel Hilfe staatlicherseits *angeboten werden konnte* und *sollte*.

4. Ich glaube nicht, dass diese Ängste sofort *beseitigt werden könnten*.

5. Wenn dieses Problem *gelöst werden könnte*, würde man sofort ein neues entdecken.

6. Diese Fragen *müssen* beantwortet werden können.

The passive and 'agency'

1. München wird von vielen Touristen als leichtlebig betrachtet.

2. Naturkosmetik wird auch von prominenten Personen bevorzugt.

3. 1996 wurde ein Schaf von Wissenschaftlern geklont, nachdem man viel geforscht und experimentiert hatte. (or …, nachdem viel geforscht und experimentiert worden war)

4. Krankheiten können durch Gentechnik vermieden werden.

5. Der Fortschritt wird durch viele teure Versuche ermöglicht.

6. Jedes Jahr werden viele Menschen durch den Straßenverkehr getötet; die Zahl wird von Forschern auf Hunderte geschätzt.

Grammar worksheet answers

Reported speech in the present

Georg sagt, er *leide* an Esssucht. Er *denke* dauernd ans Essen und *sei* eigentlich den ganzen Tag am Mampfen. Zweimal die Woche *gehe* er zu einer Selbsthilfe-Gruppe. Er *esse* zwar immer noch mehr als andere, aber er *dürfe* nur zu bestimmten Zeiten essen. Am schwersten *falle* es ihm, regelmäßig Sport zu treiben.

Maria sagt, sie *habe* Magersucht. Sie *sei* ein echter Hungerkünstler. Aber sie *fühle* sich immer noch zu dick. Sie *zähle* bei jeder Mahlzeit die Kalorien, *könne* genau sagen, welches Produkt wie viele Kalorien *habe*. Sie *trage* Kleidung „size zero" und darauf *sei* sie sehr stolz und *tue* alles dafür, dass es so *bleibe*. In ihrem Badezimmer *stehe* eine Waage, die ihr bis aufs Gramm genau das Gewicht *angebe*.

Reported speech using *Konjunktiv 2*

1. Ärzte meinen, viele Rauschmittel *könnten* abhängig machen.

2. Sie fragt, ob überwiegend Frauen betroffen *seien*.

3. Frau Dr. Braun sagt, Magersüchtige *hätten* aber immer Untergewicht.

4. Sie behauptet, eine junge kranke Frau *könne* ihre Krankheit sehr gut verstecken und dann *sei* es schwierig, ihr zu helfen.

5. Benno meint, was die Menschen zu Hause *machten*, *sei* ihre Sache.

6. Anna ist der Meinung, wenn man beim Rauchen von Haschisch erwischt *werde*, *müsse* man bestraft werden; alle *seien* vor dem Gesetz gleich.

Indirect speech in the past

Er erinnert sich, alles *habe* vor ungefähr 20 Jahren *begonnen*. Am Anfang *seien* es harmlose Wetten im Internet *gewesen*. Er *habe* schon als Teenager einen Teil seines Taschengeldes für Sportwetten *benutzt*. Ziemlich oft *habe* er auch was *gewonnen*. Er *habe* sich von seinen Freunden Geld *geliehen*. Irgendwann *habe* er die Schulden nicht mehr *zurückzahlen können*. Dadurch *sei* das Problem immer größer *geworden*. Immer weniger Leute *hätten* ihm Geld leihen *wollen*. Er *habe angefangen*, seine Eltern und Geschwister zu beklauen. Doch seine Schulden *seien* immer höher *geworden*. Er *habe* akzeptieren *müssen*, dass seine Sucht eine Krankheit *sei*.

Grammar worksheet answers

The *Vorfeld*

<u>Hitlers Ideen</u> hat man hat am Anfang nicht ernst genommen. <u>1932</u> war mein Onkel in der Nazi-Partei. <u>Später</u> ist er wieder ausgetreten. <u>Im Freundeskreis</u> sagte er, dass Deutschland den Krieg verlieren würde. <u>Kurz danach</u> hat ihn die Gestapo verhaftet. <u>Zwei Monate</u> saß er dann im Gefängnis. <u>1945</u> hat man ihn erschossen. <u>Meiner Oma</u> hat man gesagt, er sei an einem Herzinfarkt gestorben.

The position of *nicht*

1. Viele Arbeiter in der DDR hatten *nicht* viel zu tun.

2. Ich hatte Glück, dass ich in der BRD und *nicht* in der DDR wohnte.

3. In der DDR konnte man sogar seinen Freunden *nicht* vertrauen.

4. Am Anfang hat Ahmed Deutsch *nicht* gekonnt.

5. Die Vergangenheit dürfen wir *nicht* vergessen.

6. Die Kommunisten achteten die Menschenrechte *nicht*.

7. Die Bürger hatten *nicht* das Recht, ihre Meinungen frei zu äußern.

The perfect tense (revision)

1. Er *hat* Mitglied der Partei werden *müssen.*

2. Man *hat* niemandem vertrauen *können.*

3. Viele Juden *sind ausgewandert,* weil sie in Deutschland nicht mehr arbeiten durften. (*or.* weil sie in Deutschland nicht mehr haben arbeiten dürfen)

4. Weil so viele DDR-Bürger ihr Land verlassen wollten (*or* Weil so viele DDR-Bürger ihr Land haben verlassen wollen), hat man die Mauer bauen müssen.

5. Politiker sind in andere europäische Großstädte gefahren, um zu sehen, was man dort machen musste, (*or.* was man dort *hat machen* müssen) um die Integration zu fördern.

Grammar worksheet answers

Verb (+ *zu*) + infinitive

1. Es gibt Organisationen, die Obdachlosen Hilfe anbieten wollen.

2. Der Reporter hoffte *zu* entdecken, wie es war, obdachlos *zu* sein.

3. Durch den Zeitungsverkauf versuchen viele Obdachlose, etwas Geld *zu* verdienen und sich selbst *zu* helfen.

4. Ich gehe sehr gern einkaufen; meine Schwester liebt es auch, online einkaufen *zu* gehen.

5. Ein Freund von mir hat sich ein Haus an der Küste bauen lassen, damit er jeden Tag segeln konnte.

um... zu..., ohne... zu..., anstatt... zu...

1. Viele Zuschauer zappen weg, *anstatt* die Werbung sehen *zu* müssen.

2. Jugendliche klicken MySpace an, *um* dadurch mit ihren Freunden in Kontakt *zu* bleiben.

3. Viele Firmen bezahlen viel Geld, *um* ihre Produkte in Filmen platziert *zu* bekommen.

4. Der Reporter lebt auf der Straße, *ohne* sich an soziale Hilfeeinrichtungen wenden *zu* dürfen.

5. Viele Obdachlose leben auf der Straße, *ohne* einen Ausweg finden *zu* können.

Conditional perfect

1. Wenn die Länder der Welt zusammen *gearbeitet hätten*, ...

   ... *hätten* wir alle Menschen ernähren *können*.

   ... *wären* die Regenwälder nicht *gestorben*.

   ... *hätten* wir viele bedrohte Tierarten retten *können*.

2. Es *wäre* besser *gewesen*, ...

   ... wenn ich nicht auf die Party *gegangen* wäre.

   ... wenn ich weniger Geld *ausgegeben* hätte.

   ... wenn ich meinen Mitmenschen *geholfen* hätte.

   ... wenn ich nicht so egoistisch *gewesen* wäre.

   ... wenn ich nicht so fleißig *hätte arbeiten müssen*.

Konjunktiv 2 – other uses

A (Suggestions only)

1. Könnten Sie mir bitte sagen, wo das Theater ist?

2. Ich möchte wissen, warum Sie das glauben.

3. Ich wäre gegen eine solche Politik, weil es zu Problemen führen könnte.

4. Hätten Sie etwas dagegen, wenn ich ihn sofort anrufe?

5. Würdest du mir bitte seine Telefonnummer geben?

B

1. Viele Vereine tun, *als ob* es keinen Rassismus *gäbe*.

2. Es sieht so aus, *als ob* der Schiedsrichter das Foul nicht gesehen *hätte*.

3. Der Spieler schreit, *als ob* er sich das Bein gebrochen *hätte*.

4. Du sprichst, *als ob* du das nicht *wüsstest*.

Present participles as adjectives

1. ein Problem, das wächst

2. ein Staat, der der EU angehört

3. die Qualität, die sich verbessert

4. die Kinder, die in ländlichen Gebieten kränkeln (*or* Die Kinder in ländlichen Gebieten, die kränkeln)

5. das Umweltbewusstsein, das durch Bildung zu schaffen ist

Past participles as adjectives

1. das Umweltbewusstsein, das durch Bildung geschafft wurde

2. die Maßnahmen, die von den Behörden schon getroffen wurden

3. das Verbrechen, das am häufigsten begangen wird

4. die Unterernährung, die in ländlichen Gebieten weit verbreitet ist

5. einer der vielen Brunnen, die durch Hilfsorganisationen angelegt wurden

Grammar worksheet answers

Abbreviated verbs in media headlines

A

The sentences below are suggestions only.

1. Die Polizei hat einen mutmaßlichen Einbrecher geschnappt.

2. Ein Bergsteiger ist in einer Gletscherspalte gestorben.

3. Ein 2000 Jahre altes Schiffswrack ist in der Rhône entdeckt worden.

4. Die Deutschen empfinden viel Mißtrauen gegenüber der Elite.

5. Mehr als 100 Waldbrände sind in Griechenland ausgebrochen.

6. Ein Mann hat sich 30 Jahre lang vor der Öffentlichkeit versteckt.

7. Wie schlimm wird das Börsen-Beben noch?

8. Bergläufer ignorierten die Warnhinweise.

9. Ein Radprofi hat bei der Tour de France positiv getestet.

10. Ein ICE-Unfall wäre fast zu einer Katastrophe geworden.

The style of German in the news media

This passage is for discussion and comment under the headings given.

Grammar worksheet answers   **177**

Section 2:
Photocopy Masters

Extension activities

Musik und Mode

8 MP3 (p. 7)

1. Was halten Sie persönlich von MP3-Playern?

2. Können Sie vielleicht andere Vor- und Nachteile von MP3-Playern nennen?

3. Meinen Sie, Leute werden asozial, wenn sie ihre Musik immer auf einem MP3-Player hören? Warum (nicht)?

9 Schöne Männer braucht das Land (p. 8)

Lesen Sie den Text „Schöne Männer braucht das Land" auf Seite 8 und beantworten Sie folgende Fragen.

1. Ist das Leben in der Modebranche Ihrer Meinung nach wirklich so spannend?

2. Was sind vielleicht die Risiken, wenn man in der Modebranche arbeitet?

3. Ist Model sein ein Beruf fürs Leben? Was meinen Sie?

Technologie

13 Fernsehen: Macht es schlechte Augen? (p. 13)

 **Lesen Sie den Text „Fernsehen: Macht es schlechte Augen?" auf Seite 13. Diskutieren Sie folgende Fragen in der Gruppe.**

1. Warum glauben Sie, steht Fernsehen an der Spitze aller Jugendfreizeitaktivitäten?

2. Sehen Jugendliche Ihrer Meinung nach wirklich zu viel fern?

3. Was halten Sie von der Meinung, dass Fernsehen einen schlechten Einfluss auf Jugendliche hat? Warum?

4. Beschreiben Sie Ihre eigenen Fernsehgewohnheiten. Was meinen die anderen in der Gruppe von diesen Gewohnheiten?

Schreiben Sie einen kurzen Artikel (200–220 Wörter) als Antwort auf den obigen Bericht, in dem Sie Ihren Standpunkt zum Fernsehen äußern. Sie könnten Folgendes erwähnen:

- Wer Sie sind und warum Sie schreiben.
- Warum Sie zum Fernsehen einen positiven Standpunkt haben.
- Was die negativen Aspekte des Fernsehens sind, und warum.
- Wie man alles besser kontrollieren soll.

Alkohol, Drogen und Sex

18 Weihnachten hinter Gittern? (p. 17)

C 📖 💬 **Lesen Sie die folgenden Schlagzeilen und diskutieren Sie Ihre Reaktionen mit der Gruppe.**

1. **GESCHLECHTSVERKEHR MIT 16 ODER 17!**
Laut einer Studie erleben die meisten Jugendlichen in Europa ihren ersten Geschlechtsverkehr mit 16 oder 17!

2. **Mutter mit zwölf Jahren!**
Die Zahl so genannter „Teenager-Schwangerschaften" nimmt stark zu. Jugendliche kennen zwar häufig viele Details über Sex, wissen aber gleichzeitig viel zu wenig über Verhütung.

3. **GEFAHR AIDS – 40 MILLIONEN MENSCHEN SIND HIV-POSITIV!**
Die Zahl der HIV-Kranken steigt an. Nicht nur Erwachsene sind von Aids betroffen, sondern auch immer mehr Jugendliche und sogar Kinder. Dennoch glauben viele junge Menschen, dass sie sich nicht schützen müssen.

Extension activities

Sport und fitness

4 Trendsport (p. 25)

REGINA HALMICH – EINE MÄNNERSPORTKARRIERE

Regina Halmich wurde im Jahr 1976 geboren. Sie fing erst als Teenager mit dem Boxen an, vorher hatte sie Judo und Kickboxen gemacht. Schnell wurde den Trainern klar: „Die hat sehr großes Talent!" Mit 16 wurde sie deutsche Meisterin, mit 18 Europameisterin. Im gleichen Jahr wechselte sie von den Amateuren zu den Profis. Dort musste sie im April 1994 ihre einzige Niederlage als Profi-Boxerin gegen die Amerikanerin Trevino hinnehmen.

Ihre Kampfstatistik ist beeindruckend. In 56 Kämpfen gab es 54 Siege, ein Unentschieden und nur eine Niederlage. Im November 2007 bestritt sie ihren letzten Kampf und beendete ihre Karriere. Über 8 Millionen Zuschauer verfolgten an den Fernsehern ihren letzten Sieg. Zwölf Jahre lang war sie ungeschlagene Weltmeisterin.

Aber es war nicht immer leicht für Regina. Sie sagt, dass viele sie besonders am Anfang ihrer Karriere belächelt oder nicht ernst genommen haben. Für die Medien sei sie ein Experiment gewesen: „Eine Frau als Boxprofi!" Viele Journalisten hätten immer über Gründe spekuliert, warum sie boxe. Aber Regina ist konsequent ihren Weg gegangen. Zum Leistungssport gehören nicht nur hartes Training und Ehrgeiz, sondern auch viel Disziplin und mentale Stärke. Doch sie hat es geschafft, den Frauenboxsport in Deutschland populär zu machen. Sie boxte zweimal gegen den Moderator Stefan Raab in seiner Fernsehshow. Natürlich gewann sie beide Kämpfe, und obwohl es um nichts ging, sahen über 7 Millionen Leute zu. In der Zukunft möchte sie als Fernsehmoderatorin bei großen Boxveranstaltungen arbeiten und so ihrem Sport verbunden bleiben.

 Beantworten Sie folgende Fragen zum Text.

1. Welche Sportarten hat Regina als Kind gemacht?
2. Was passierte im April 1994?
3. Inwieweit war ihre Boxkarriere sehr erfolgreich?
4. Wie haben die Leute reagiert, als sie mit dem Boxen angefangen hat?
5. Was sind ihre Zukunftspläne?

 Finden Sie diese Ausdrücke im Text.

1. Jemand, der regelmäßig Sport treibt, aber dafür kein Geld bekommt.

   _____

2. Keine der beiden Seiten gewinnt oder verliert.

   _____

3. Ein verlorenes Spiel oder ein Wettkampf, den man verliert.

   _____

4. Ein Versuch, meist wissenschaftlich.

   _____

5. Man verfolgt fest entschlossen ein Ziel.

   _____

6. Etwas ist bekannt und beliebt.

   _____

E **Schreiben Sie einen kurzen Text (200–220 Wörter) in Anlehnung an den obigen Artikel zum Thema „Junge Menschen und Leistungssport". Sie sollten folgende Punkte behandeln.**

- Welche Vorteile bringt der Leistungssport mit sich?
- Was für schwierige Situationen kann es insbesondere für Leistungssportler, die parallel zur Schule gehen, geben?
- Inwieweit sind die von Regina Halmich angesprochene „mentale Stärke und Disziplin" wichtig? Welche Faktoren sind noch hilfreich?
- Spielt die Familie auch eine wichtige Rolle?

Thema Ernährung

9 Gesünder essen und trinken (p. 29)

C 📖 **Lesen Sie den Text „Gesunder essen und trinken" auf Seite 29. Wer sagt was?**

1. Den größten Einfluss haben die Eltern.
   _____

2. Fitness und Fast Food müssen kein Widerspruch sein. _____

3. Eine Ursache für die schlechte Ernährung ist das fehlende Angebot gesunder Speisen.
   _____

4. So wie Mathe oder Deutsch sollte man auch gesunde Ernährung lernen. _____

5. Wenn Obst richtig zubereitet ist, wird es auch von mehr Leuten gegessen. _____

6. Eigentlich sind nicht die Kinder an ihrer schlechten Ernährung schuld.
   _____

7. Man muss dafür sorgen, dass sich die Leute häufiger bewegen. _____

8. Der Staat muss seine Bürger vor falscher Ernährung schützen. _____

D 📖 **Beantworten Sie die Fragen zum Text.**

1. Warum hat Tanja früher viel Obst gegessen?
   _____
   _____
   _____
   _____

2. Was meint Jule mit „richtig schwitzen"?
   _____
   _____
   _____
   _____

3. Was genau erwartet Sandra von den Politikern?
   _____
   _____
   _____
   _____

4. Welchen Vorschlag macht Dirk?
   _____
   _____
   _____
   _____

E 💬 **Diskutieren Sie in der Gruppe. Was spricht für und gegen ein Leben als:**

- Vegetarier?
- Veganer?
- Fast-Food-Fanatiker?
- Naschkatze?

F ✏️ **Forschen Sie im Internet nach und beantworten Sie folgende Fragen auf Deutsch.**

1. Welche Risiken bringt eine vegetarische Ernährung mit sich?

2. Was müssen Veganer besonders beachten?

3. Welche anderen Gründe gibt es noch, warum Menschen bestimmte Lebensmittel nicht konsumieren?

G 📖 **Ein gutes Modell für eine gesunde Ernährung ist eine Kampagne der deutschen Bundesregierung auf der Webseite www.5amtag.de.**

1. Was ist Ziel der Kampagne?

2. Was genau muss man tun?

3. Wie finden Sie die Vorschläge? Was ist gut und was ist weniger gut?

Fragen der Gesundheit

11 Eine Frage der Schönheit (p. 32)

 Lesen Sie den Text „Schönheitswahn – für welchen Preis?" auf Seite 32. Um welchen Absatz geht es: 1, 2 oder 3?

1. Eine Sonnenbank vor 20 Jahren war deutlich gefährlicher als heutzutage. _____

2. Bei schlechtem Wetter geht die Bräune schneller weg. _____

3. Man kann auch braun werden, ohne in Urlaub zu fahren. _____

4. An Hautkrebs kann man sterben. _____

5. Nicht jeder kann gefahrlos gleich lang in der Sonne bleiben. _____

6. Immer mehr Menschen erkranken an Hautkrebs. _____

D **Diskutieren Sie in der Gruppe.**

1. Sind Schönheit und Reichtum wirklich die wichtigsten Dinge im Leben?

2. Wie finden Sie braungebrannte Menschen?

3. Welche Rolle spielen die Medien/spielt die Werbung beim Thema Schönheit?

4. Wie gehen Sie persönlich mit dem Thema „Sonne – Hautkrebs" um?

5. Sollte es am Strand „Regeln zum richtigen Umgang mit der Sonne" geben?

6. Sind Solarien eine gute Alternative zum Sommerurlaub?

E **Forschen Sie im Internet nach und beantworten Sie folgende Fragen schriftlich.**

1. Inwieweit ist Hautkrebs ein Problem in Ihrem Land?

2. Wie gehen Länder wie Australien oder die USA mit der Thematik „Sonne – Hautkrebs" um?

3. Was kann man von diesen Ländern lernen?

4. Was, glauben Sie, ist gefährlicher: ein zweiwöchiger Urlaub in Spanien oder dreimal pro Woche ins Sonnenstudio zu gehen?

 Übersetzen Sie die Sätze ins Deutsche.

1. Using a solarium can increase your chances of developing cancer.

   _____

   _____

   _____

   _____

2. Over 1600 Australians die every year from skin cancer.

   _____

   _____

   _____

3. In a solarium you should always wear eye goggles.

   _____

   _____

   _____

4. People with fair skin should not use them.

   _____

   _____

   _____

5. In some areas one person in 19 will get a melanoma in their lifetime.

   _____

   _____

   _____

   _____

Reisen

2 Gute Reise! Oder vielleicht eben nicht... (p. 43)

E 🗨 **Siehe Aktivität D auf Seite 44. Sie könnten folgende Ausdrücke benutzen, um Ihr schlimmstes/bestes Urlaubserlebnis zu beschreiben.**

• Lassen Sie mich erstmal ein bisschen nachdenken …

| Mein schlimmstes Urlaubserlebnis

Mein bestes Urlaubserlebnis | war, als ich | vor ein paar Jahren
vor einigen Jahren
vor zwei Jahren
voriges/letztes Jahr
letzten Winter
diesen Sommer | mit meinen Eltern

mit meiner Familie

mit meinem Freund/meiner Freundin

mit meinem Sportclub | nach Thailand
in die Schweiz
in die Berge
an die Küste
zum Skifahren
auf die Insel Malta | gefahren bin. |
| | | | | eine Rundreise durch…
eine Radtour durc…
einen Strandurlaub/Skiurlaub | gemacht habe. |

• Das war unglaublich stressig/fürchterlich/katastrophal!
• Wir haben zu unserem Entsetzen entdeckt, dass…
• Kurzum gesagt, der Urlaub war die reinste Katastrophe!
• Das war super/ganz toll/wahnsinnig gut!
• Das hat mir sehr gut gefallen!
• Das war wirklich ein Traumurlaub!

Sie könnten folgende Ausdrücke benutzen, um Ihre künftigen Reisepläne zu beschreiben.

| Nächstes Jahr
Nächsten Winter
Diesen Sommer | werde ich | eine Pauschalreise nach Asien
eine InterRail-Tour durch Europa
eine Rundreise durch acht Länder | machen. |
| In ein paar Jahren
In zwei Jahren | habe ich vor, | ein Wanderjahr
eine Welttour mit dem Rucksack | zu machen. |

Mit oder ohne Eltern in Urlaub?

Bis jetzt	war ich nie	ohne Eltern mit Freunden	im Urlaub.
Letztes Jahr Vor einem Jahr Letzten Sommer	bin ich (zum ersten/zweiten Mal)	ohne Eltern mit Freunden mit (m)einem Freund/mit (m)einer Freundin	in Urlaub gefahren. nach… gefahren.
Dieses/nächstes Jahr Nächsten Winter Diesen Sommer In ein paar Jahren In zwei Jahren	werde ich (zum ersten/zweiten Mal) habe ich vor, (zum ersten/zweiten Mal)	ohne Eltern mit Freunden mit (m)einem Freund/mit (m)einer Freundin	in Urlaub fahren. in Urlaub zu fahren.

Ich fahre lieber mit Eltern/mit Freunden/mit (m)einer Freundin/mit (m)einem Freund in Urlaub, weil …

- … ich mit Freunden mehr Freiheit habe.
- … ich mit Freunden später am Abend unterwegs sein kann.
- … das mit Freunden/Eltern mehr Spaß macht.
- … ich mit meinen Eltern (nicht) sehr gut auskomme.
- … wir uns (nicht) sehr gut verstehen.
- … weil ich mir einen Urlaub ohne Eltern nicht leisten kann.
- … weil ich alt genug bin, unabhängig zu sein.
- … weil wir unsere Urlaubszeit miteinander verbringen wollen.

F 💬 **Was sind Ihrer Meinung nach die Vor- und Nachteile einer Rucksacktour? Lesen Sie den folgenden Text zum Thema InterRail.**

Das InterRail Ticket

Das InterRail Ticket ermöglicht Bahnfahren nach Herzenslust in bis zu 30 europäischen Ländern, die Türkei inklusive. Ganz egal welche Regionen, Städte und Länder ihr bereisen wollt, mit diesem Ticket in der Tasche seid ihr völlig frei in der Entscheidung, wo es morgen hingehen soll. Denn der InterRail Pass ist bis zu einem Monat für fast beliebig viele Zugfahrten gültig!

Ob nun Skandinavien, das Mittelmeer oder gleich ganz Europa, InterRail hat für jeden etwas zu bieten. Seit über 30 Jahren ein Muss für alle Globetrotter und Neugierige, die den guten alten Kontinent Europa spontan und flexibel erkunden wollen.

Source: www.interrailers.net

G 📖 **Sind die folgenden Vorteile richtig (R), falsch (F) oder nicht im Text (N/T)? Verbessern Sie die falschen Aussagen.**

1. Man kann über 30 Länder mit dem InterRail Ticket besuchen. _____

2. Mit dem InterRail Ticket hat man die Freiheit, jeden Tag zu entscheiden, wohin man fahren möchte. _____

3. Man kann den InterRail Pass während 4 Wochen auf fast allen Bahnstrecken benutzen. _____

4. Wenn man mit dem Rucksack und einem InterRail Ticket unterwegs ist, kommt man fremden Kulturen viel näher. _____

5. InterRail ist besonders für Leute geeignet, die Skandinavien oder das Mittelmeer besuchen wollen. _____

6. Den InterRail Pass gibt es seit Ende der neunziger Jahre. _____

7. Mit dem InterRail Pass kann man viele Kontinente wie Europa und Asien spontan und flexibel bereisen. _____

H 📖 💬 **Ordnen Sie die folgenden Nachteile der Priorität nach (1 = wichtig; 6 = nicht sehr wichtig). Vergleichen Sie Ihre Prioritätsliste mit einem Partner/einer Partnerin.**

- Wenn man bis zu 30 Länder in 4 Wochen durchreist, kann man diese Länder und Kulturen nur sehr flüchtig kennen lernen. _____

- Man verbringt zu viel Zeit im Zug. _____

- Man ist völlig auf das Bahnnetz und auf die Bahnverbindungen angewiesen: Ohne eigenes Transportmittel ist man nicht sehr flexibel. _____

- Man muss sein ganzes Gepäck auf dem Rücken tragen. _____

- Es könnte besonders für Mädchen gefährlich sein, alleine oder mit ein paar Freundinnen herumzureisen. _____

- Man könnte Kommunikationsprobleme in einigen Ländern haben, wo man die Sprache nicht spricht. _____

3 Zukunftstourismus (p. 45)

 Siehe Aktivität C auf Seite 46. Sie könnten folgende Ausdrücke benutzen.

Liebe/Lieber…	*Dear…*
Es scheint unglaublich, dass…	*It seems incredible, that…*
Sagenhaft! Nicht zu fassen!	*Unbelievable!*
Das war ganz überwältigend.	*It was quite overwhelming.*
Ich kann/konnte meinen Augen kaum trauen.	*I can/could hardly believe my eyes.*
Das ist wie ein wahr gewordener Traum/irgendeine Fantasiewelt.	*It's like a dream come true/some sort of fantasy world.*
Es gibt sogar einen/eine/ein…	*There's even a…*
Mir wurde übel/schwindelig, als…	*I felt sick/dizzy when…*
köstliches Essen	*wonderful food*
hervorragendes Wetter	*magnificent weather*
Das ist nicht gerade das Gelbe vom Ei!	*It's not exactly brilliant!*
ein Zimmer mit schöner Aussicht	*a room with a view*
Von hier hat man einen herrlichen Blick über den/die/das…	*From here there is a fantastic view of the…*
Das war sehr aufregend/fantastisch/ganz super!	*It was very exciting/out of this world/brilliant!*
Ich fühle mich sehr wohl/sehr entspannt.	*I'm feeling great/very relaxed.*
Heute Nachmittag/Morgen werde ich…	*This afternoon/Tomorrow I'm going to…*
Ich kann es kaum erwarten!	*I can't wait!*
Ich wünschte, du wärst hier!	*Wish you were here!*
Bis bald.	*See you soon.*
Viele liebe Grüße…	*Love from…*

Touristeninformation

5 Ich möchte mich beschweren! (p. 49)

D 🗨 **Siehe Aktivität C auf Seite 50. Bereiten Sie sich auf Ihre Rolle vor, indem Sie die Ausdrücke, die Sie verwenden möchten, unterstreichen.**

Person A:

Wie ist das Zimmer?

Abfluss verstopft	*drain blocked*
unerträglicher Gestank	*unbearable smell*
Bettwäsche/Handtücher nicht sauber	*sheets/towels not clean*
schimmelige Wände	*mouldy walls*
Kakerlaken	*cockroaches*
So etwas habe ich in meinem Leben noch nie gesehen!	*I've never seen anything like it!*
die Klimaanlage	*air conditioning*
das Licht	*light*
das Schloss	*lock*
nicht funktionieren	*to not work*
kein Heißwasser	*no hot water*
der Rauchgeruch	*smell of smoke*
viel Lärm	*lots of noise*
Ich habe die ganze Nacht kein Auge zugemacht.	*I didn't sleep a wink the whole night.*

Wie ist das Essen?

ungenießbar	*inedible*
ekelhaft	*disgusting*
unhygienisch	*unhygienic*
jede Menge Fliegen	*loads of flies*
der Speisesaal	*dining room*
kein Besteck	*no cutlery*
ewig warten	*to wait for ages*

Was wollen Sie jetzt?

Ich will...	*I want...*
mein Geld zurück	*my money back*
das Zimmer wechseln	*to swap rooms*
in ein anderes Hotel gehen	*to go to another hotel*
einen vorzeitigen Heimflug	*an early flight home*
meine Reklamation beim Hoteldirektor melden	*to complain to the manager*
meine Zimmerreservierung stornieren	*to cancel my booking*
den/die Reiseleiter(in) sehen	*to see the tour representative*

Person B:

Es tut mir (sehr) leid.	*I'm (very) sorry.*
Wir möchten Sie um Verzeihung bitten.	*We'd like to offer our apologies.*
Zu unserem größten Bedauern können wir nichts dafür.	*Much to our regret we can't do anything about that.*
Sicher können Sie verstehen, dass…	*I'm sure you will appreciate that…*
Ach so…	*I see…*
Also, wenn ich richtig verstehe…	*So, as I understand it…*
Einen Augenblick, bitte!	*One moment, please!*
Wir sind voll ausgebucht.	*We're fully booked.*
Wir können Ihnen ein Zimmer mit Meeresblick und Balkon anbieten.	*We can offer you a room with sea view and balcony.*
Ich verstehe den Ernst der Lage.	*I understand the gravity of the situation.*
Ich werde mich sofort darum kümmern.	*I'll see to it at once.*
Was halten Sie von dem folgenden Vorschlag?	*What do you think of the following suggestion?*
Ich werde das sofort an den Hoteldirektor weitergeben.	*I'll pass this on straight away to the manager.*
Vielen Dank für Ihre Geduld/Ihr Verständnis.	*Thank you for your patience/understanding.*

6 Tipps und Informationen für faire Ferien (p. 51)

D ✎ **Sie sind auf Urlaub und wohnen in einem großen internationalen Hotel direkt am privaten Strand. Sie haben gerade die, „fairunterwegs" Website entdeckt und sind zu der Erkenntnis gekommen, dass Ihr Urlaub nicht sehr fair ist. Schreiben Sie ein Blog (ca. 200–220 Wörter) für die Website, in dem Sie die negativen Punkte Ihres Urlaubs beschreiben und sagen, wie Sie jetzt versuchen werden, den Rest Ihres Aufenthaltes ökologischer zu gestalten.**

Gehen Sie auf Folgendes ein:

- **die Anlagen des Hotels und das Essen**
- **den Wasserverbrauch im Hotel**
- **Souvenirs und Touristenausflüge im Angebot**
- **wie Sie von nun an ökologischer handeln werden**
- **Ihre künftige Urlaubspläne**

Sie können Ihr Blog so beginnen:
Ich habe gestern Ihre Website gelesen und sie geht mir nicht mehr aus dem Sinn. Ich wohne hier in einem großen internationalen Hotel direkt am Strand...

Sie könnten folgende Ausdrücke benutzen:
Bis jetzt... / Gestern / Heute Morgen schon habe ich...
Von nun an / Ab heute / Nächstes Mal / Während des Rests meines Aufenthalts werde ich aber...
Ich will nicht mehr...
Die Einheimischen / die lokalen Hoteliers und ihre Angestellten wollen...
Reisende / Gäste / Touristen / Urlauber sollten..., weil...
Man sollte sich die Frage stellen, ob...
Ich werde auf... verzichten, weil...
Ich werde womöglich... vermeiden / wählen.
So / Auf diese Weise werde ich versuchen, die lokale Wirtschaft zu fördern / die Umwelt zu schonen...

Extension activities

Das Wetter

3 Was verursacht die Erderwärmung und wie kann man sie bremsen? (p. 65)

F 📖 📙 **Ordnen Sie jedem deutschen Ausdruck unten den passenden englischen Ausdruck zu.**

1. sich über etwas Gedanken machen
2. die Tagesschau
3. etwas fürs Klima tun
4. Ich bin eben halt nur ein Fernseher.
5. jemandem einen Gefallen tun
6. ausschalten
7. unnötig Saft verbrauchen

a to switch off
b I'm just a television
c to do someone a favour
d to think about/be worried about something
e to consume energy/electricity unnecessarily
f to do something for the climate
g daily TV news programme

G ✐ **Übersetzen Sie folgende Sätze ins Deutsche. Benutzen Sie Wörter und Ausdrücke aus dem Bericht „Was verursacht die Erderwärmung und wie kann man sie bremsen?" auf Seite 65.**

1. Almost all climate researchers believe that the burning of fossil fuels causes climate change.

2. The production of CO_2 intensifies the greenhouse effect.

3. Without a layer of gas all the warmth would escape into space.

4. If there are too many waste gases in the air, heat escapes more slowly.

5. If we can do without coal and crude oil und consume less energy, perhaps we can slow down global warming.

6. If we save energy, we save money too.

H 💬 **Versuchen Sie den Treibhauseffekt in eigenen Worten mündlich auf Deutsch zu erklären. Benutzen Sie kurze einfache Sätze und Informationen aus den zweiten und dritten Absätzen des Berichts „Was verursacht die Erderwärmung und wie kann man sie bremsen?" auf Seite 65. Benutzen Sie auch Verben, Nomina und Adjektive aus Aktivität A.**

Die Umweltverschmutzung

5 Kann man als Einzelner einen Unterschied machen? (p. 69)

 Siehe Aktivität C auf Seite 70. Sie könnten folgende Ausdrücke benutzen:

Welche Umweltprobleme bekümmern Sie am meisten?

- Das schlimmste Umweltproblem ist/Die schlimmsten Umweltprobleme sind meiner Meinung nach…
- Ich glaube, die größte Bedrohung ist…
- Meiner Meinung nach sind alle Umweltprobleme eng miteinander verbunden.
- Ehrlich gesagt finde ich es furchtbar, dass…

Was machen Sie persönlich, um die Umwelt zu schützen?

- Ob ich persönlich was dagegen mache?
- Was ich persönlich zum Umweltschutz beitrage?
- Ja, ein Umweltengel bin ich sicher nicht!
- Ich würde sagen, dass ich schon ziemlich umweltbewusst bin.
- Ich bemühe mich schon, die Umwelt so wenig wie möglich zu belasten.
- Na ja, ich mache die üblichen Sachen, die heutzutage fast jeder macht, wie…
- Ich vermeide/benutze wenn möglich…
- Ich versuche vor allem,… zu vermeiden.
- Ich unterstütze einige Umweltschutzorganisationen mit Spenden.
- Ich arbeite als Freiwilliger in/bei…
- So wie ich das sehe, kann ich wenigstens…
- Ich bin Mitglied in…
- Ich mache regelmäßig bei Demos mit.
- Ich schreibe oft E-Mails an Politiker und Geschäftsführer.

Kann man als Einzelner einen Unterschied machen?

- Ich fühle mich dabei irgendwie machtlos.
- Ich sollte wohl…, aber…
- Was kann ich als Einzelner schon machen?
- Wie kann ich einen Unterschied machen, wenn…?
- Der Einzelne kann doch etwas tun und einen Unterschied machen.
- Ich glaube, dass es sehr wichtig ist, zu versuchen, das große Ganze zu beeinflussen.
- Ich glaube, man sollte bei sich anfangen, dann versuchen, andere zu überzeugen.

Das Recycling

7 Was gehört wohin? (p. 72)

 Siehe Aktivität B auf Seite 72. Sie könnten folgende Ausdrücke benutzen.

Wohin gehören Wohin kommen	Konservendosen?
	Elektrogeräte?
	Windeln?
	Eierkartons?
	Gartenabfälle?
	Konservengläser?
	Altkleider?
	Druckerpatronen?
	Handys?
	Styroporverpackungen?
_____ gehören… Bei uns kommen _____	in die Gelbe Tonne.
	in die Biotonne.
	in die Altpapiertonne.
	in die Restmülltonne.
	in die Altkleidersammlung.
	in die Handysammlung.
	in die Druckerpatronensammlung.
	in die Elektro-Altgeräte-Sammlung.
	in den Altglascontainer.
Das wird Sie werden	recycelt.
	wiederverwendet.
	in einer Müllverbrennungsanlage verbrannt.
	zu Kompost verarbeitet.
	zu Recyclingpapier verarbeitet.
	zu Recycling-Glas verarbeitet.
Die Wertstoffe werden wiederverwertet. Bei uns kann man _____ nicht recyceln. Das kommt in den Restmüll.	

Deutsche Schulen

4 G8 (p. 84)

C 📖 **Lesen Sie Meinungen über G8 auf Seite 84. Wer sagt Folgendes?**

1. Ich kann aus der eigenen Erfahrung etwas über dieses Thema sagen. _____

2. Es stimmt nicht, wenn die Leute sagen, man hat fünfzig Stunden in der Woche. _____

3. Ich finde, die Schultage sind manchmal zu lang. _____

4. Die glückliche Schülerin von früher gibt es nicht mehr. _____

5. Wenn man die Arbeit zu viel findet, hat man vielleicht die falsche Schule gewählt. _____

D ✏️ **Übersetzen Sie die folgenden Sätze ins Deutsche.**

1. The eight-year Abitur was introduced in Bavaria about three years ago.

_____

_____

2. Many of the G8 pupils feel under pressure.

_____

_____

3. The amount of homework a Year 6 pupil has to do is two hours a night.

_____

_____

4. Many parents think their children's free time is insufficient.

_____

_____

5. The daily life of families is also affected.

_____

_____

Nach der Schule

5 Das Freiwillige Soziale Jahr (p. 85)

C 📖 **Finden Sie im Internet die Webseite www.fsj-web.de. Klicken Sie auf „Berichte und Statements". Lesen Sie die Schlagzeilen zu den verschiedenen Berichten.**

Wer meint ...?

1. Es ist am besten, wenn man während des FSJs in einer anderen Stadt oder in einem anderen Land wohnt. _____

2. Jetzt weiß ich, welchen Beruf ich machen möchte. _____

3. Ich habe viele Erfahrungen gemacht, die für mein Leben wichtig waren. _____

4. Diese Zeit werde ich nie vergessen. _____

5. Ich weiß jetzt, was ich gut und was ich nicht so gut machen kann. _____

6. So was Tolles habe ich nie erlebt. _____

Welche anderen Gründe für das FSJ werden gegeben? Lesen Sie die Schlagzeilen nochmals durch und schreiben Sie vier oder fünf Gründe auf.

_____

_____

_____

_____

_____

D ✏️ **Stellen Sie sich vor, Sie haben gerade das FSJ vollendet. Schreiben Sie einen Artikel (200–220 Wörter) über Ihre Erfahrungen. Benutzen Sie den Text auf Seite 85 und die Webseite als Hilfe.**

Sie sollten folgende Punkte behandeln:
- Wo und wann Sie das FSJ gemacht haben.
- Was für Arbeit Sie gemacht haben.
- Warum Sie die Erfahrung gut gefunden haben.
- Wie das Ihnen bei der Berufswahl geholfen hat.
- Warum Sie es anderen Leuten empfehlen würden, ein FSJ zu machen.

Universitätsstudium

11 Zulassung (p. 89)

D 📖 **Finden Sie die Webseite http://www.uni-muenster.de/leben/. Lesen Sie über das Leben an der Universität Münster und beantworten Sie die folgenden Fragen. Schreiben Sie, wenn möglich, in Ihren eigenen Worten.**

1. Womit fährt man am besten in Münster und warum?

2. Was können Studenten kaufen, wenn sie mit dem Bus oder mit der Bahn fahren wollen?

3. Wann ist es schwierig, eine Wohnung in Münster zu finden?

4. Was sind die Vorteile von Studentenwohnheimen?

5. Welche Museen kann man in Münster besuchen?

6. In welchen Sprachen führt man Theaterstücke an der Uni auf?

7. Welche Theater gibt es in Münster und welche Sonderangebote haben sie für Studenten?

8. Was kann man in der Mensa machen? Wie groß ist die Mensa an der Aasee?

9. Wo kann man als Student(in) im ersten Semester andere Studenten/Studentinnen kennen lernen? Nennen Sie drei Orte.

10. Was für Studenten findet man im Begegnungszentrum „die Brücke"?

Aktuelle Themen im Bildungsbereich

12 Schulkleidung (p. 90)

C Diese Ausdrücke werden Ihnen helfen, über das Thema Schuluniform zu sprechen. Lesen Sie die Ausdrücke in Tabelle 1 durch. Finden Sie dann die richtige englische Übersetzung in Tabelle 2. Schreiben Sie die Buchstaben auf! Schreiben Sie auch auf, ob der Ausdruck eine Meinung *für* die Schuluniform (F), *gegen* die Schuluniform (G) oder *keine Meinung* (KM) ausdrückt.

Tabelle 1

	Übersetzung	F/G/KM?
1. Der Vorschlag ist auf große Unstimmigkeit gestoßen.		
2. Die Zahl der Fürsprecher ist enorm gestiegen.		
3. Die gemeinsame Schulkleidung verdeckt soziale Unterschiede.		
4. Es gibt auch Stimmen gegen die Schuluniform.		
5. Die jüngeren Schüler kommen besser mit der neuen Schulkleidung zurecht als die älteren.		
6. Manche Leute meinen, es fehlt den Schülern an Individualität.		
7. Die Schüler bauen eine intensivere Bindung zu ihrer Schule auf.		
8. Weil die Schüler äußerlich gleich aussehen, hat man die sozialen Unterschiede nicht beseitigt.		
9. Für die, die weniger Geld haben, kann die Schuluniform recht teuer werden.		
10. Manche Kinder halten sich zurück, weil sie sich keine Markenkleidung leisten können.		
11. Das Tragen der Schuluniform geschieht freiwillig. Keiner kann gezwungen werden.		

Tabelle 2

a	For those who have less money, school uniform can be extremely expensive.
b	There are also voices against school uniform.
c	Many people think the pupils lack individuality.
d	The proposal has met with great uncertainty.
e	Because the pupils look outwardly the same, the social differences have not been eliminated.
f	Many pupils adopt a low profile because they cannot afford branded goods.
g	Younger pupils come to terms with the new school clothing better than the older ones.
h	Wearing the school uniform is voluntary. No one can be forced to wear it.
i	The number of people in favour has risen enormously.
j	The pupils form a closer relationship with their school.
k	Wearing the same clothes for school hides social differences.

14 Ganztagsschule (p. 92)

C Diskutieren Sie mit einem Partner/einer Partnerin über die folgenden Äußerungen.

1. Hausaufgaben soll man sofort nach der Schule machen.

2. Die Eltern sollen kleinen Kindern bei den Hausaufgaben helfen.

3. Wo macht man die Hausaufgaben am besten?

4. Hat es überhaupt einen Sinn, Hausaufgaben zu geben?

5. Hintergrundmusik hilft bei den Hausaufgaben.

6. Bei den Hausaufgaben soll man mit den Fächern beginnen, die man am liebsten macht.

Grammatik

A Vervollständigen Sie die folgenden Sätze mit dem korrekten Relativpronomen.

1. Das Freiwillige Soziale Jahr, _____ ich im Altersheim verbracht habe, war eine tolle Erfahrung.

2. Sie wollte an einer Universität studieren, _____ sich in den neuen Bundesländern befindet.

3. Es gibt Sonderklassen für Kinder, _____ Deutschkenntnisse gering sind.

4. Schüler, _____ eine Uniform tragen, identifizieren sich mehr mit der Schule.

5. Das Gymnasium, an _____ ich war, befindet sich in der nächsten Stadt.

6. In der Pause kaufe ich mir ein Butterbrot von dem Geschäft, _____ um die Ecke liegt.

7. Der Bus, mit _____ ich zur Schule fahre, fährt um halb acht.

8. Das Geld, _____ ich beim Ferienjob verdient habe, brauche ich für das Studium.

9. Ich habe einen Bruder, _____ auch studieren will.

10. Das ist ein Student, _____ ich an der Uni kennen gelernt habe.

B Fügen Sie die korrekten Verbformen (Imperfekt, Perfekt, Plusquamperfekt) in die folgenden Sätze ein.

1. Nachdem er an der Uni _____ (studieren), _____ (bekommen) er eine Stelle an einem Gymnasium.

2. Die Umfrage, die man _____ (machen), zeigte, dass viele Familien unzufrieden _____ (sein).

3. Er _____ (dürfen) nicht ins Kino gehen, weil er die Hausaufgaben nicht _____ (machen).

4. Ich _____ (verbringen) mein FSJ in Südamerika, weil ich mein Spanisch verbessern _____ (wollen).

5. Er _____ (wollen) wissen, was ich bei der Bundeswehr _____ (machen).

6. Ich _____ (sein) froh, als ich _____ (hören), dass man die Wehrpflicht _____ (abschaffen).

7. Er _____ (kommen) spät zur Schule, weil er den Bus _____ (verpassen).

8. Er _____ (wissen) nicht, dass er sein Geld _____ (vergessen), bis wir im Restaurant _____ (sitzen).

9. Er _____ (können) die Miete nicht bezahlen, weil seine Eltern ihm das Geld nicht _____ (geben).

10. Weil er Informatik _____ (studieren), _____ (bekommen) er eine gute Stelle bei einer Computerfirma.

Geld nebenbei

3 Schule und Job sind vereinbar (p. 103)

C 📖 **Sie lesen im Internet diese Gründe für und gegen Nebenjobs. Füllen Sie die Tabelle aus. Welcher Satz passt zu welchem Grund? Schreiben Sie die Nummer auf.**

Was spricht für einen Nebenjob?

1. *Mein Kind sammelt erste Erfahrungen im Arbeitsalltag – das ist wichtig fürs spätere Berufsleben und die Berufswahl.*

2. *Wenn mein Kind im Job erfolgreich ist, fördert das sein Selbstbewusstsein.*

3. *Durch den Schülerjob geht mein Kind bewusster mit Geld um, weil es merkt, wie schwer es zu verdienen ist.*

4. *Mein Kind lernt, Verantwortung zu übernehmen, pünktlich zu sein, sich an Vereinbarungen zu halten.*

5. *Eventuell ist ein Job dabei, mit dem mein Kind später ein Studium mitfinanzieren kann.*

6. *Mein Kind ist finanziell unabhängiger von seinen Eltern.*

7. *Mein Kind lernt, seine Zeit besser zu managen.*

Was spricht gegen einen Nebenjob?

8. *Jobbt mein Kind, vernachlässigt es womöglich die Schule.*

9. *Ich möchte, dass mein Kind sich lieber ohne Bezahlung engagiert – in einer Jugendgruppe oder in einer Umweltorganisation.*

10. *Mein Kind würde durch einen Schülerjob körperlich und psychisch zu sehr belastet.*

11. *Mit dem Geld aus dem Schülerjob würde mein Kind noch mehr in den Konsumwettlauf um Handys und Markenklamotten einsteigen.*

12. *Die ohnehin knappe Freizeit meines Kindes würde noch mehr eingeschränkt.*

		Grund Nummer
a	Ich weiß, dass ich nicht spät zur Arbeit kommen darf und dass ich die Arbeit machen muss, die mein Boss mir gibt.	
b	Meine Eltern meinen, ich werde mit dem Geld nur teure Kleider und Elektrogeräte kaufen.	
c	Ich weiß, dass ich jetzt eine Arbeit allein machen kann.	
d	Das ist viel zu anstrengend. Ich bin bin die ganze Zeit müde und gestresst.	
e	Meine Eltern glauben, es ist besser, ich mache etwas, wo ich kein Geld bekomme.	
f	Für meine Hobbys habe ich jetzt viel weniger Zeit.	
g	Ich muss mein Leben besser planen: Hausaufgaben, Hobbys usw. Der Tag hat nur 24 Stunden!	
h	Ich lerne, wie das ist, wenn man in einem Büro oder in einem Geschäft arbeitet. Das wird helfen, wenn ich selbst berufstätig bin.	
i	Es kann sein, dass man nicht mehr so viel Zeit für Schulaufgaben hat.	
j	Ich muss nicht immer zu meinen Eltern gehen, wenn ich etwas Größeres brauche.	
k	Wenn ich Student bin, werde ich das Geld gut gebrauchen können, das ich verdiene.	
l	Ich habe das Geld selbst verdient, also passe ich besser auf, wie ich es ausgebe.	

D ✏ Schreiben Sie einen Artikel (200–220 Wörter) für die Schülerzeitung, in dem Sie Ihren Mitschülern Tipps geben, wie sie die Eltern überreden können, ihnen einen Teilzeitjob zu erlauben. Benutzen Sie die Gründe in Aufgabe C. Geben Sie Gründe an, warum ein Schülerjob gut ist. Versuchen Sie, die Ängste der Eltern zu beschwichtigen.

Heute arbeitet man anders

10 Arbeitsstellen heute (p. 112)

C 📖 Lesen Sie diesen Text über eine Lehrerin in einer Schule in der Schweiz und beantworten Sie die Fragen zum Text.

Deutschlehrer an einer Kantonsschule

Nach meinem Studium der Germanistik, der Geschichte und Schwedisch, das ich sowohl an der Universität Zürich als auch in Schweden absolvierte, war ich zunächst in einer Bank tätig gewesen. Nach einigen Jahren wollte ich mehr mit Menschen arbeiten und entschied mich für einen Quereinstieg in den Lehrerberuf. Ich absolvierte den Kurs für das Höhere Lehramt an der Uni Zürich und stieg dann über ein Praktikum als Deutschlehrer in einer Kantonsschule ein. Hier unterrichtete ich vier Jahre, bis ich dann an eine Schule in einem anderen Kanton wechselte.

Für die Ausübung meines Berufs braucht man eine hohe Kompetenz in Deutsch, aber auch viel Geduld, Empfühlungs- und Reflexionsvermögen. Das Faszinierende am Deutschunterricht ist die Vielfalt der Themen. Neben Grammatik, Orthographie oder Literatur kann ich mit der Klasse beispielsweise die unterschiedlichen Textstile in Zeitungen untersuchen. Zurzeit betreue ich vier Klassen mit jeweils 24 bis 26 Schülerinnen und Schülern. Und ich muss mich nach jeder Schulstunde fragen, was ich das nächste Mal besser machen kann.

An meinem Beruf schätze ich die selbstständige Arbeit und die Möglichkeit, auch zu Hause arbeiten zu können. Aber auch die Arbeit mit Jugendlichen an sich übt eine große Faszination auf mich aus. Nachteilig ist, dass man als Lehrer sehr isoliert tätig ist, da man nur schwer mit anderen Lehrern zusammenarbeiten kann.

---

1. Warum hat die Erzählerin eine schwedische Universität besucht?

2. Wie hat sie die Arbeit in der Bank gefunden, und warum wollte sie den Beruf wechseln?

3. Welche Ausbildung für den Lehrerberuf hat sie erhalten?

4. Hat sie immer an derselben Schule unterrichtet?

5. Welche Fähigkeiten braucht man, um Lehrer zu sein?

6. Warum findet sie den Deutschunterricht so interessant? Was für Arbeit macht sie mit ihren Klassen?

7. Wie kontrolliert sie, wie gut ihre Arbeit ist?

8. Was sind die Vor- und Nachteile des Lehrerberufs?

D 💬 Diskutieren Sie mit einem Partner/einer Partnerin über die folgenden Berufe. Was sind die Vor- und Nachteile von diesen Berufen? Welche Fähigkeiten braucht man, um diese Berufe ausüben zu können?

- Lehrer/Lehrerin
- Bankbeamte/Bankbeamtin
- Reporter/Reporterin
- Krankenschwester/Krankenpfleger
- Schauspieler/Schauspielerin

Allerlei Arbeiten

14 Wie bekomme ich eine Arbeitsstelle? (p. 116)

C 📖 **Lesen Sie diese Tipps über Interviews. Welche Überschrift (a–f) passt zu welchem Tipp (1–6)? Füllen Sie die Tabelle aus.**

Überschrift		Tipp Nummer
a	Vorbereitungen	
b	Was ziehe ich an?	
c	Pünktlichkeit	
d	Kurz vor dem Interview	
e	Während des Interviews	
f	Nach dem Interview	

1. Der erste Eindruck, den Ihr Gegenüber von Ihnen gewinnt, ist enorm wichtig. Bei einer Bank sind nach wie vor Anzug und Krawatte angesagt, bei einer Werbeagentur darf es auch ein wenig farbenfroher und modisch-ausgeflippter sein. Die Kleidung muss sauber und ordentlich sein, die Schuhe müssen frisch geputzt sein.

2. Versuchen Sie, sich die möglichen Fragen des Interviewers vorzustellen. Welche Antworten werden Sie geben? Überlegen Sie sich Fragen, die Sie selbst stellen könnten, zum Beispiel über die Arbeitszeiten. Sie können das Gespräch auch im Rollenspiel mit einer Freundin oder einem Freund üben.

3. Sie sind pünktlich bei dem Unternehmen angekommen. Kontrollieren Sie (im Waschraum der Toilette) noch einmal Ihr Aussehen. Am Empfang und/oder im Vorzimmer zeigen Sie höflich und freundlich Ihr Einladungsschreiben vor.

4. Ihre Sitzhaltung sollte entspannt sein – weder zu steif noch zu lässig. Ruhig auf dem Stuhl sitzen – nicht auf der äußersten Kante sitzen oder gar mit dem Stuhl wippen! Vermeiden Sie auch zu starkes Zurücklehnen und das Verschränken der Arme (Abwehrhaltung). Während des Gespräches viel Blickkontakt mit Ihrem Interviewer halten. Seien Sie während des gesamten Gesprächs aufmerksam und freundlich.

5. Waren Sie insgesamt mit Ihrem Auftreten zufrieden? Waren Sie pünktlich? Haben Sie die passende Kleidung ausgewählt? Was haben Sie richtig gemacht? Was werden Sie das nächste Mal anders machen?

6. Kontrollieren Sie rechtzeitig, ob Ihre Uhr richtig geht. Stellen Sie den Wecker, um nicht zu verschlafen. Nehmen Sie sich vor, mindestens eine Viertelstunde vor dem Termin bei der Firma einzutreffen. In letzter Sekunde einzutreffen macht nicht gerade den besten Eindruck.

D 📖 **Answer the following questions in English. Sometimes more than one piece of information is given.**

1. How might you prepare for the interview?

2. Why is it important that you dress appropriately?

3. What should you do in order to arrive on time?

4. When is it suggested you arrive at the interview, and why?

5. What should you do just before the interview?

6. How should you behave in the reception area?

7. What sort of questions should you think of before the interview?

8. What tips are given about body language during the interview?

9. What should you do after the interview?

Übersetzen Sie die folgenden Sätzen ins Deutschen.

1. Nowadays many people commute to work so that their family does not have to move house.

_____

_____

2. Many parents think a part-time job will have a negative effect on their child's school work.

_____

_____

3. In my work experience the hours were long and I had to do monotonous jobs.

_____

_____

4. I have sent off lots of applications, but I haven't had an interview.

_____

_____

5. Many people are leaving the new Bundesländer because they can't find a job there.

_____

_____

6. Next week the German railways are on strike again.

_____

_____

7. Translators in the European Parliament should have a knowledge of several languages.

_____

_____

8. I don't want a job in which you have to sit at a desk all day.

_____

_____

Grammatik

The various uses of *werden*

> **Remember that *werden* has various uses in German.**
>
> 1. As a verb in its own right it means 'to become':
>   Im Winter **wird** es früh dunkel.
>   Ich möchte später Anwalt **werden**.
>
> 2. It is used with another infinitive to form the future tense:
>   Wir **werden** nächstes Jahr **umziehen**.
>   Was **wirst** du diesen Sommer **machen**?
>
> 3. It is also used with a past participle to form the passive:
>   Bayern **wird** von Tausenden von Leuten **besucht**.
>   Mein Haus **wurde** im letzten Jahrhundert **gebaut**.

A 📖 **Underline the complete verb forms in the following sentences and decide which use of *werden* is illustrated.**

1. Ich werde in zehn Jahren nach Australien umsiedeln. _____

2. Viele interessante Sachen werden über Politiker geschrieben. _____

3. Wer wird die richtige Antwort geben? _____

4. Nach der Schulzeit wurde meine Mutter Bürokauffrau. _____

5. Unsere Nachbarin ist schnell alt geworden. _____

6. Warum werden wir nie eingeladen? _____

7. Der Kuchen wird anderthalb Stunden in einem warmen Ofen gebacken. _____

8. Wie werde ich mein Ziel erreichen? _____

9. Wo werden Autos hergestellt? _____

10. Mir wird kalt. _____

B ✏️ **Rewrite the following active sentences in the present or imperfect passive.**

Example: Ein Ingeneur entwarf diese Brücke.
Diese Brücke wurde von einem Ingenieur entworfen.

1. Mozart komponierte viele Sinfonien.

   _____

   _____

2. Unser Lehrer erklärt alles.

   _____

   _____

3. Ich bereite heute Abend das Essen vor.

   _____

   _____

4. Vor hundert Jahren schrieb dieser Autor ein Meisterwerk.

   _____

   _____

5. Touristen finden München ganz entzückend.

   _____

   _____

6. Diebe stahlen eine wertvolle Vase aus dem Museum.

   _____

   _____

7. Im Herbst stellt man die Uhren eine Stunde zurück.

   _____

   _____

8. Der Erzbischof krönte den König in der Kathedrale.

   _____

   _____

9. Wo verkauft man Brot und Brötchen?

_____

_____

10. Die Behörden bauten das Rathaus im Jahre 1870.

_____

_____

C 🖊 **Translate the following sentences into German.**

1. When was the leisure centre built?

_____

_____

2. We will probably fly to America next year.

_____

_____

3. It gets light at about 7 o'clock.

_____

_____

4. A man was killed in a car accident last week.

_____

_____

5. I want to become an actress.

_____

_____

6. How many books are written each year?

_____

_____

7. Many people will visit Switzerland in the winter.

_____

_____

8. The house was sold in 2005.

_____

_____

9. Will you pass the exam?

_____

_____

10. Old people often get lonely.

_____

_____

Gleichberechtigung

5 Alles unter einem Dach (p. 129)

 Welche Aussagen passen zusammen?

1. Ich fühle mich als Schwarzer in der Firma benachteiligt.

2. Asylbewerber werden allzuoft als Außenseiter behandelt.

3. Trotz der positiven Gesetzgebung existieren noch viele Vorurteile gegen schwule Männer.

4. Wer taub ist, wird in vielen Situationen diskriminiert.

5. Mein ganzes Leben lang habe ich gearbeitet und jetzt reicht meine Rente nicht aus.

6. Nach all diesen Jahren sind Frauen in der Berufswelt noch nicht gleichberechtigt.

7. Andere Leute wollen die Schwierigkeiten von Blinden nicht akzeptieren.

8. Ich habe diese Stelle nicht bekommen, nur weil ich so dick bin.

9. Als Christ fühle ich mich in vielen muslimischen Ländern benachteiligt.

10. Weil ich schon einmal im Gefängnis war, gehöre ich jetzt zur Unterschicht in der Gesellschaft.

a Du spinnst! Wer schwanger wird, muss einfach akzeptieren, dass sie einige Chancen verliert.

b Das ist nicht meine Schuld. Sollen wir als Jugendliche auch noch die Verantwortung für alte Leute tragen?

c Leider muss ich zustimmen. Sie müssen sich in der Gesellschaft mehr bemühen als Heteros.

d Das kann nicht stimmen. Übergewicht ist kein Grund für Diskriminierung.

e Das mag wohl sein. Aber deine Hautfarbe hat mit der Qualität deiner Arbeit nichts zu tun.

f Das kann nicht dein Ernst sein! Ehemalige Kriminelle genießen die gleichen Rechte wie alle.

g Lass das! Soll ich mal die Zeichensprache lernen?

h Ich kann das schon verstehen. Sie lernen die Sprache nicht und bleiben meistens unter sich.

i Das bildest du dir nur ein. Deine Religion ist deine private Angelegenheit.

j Das könnte wohl sein, aber Sehbehinderte diskutieren ihre Situation nicht offen genug.

Tierversuche

7 Kann man Tierversuche rechtfertigen? (p. 133)

 Wie tierfreundlich sind Sie? Kreuzen Sie „Ja" oder „Nein" an!

	Ja	Nein
1. Ich esse gern allerlei Fleischgerichte.		
2. Ich würde auf keinen Fall einen Pelzmantel tragen.		
3. In meiner Familie haben wir mehrere Haustiere.		
4. Man sollte Tiere mit dem gleichen Respekt behandeln wie Menschen.		
5. Ich bin prinzipiell für die Fuchsjagd.		
6. Ich liebe Schlangen.		
7. Ich hätte gern eine Statue aus Elfenbein.		
8. Die Regierung macht nicht genug für den Tierschutz.		
9. Tierversuche sind nötig für die Medizin.		
10. Es macht mir nichts aus, eine Wespe zu töten.		
11. Pferderennen sind nicht akzeptabel.		
12. Ich demonstriere regelmäßig gegen Experimente auf Tiere.		
13. Ich kann nicht sicher sein, dass Fische keine Gefühle haben.		
14. Tierversuche sind ein notwendiges Übel.		
15. Der Mensch ist ein nobleres Lebewesen als ein Tier.		
16. In der Schule sollten alle Schüler Tiere sezieren.		
17. Dachse müssen getötet werden, um die Verbreitung von Maul- und Klauenseuche zu stoppen.		
18. Katzen sind Parasiten.		
19. Ein wildes Tier in einem Zoo zu sehen, bricht mir das Herz.		
20. In einem extremen Notfall würde ich ein Eichhörnchen essen.		

1.	Ja = 0	Nein = 1	8.	Ja = 1	Nein = 0	15.	Ja = 0	Nein = 1
2.	Ja = 1	Nein = 0	9.	Ja = 0	Nein = 1	16.	Ja = 0	Nein = 1
3.	Ja = 1	Nein = 0	10.	Ja = 0	Nein = 1	17.	Ja = 0	Nein = 1
4.	Ja = 1	Nein = 0	11.	Ja = 1	Nein = 0	18.	Ja = 0	Nein = 1
5.	Ja = 0	Nein = 1	12.	Ja = 1	Nein = 0	19.	Ja = 1	Nein = 0
6.	Ja = 1	Nein = 0	13.	Ja = 1	Nein = 0	20.	Ja = 0	Nein = 1
7.	Ja = 0	Nein = 1	14.	Ja = 0	Nein = 1			

Schlüssel

0 Punkte: Sie sind ein Monster! Zurück in Ihre Höhle!

1–9 Punkte: Am besten sollten Sie sich sofort über das Thema Tierversuche informieren.

10–19 Punkte: Sie haben Tiere gern, aber Sie könnten mehr über das Thema Tierschutz nachdenken.

20 Punkte: Sie sind ein wahrer Tierliebhaber!

Ess-Störungen

4 Bulimie (p. 148)

E 📖 **Lesen Sie den Text auf Seite 148. Ordnen Sie dann den Satzanfängen (1–10) das richtige Satzende (a–j) zu.**

1. Sehr viele Frauen und wenig Männer

2. Insbesondere junge Frauen sind

3. Bei den sogenannten Fress-Attacken konsumiert

4. Hinterher wird aus Angst vor Übergewicht

5. Magersüchtige und Bulimiekranke glauben, dass

6. Oft ist der Grund für die Erkrankung

7. Häufig haben Bulimiekranke mit

8. Beim Erbrechen kommt gefährliche Magensäure

9. Psychotherapeuten versuchen

10. Die Betroffenen sollen wieder

a ein normales Essverhalten lernen.

b für diese Krankheit anfällig.

c Problemen, wie Depressionen oder Drogenproblemen zu kämpfen.

d sie viel zu dick sind.

e das Gegessene wieder erbrochen.

f sind von Bulimie betroffen.

g mit hoch, die Speiseröhre und Zähne schädigen kann.

h die Betroffene unkontrolliert in kurzer Zeit große Mengen an Essen.

i eine gestörte Selbstwahrnehmung.

j die Gründe der Erkrankung zu finden und zu bewältigen.

F 🔊 **Hören Sie nochmal den Bericht über ein magersüchtiges Mädchen (Aktivität D auf Seite 149). Ergänzen Sie die Sätze mit Wörtern aus der Wortkiste, so dass sie dem Text entsprechen. Es gibt mehr Wörter als Lücken. Benutzen Sie jedes Wort nur einmal.**

1. Sie hatte keine Bulimie, sondern war _____ .

2. Ihre _____ haben Witze über sie gemacht.

3. Täglich hat sie ihr Gewicht _____ .

4. Für ihren Geburtstag hatte sie sich ein _____ von 48 kg gesetzt.

5. Sie hat aber 4 Kilo _____ gewogen.

6. _____ hat sie nicht mit dem Abnehmen aufgehört.

7. Immer weniger Mädchen fanden ihr _____ Gewicht gut.

8. Wegen des Todes des brasilianischen Models hat sie mit dem Abnehmen _____ .

9. Sie ist bei einer Psychotherapeutin in _____ .

10. Sie möchte immer _____ bleiben.

aufgehört	Behandlung	deshalb	Eltern
Gewicht	gering	gesund	Hilfe	kontrolliert
magersüchtig	mehr	Mitschüler	niedriges
schlank	trotzdem	übergewichtig	verändert
	weitergemacht	weniger	Ziel	

Die richtige Lebensbalance

10 Arbeitszufriedenheit (p. 158)

D Die Firma Wolf & Söhne ist ein großes Autohaus in Frankfurt am Main. In der letzten Woche hat es eine große Anzeige in den wichtigsten deutschen Tageszeitungen geschaltet. Lesen Sie die Anzeige und beantworten Sie die Fragen in E und F.

Wolf & Söhne sucht neue Mitarbeiter

Kinder und Karriere? Bei uns kein Problem

Wolf & Söhne weiß, wie wichtig eine ausgewogene Balance zwischen Beruf und Familie ist. Deshalb unterstützen wir unsere Mitarbeiter dabei, Karriere und Privatleben unter einen Hut zu bringen.

Arbeitszeit

Wolf & Söhne bietet Ihnen moderne Gleitzeitmodelle, bei denen Sie Ihre Arbeitszeit eigenverantwortlich gestalten können. So entscheiden Sie, wann Sie anfangen und aufhören wollen.

Teilzeit

Auch bei der Teilzeitregelung zeigt sich Wolf & Söhne flexibel. So arbeiten viele Mitarbeiterinnen und Mitarbeiter zum Teil 20 Stunden, andere zwischen 25 und 35 Stunden und manche 40 Stunden. Bei Weiterbildungsseminaren spielt es keine Rolle, ob Sie Teilzeit oder Vollzeit arbeiten – alle werden bei uns gleich behandelt.

Gesundheit

Wir wollen, dass es Ihnen gut geht. Deshalb ermöglichen wir unseren Mitarbeitern einmal im Jahr die Teilnahme an einer kostenlosen Grippeschutzimpfung. Alle Bürokräfte erhalten eine kostenlose Massage im Haus. Außerdem steht Ihnen in regelmäßigen Sprechstunden unser Betriebsarzt zur Verfügung. Wenn es Ihnen gut geht, geht es uns auch gut.

Sport und Wellness

Die Mitarbeiter in unseren Filialen werden vergünstigte Wellness-Programme und Mitgliedschaften in Fitnessstudios angeboten. Unsere Zentrale in Frankfurt verfügt sogar über ein eigenes Fitness- und Wellnesscenter mit angeschlossenem Schwimmbad.

Kindertagesstätte

Unsere Frankfurter Zentrale verfügt über eine Kita mit 30 Plätzen. Durch ein spezielles Teilzeitsystem können aber über 50 Kinder betreut werden.

Reiseangebote

Wir kooperieren eng mit der Hacker-Touristik und können unseren dadurch Mitarbeiter tolle Urlaubsangebote machen. Insbesondere unsere Mutter-Kind-Fahrten und die Wochenendtrips sind sehr beliebt.

Wolf-Akademie

Wir glauben daran, dass lebenslanges Lernen ein Muss ist. Deshalb bieten wir Abend- und Wochenendkurse zu den unterschiedlichsten Themen an. Seit 2006 gibt es ein Fernstudium, bei dem Sie bequem von zu Hause aus die unterschiedlichsten Abschlüsse machen können. Wolf & Söhne freut sich über Ihre Bewerbung.

E Ihrer Meinung nach, welche drei Dinge würde... am meisten schätzen?

- eine alleinerziehende Mutter
- ein Mitarbeiter Anfang 60
- ein Vater mit vielen Kindern
- ein Berufsanfänger
- eine Frau Ende 20, die nur Karriere machen möchte
- eine Frau Anfang 30, die über Babys nachdenkt, aber ihren Job liebt
- ein Student, der dort einen Nebenjob hat

F Nennen Sie noch 5–7 weitere Dinge, die für einen Mitarbeiter/eine Mitarbeiterin besonders attraktiv sein könnten, aber noch auf der Liste fehlen, zum Beispiel „eine Kantine, die von 06.00 bis 22.00 Uhr geöffnet hat." Begründen Sie, warum Mitarbeiter diese Dinge besonders schätzen würden.

Was tun, wenn der Stress zu groß wird?

Christel Wenz, 48 Jahre, Hauptschullehrerin
Wenn der Stress besonders groß ist, dann gehe ich segeln. Sobald ich den Hafen rieche, geht es mir besser. Dann spüre ich den Wind im Gesicht und vergesse Schritt für Schritt meine Arbeit. Mit jedem Meter, mit dem wir uns vom Land entfernen, werden meine Probleme und Sorgen kleiner. Ich segle bei jedem Wetter: Bei schönem Wetter ist die Sonne wie eine Belohnung für meine Arbeit, bei schlechtem Wetter bestrafen mich die Kälte und Nässe für meine Fehler. Andere gönnen sich eine Luxus-Kreuzfahrt, ich brauche nur ein einfaches Seegelboot.

Hans Müller, 37 Jahre, Ingenieur
In meinem Beruf ist Stress Alltag. Wir produzieren Teile für die Autoindustrie und müssen jeden Tag mit anderen Problemen kämpfen: späte Lieferungen, schlechte Qualität, kaputte Maschinen, kranke Kollegen … Am Anfang hat mir das nichts ausgemacht, doch dann bin ich immer nervöser geworden, habe zugenommen und mehr geraucht. Letztes Jahr hat mir meine Familie einen Hund geschenkt. Seitdem mache ich vor und nach der Arbeit einen langen Spaziergang mit ihm. Die frische Luft und die Bewegung tun mir gut. Mein Hund hat immer gute Laune und bringt mich nach einem schlechten Tag trotzdem zum Lachen. Ich kann nur jedem einen Hund empfehlen.

Pedro Gonzalez, 53 Jahre, Restaurantbesitzer
Ich bin Spanier, aber lebe seit über 40 Jahren in Deutschland. Ich habe das Restaurant von meinem Vater übernommen. Ich mag die Deutschen, aber sie können sich einfach nicht entspannen. Wenn sie zu mir in der Mittagspause zum Essen kommen, reden sie nur übers Geschäft. Und Leute, die nicht arbeiten, erzählen nur über ihre Krankheiten. Dabei gibt es so viele andere schöne Themen. Natürlich geht es bei mir im Restaurant auch mal hektisch zu. Aber ich mache mich nicht verrückt. Wenn ein Teller runterfällt oder ein Gast schlecht gelaunt ist, dann lache ich nur. Das funktioniert fast immer. Man muss die richtige Balance finden!

D 📖 **Lesen Sie den Text und beantworten Sie die Fragen schriftlich.**

1. Wie finden Sie die drei Methoden mit Stress umzugehen?

   _____

   _____

2. Was funktioniert bei Ihnen, bei anderen Familienmitgliedern?

   _____

   _____

E 💬 ✏️ **Machen Sie eine Mini-Umfrage in der Gruppe. Was hilft bei Stress? Stellen Sie eine Liste zusammen – jeder kann 2–4 Ideen nennen – und dann bewerten Sie die Vorschläge (5 Punkte = sehr gut, 4 Punkte = gut, 3 Punkte = ganz gut, 2 Punkte = OK, 1 Punkt = nicht gut) und stellen eine Rangliste auf.**

Rangliste: Wirksame Mittel gegen Stress	
Position	Beschreibung
1.	
2.	
3.	
4.	
5.	
6.	
7.	
8.	
9.	
10.	
…	

Extension activities

Das geteilte Deutschland

7 Ankunft der Alliierten (p. 170)

Die Befreiung des Konzentrationslagers Bergen-Belsen

Die britischen Soldaten in Deutschland mussten furchtbare Verhältnisse in dem Konzentrationslager Bergen-Belsen erleben, als sie am 15. April 1945 dort ankamen.

Als britische Soldaten das Konzentrationslager Bergen-Belsen befreiten, bot sich ein Bild des Schreckens! Es wirkte wie ein Riesenschock auf sie. Tausende von Leichen lagen überall auf dem Gelände des Lagers.

Die Befreier wurden nur wenig bejubelt. Die Häftlinge, die noch lebten, hatten keine Kraft mehr, sich über die Soldaten zu freuen. Und weitere 13.000 starben in den Wochen nach der Befreiung an den Folgen ihrer Haft im Lager.

„Unbeschreiblich", erzählte der Soldat Jim Illingworth aus Cheshire. „Ich bin zur Zeit im Lager Bergen-Belsen, und wenn du wirklich gesehen hast, was diese Bestien hier gemacht haben, dann weißt du, wofür du hier kämpfst. Man kann sich wirklich nicht vorstellen, dass das Menschen waren, die das hier angerichtet haben!"

Die Briten hatten nur gewusst, dass eine Fieberepidemie in Bergen-Belsen ausgebrochen war. Dass Tausende von Leichen begraben werden mussten, war ihnen nicht bekannt. Für viele britische Soldaten war es nach diesem Erlebnis schwer, mit normalen deutschen Bürgern zu kommunizieren.

C **Beantworten Sie die Fragen zum Text.**

1. Was passierte am 15. April 1945?

2. Wie reagierten die Briten, als sie in Bergen–Belsen ankamen?

3. Warum sind weitere Häftlinge nach der Befreiung gestorben?

4. Wie fühlte sich Jim Illingworth, als er ankam?

5. Warum war es schwer für die Soldaten, den Deutschen gegenüber freundlich zu sein?

11 Die sieben Weltwunder der DDR (p. 170)

D **Ordnen Sie diese Sätze, so dass sie mit den unterstrichenen Wörtern anfangen.**

1. Obwohl wir die Pläne erfüllen und übererfüllen, gibt <u>es</u> in den Läden nichts zu kaufen.

2. Obwohl es in den Läden nichts zu kaufen gibt, haben <u>die Leute</u> fast alles.

3. Obwohl die Leute fast alles haben, meckert <u>die Hälfte</u>.

4. Obwohl die Hälfte meckert, wählen <u>99,9 Prozent</u> die Kandidaten der Nationalen Front.

Der Bau der Berliner Mauer (p. 175)

E 📖 **Lesen Sie diese Informationen Suchen Sie im Internet mehr Informationen über diese Daten.**

24. Mai 1949	Gründung der Bundesrepublik Deutschland.
7. Oktober 1949	Gründung der Deutschen Demokratischen Republik.
26. Mai 1952	Schließung der Grenze zwischen Ost- und Westdeutschland und zwischen der DDR und West-Berlin. Nur noch die Sektorengrenzen in Berlin sind frei passierbar.
17. Juni 1953	Volksaufstand in der DDR, blutig mit Hilfe sowjetischer Panzer niedergeschlagen.
11. Dezember 1957	Das Verlassen der DDR ohne Erlaubnis wird verboten.
13. August 1961	Die Sektorengrenze um West-Berlin wird geschlossen, Beginn des Mauerbaus.
14. August 1961	Das Brandenburger Tor wird geschlossen.
26. August 1961	Alle Grenzübergänge werden für West-Berliner geschlossen.

13 Stasi! (p.176)

Das Leben im Grenzbereich der DDR

Das Grenzgebiet der DDR umfasste außerhalb des Schutzstreifens – direkt an der Grenze – eine Sperrzone von 3 bis 5 Kilometern. Die ganze Küste wurde auch zu einer Sperrzone erklärt.

Einreise und Aufenthalt in dieser Sperrzone mussten zuerst bei den Behörden beantragt werden: Selbst kurze Besuche von Verwandten waren ohne Genehmigung nicht erlaubt. Solche Genehmigungen bekam man nur nach Überprüfung durch die Stasi. Total verboten in der Sperrzone war das Übernachten in Autos oder Wohnwagen. Alle Veranstaltungen mussten im voraus genehmigt werden. Selbst sportliche Aktivitäten im Freien wurden reglementiert! Die gesamte Küste der DDR wurde sorgfältig bewacht. In dieser Region durften Zimmer und Ferienwohnungen nur nach staatlicher Erlaubnis an Feriengäste vermietet werden. Zelten durfte man nur auf den staatlichen Campingplätzen. Um der Flucht über die Ostsee vorzubeugen, war es so gut wie unmöglich, als Fischer die Ostsee zu befahren. Sogar Tauchen in der Ostsee war verboten, und Baden mit Luftmatratzen nur tagsüber erlaubt!

E 📖 **Lesen Sie den Text. Sind diese Sätze richtig oder falsch?**

1. Die Sperrzone war direkt an der deutsch-deutschen Grenze. _____

2. Man konnte spontan in die Zone fahren. _____

3. Die ganze Ostseeküste gehörte zur Zone. _____

4. Es war leicht, eine Genehmigung zu bekommen. _____

5. Campingurlauber konnten selber entscheiden, wo sie übernachten. _____

6. Ferienwohnungen wurden vom Staat überprüft. _____

7. An der Ostsee war es unmöglich, angeln zu gehen. _____

8. Baden mit Luftmatratzen war nachts untersagt. _____

Grammatik

PASSIV! Unterstreichen Sie im Text oben Beispiele des Passivs.

Gastarbeiter, Ausländer, Aussiedler

18 Welche Ausländer wohnen in Deutschland? (p. 180)

B **Lesen Sie diesen Text. Wo trifft man alltäglich Ausländer in Österreich? Warum kommen Ausländer vielleicht nach Österreich?**

AUSLÄNDER IST NICHT GLEICH AUSLÄNDER

„Ausländer" – ein heute viel diskutiertes Thema. Wir benutzen diesen Ausdruck oft sehr leichtfertig und denken nicht darüber nach, dass Ausländer nicht gleich Ausländer sind.

Es gibt verschiedenste Formen des Ausländerseins. Genauso unterschiedlich wie die Formen sind auch die Ursachen dafür, warum die Ausländerzahl in Österreich in den letzten Jahren sehr stark angestiegen ist.

Für die junge Generation ist es alltäglich, mit Ausländern konfrontiert zu werden. In den Schulen trifft man auf ausländische Klassenkollegen, in Läden auf ausländische Geschäftsleute und fast in allen anderen Lebensbereichen trifft man auf Ausländer. Jeder Mensch geht jedoch mit dieser Tatsache anders um und hat seine eigene Meinung dazu.

Doch oft setzt man sich mit dem „Ausländersein" zu wenig auseinander.

Zuerst sollte man einmal über die unterschiedlichen Ursachen für die steigende Ausländerzahl nachdenken.

Eine wesentliche Ursache ist wohl die Hoffnung auf bessere Lebensumstände. Menschen, deren Heimatländer arm sind, wenig Möglichkeit für Arbeit bieten oder schlechte soziale Strukturen aufweisen, erhoffen sich in Österreich bessere Lebensbedingungen. Sie wollen ihrer Familie ein gesichertes Leben bieten. Möglicherweise wird durch bereits in Österreich befindliche Familienmitglieder die Hoffnung geschürt.

C **Übersetzen Sie den folgenden Text ins Deutsche.**

In the 19th century many Germans and their families moved to eastern Europe in order to start new settlements. Life in Transylvania was hard and the settlers had to work from morning till night in order to survive. After the Second World War the Romanian government oppressed the German minority but didn't allow them to leave. Not until the borders opened were they able to emigrate to the Federal Republic. However, even today it is quite difficult for them to integrate.

Die Wiedervereinigung Deutschlands

Das Deutschlandbild in der Welt

Willkommen in den neuen Bundesländern

Zwischen 1949 und 1989 lagen viele wunderschöne Städte in der DDR und für Bürger aus dem Westen waren sie sehr schwer, ja sogar unmöglich zu besuchen. Seit der Wende und der Wiedervereinigung Deutschlands können diese Städte wieder besichtigt werden.

Lesen Sie unten Informationen über eine Auswahl dieser Städte.

Dresden

Dresden war vor dem Zweiten Weltkrieg als eine der schönsten Städte der Welt anerkannt. Sie wurde wegen ihrer atemberaubenden Schönheit das „Elbflorenz" genannt. Die großartige Barockkirche, „die Frauenkirche", wurde im Februar 1945 vollständig zerstört, ist aber in den letzten Jahren neu aufgebaut worden. Der Zwinger ist der berühmteste Bau in Dresden und enthält mehrere Museen und Galerien.

Potsdam

Unweit von Berlin liegt die alte Stadt Potsdam, wo der preußische König Friedrich der Große das Schloss Sanssouci bauen ließ, im Stil des Palais Versailles in Frankreich. In der Nähe der Stadt befand sich kurz vor Kriegsende eine Konferenz zwischen den Alliierten, um die Zukunft Deutschlands zu besprechen. Die Stadt besitzt ein holländisches wie auch ein russisches Viertel, wo Menschen aus diesen Ländern angesiedelt waren.

Görlitz

Die Stadt Görlitz liegt an der Grenze zu Polen und ist die östlichste Stadt Deutschlands. Der Ostteil der Stadt liegt jetzt in Polen und heißt Zgorelec. Im Mittelalter war Görlitz die mächtigste Stadt der Region und besitzt immer noch viele schöne Gebäude aus dieser Zeit.

Rostock

Von Rostock aus kann man mit der Fähre nach Dänemark fahren. Die Stadt hat eine wichtige Schiffbauindustrie wie auch Hochseefischerei. Das gotische Rathaus ist besonders imponierend mit seinem barocken Vorbau. In diesem Bau wurde im Mittelalter gehandelt, gekauft und verkauft. Hansa Rostock ist eine der wenigen Mannschaften aus der ehemaligen DDR, die in der Bundesliga spielt oder gespielt hat.

Chemnitz

Die Stadt Chemnitz wurde während der DDR-Zeit als Karl-Marx-Stadt bekannt. Nach der Wende bekam sie ihren alten Namen wieder zurück. Die Stadt liegt im Süden und ist ein wichtiges Industriezentrum. Obwohl die Stadt einen Besuch wert ist, wurde die alte Stadtmitte im Krieg weitgehend zerstört und nach kommunistischem Stil neu gebaut. Das Straßennetz wurde von Grund auf neu angelegt.

Weimar

Die deutschen Schriftsteller Goethe und Schiller wie auch der Komponist Johann Sebastian Bach waren in der bekannten Kulturstadt Weimar zu Hause. Schlösser und Kirchen prägen das wunderschöne Stadtbild. Aber nicht weit von der Stadt liegt das ehemalige Konzentrationslager Buchenwald – ein Ort des Grauens während der Nazizeit.

A **Welche Stadt ist das? Eine Stadt kann mehr als einmal vorkommen.**

1. Diese Stadt ist genau das Richtige für Musik- und Literaturfans. _____

2. Diese Stadt liegt jetzt in zwei verschiedenen Ländern. _____

3. Politiker haben hier über die weitere Entwicklung Deutschlands geredet.
_____

4. Die Stadt galt wegen ihrer Architektur als besonders hübsch. _____

5. Zwei ganz verschiedene Seiten der deutschen Geschichte sind hier zu finden.
_____

6. Diese Stadt hat einen wichtigen Hafen. _____

7. Das Rathaus hat früher als Kaufhaus gedient. _____

8. Die Stadt ist ganz in der Nähe von der deutschen Hauptstadt. _____

9. Im Zentrum wurden nach dem Krieg ganz neue Wege gebaut. _____

10. Fußballfans finden hier (oder fanden hier) erstklassige Spiele zu sehen.
_____

11. Die Stadt ist zweimal umbenannt worden. _____

12. Hier gibt es eine nagelneue Kirche. _____

B **Suchen Sie mehr über diese Städte im Internet. Gibt es andere interessante Städte in der ehemaligen DDR?**

C **Übersetzen Sie den folgenden Text ins Deutsche.**

Germany has just received the most wonderful Christmas present. The Brandenburg Gate, which had symbolised the division of the country, was declared open by the East German president. Thousands of Berliners cheered as the two ministers released two doves of peace. The people cried, fell into one another's arms and sang. This new crossing point for pedestrians is at the heart of the city, which now cries out: Berlin! Be happy!

_____

_____

_____

_____

_____

_____

_____

_____

_____

_____

_____

_____

Extension activities

Obdachlosigkeit

3 Crashkurs Obdachlos in Berlin (p. 190)

D 📖 **Lesen Sie den folgenden Artikel aus der Zeitschrift Focus und beantworten Sie die Fragen auf Deutsch in Ihren eigenen Worten.**

„Ich bin die laute Marktschreierin"

Mit ihrem Verein Horizont e.V. holt Jutta Speidel Kinder von der Straße in München und ermöglicht ihnen den Schulbesuch.

FOCUS-SCHULE: Sie geben obdachlosen Müttern und ihren Kindern ein Zuhause. Oft bezeichnen Sie das Projekt als Tropfen auf den heißen Stein. Resignieren Sie bereits?

SPEIDEL: Nein! Ich bin nur realistisch. Ich kann nicht das Elend der ganzen Welt bekämpfen, aber unser Haus gewährt 24 Frauen und ihren Kindern eine Zuflucht. Und jedes einzelne Kind, das wir einem unmenschlichen Leben entreißen können, ist die Arbeit wert!

FOCUS-SCHULE: Vermissen Sie diesen Kampfgeist in der breiten Öffentlichkeit?

SPEIDEL: Ja. Viele denken bei obdachlosen Kindern an Drogensüchtige vom Bahnhof Zoo und sagen: „Die sind selbst schuld". So einfach ist das nicht. Allein im reichen München gibt es über 500 obdachlose Kinder. Die Kleinen können nichts dafür! Sie werden in die Obdachlosigkeit hineingeboren. Es gibt nur eine Chance: Sie müssen von der Straße. Die Frauen brauchen einen Beruf, die Kinder eine Schulbildung.

FOCUS-SCHULE: Viele der Kinder haben schon lange keine Schule mehr von innen gesehen. Auf welche Schwierigkeiten treffen sie bei der Eingliederung?

SPEIDEL: Die meisten lebten mit ihren Müttern in Obdachlosenheimen in Schlafsälen voller Betrunkener. Ein ruhiges Lernumfeld kennen sie nicht. Ihre Kenntnisse in einzelnen Fächern weisen große Lücken auf. Auch die sozialen Kompetenzen, die ein Schulbesuch durch den festen Freundeskreis vermittelt, fehlen oft.

FOCUS-SCHULE: Wie geben Sie den Kindern all dies zurück?

SPEIDEL: Wir bringen sie in Schulen der Nachbarschaft unter. Manchmal müssen sie leider unter Polizeischutz dorthin gebracht werden, denn einige Väter sind unberechenbar. Am Nachmittag übernehmen ehrenamtliche Lehrer bei Horizont die Hausaufgabenbetreuung und geben auch Sprach- oder Computerkurse. Sie stehen in Kontakt mit den Klassenlehrern, damit jedes Kind optimal gefördert werden kann.

FOCUS-SCHULE: Nach 18 Monaten müssen Mütter und Kinder das Horizont-Haus verlassen. Was geschieht dann mit ihnen?

SPEIDEL: Die Frauen sollen ja nicht von uns durchgefüttert werden, sondern lernen, auf eigenen Beinen zu stehen. Wir helfen ihnen gemeinsam mit der Stadt bei der Wohnungssuche und bemühen uns, dass die Kinder weiter die gewohnte Schule besuchen können. So werden sie nicht erneut aus ihrem bekannten Lernumfeld gerissen. Nachmittags steht ihnen unsere Hausaufgabenbetreuung weiterhin offen.

FOCUS-SCHULE: Und dieses Konzept geht auf?

SPEIDEL: Es ist ein langer, harter Prozess. Aber wir haben es geschafft, Kinder aus der Sonderschule auf die Regelschule zu bringen oder Hauptschülern zu einem Realschulabschluss zu verhelfen.

---

1. Beschreiben Sie die Einstellung von Jutta Speidel zum Horizont-Projekt.

_____

_____

2. Warum kann sie mit dem Projekt zufrieden sein?

_____

_____

3. Wie findet Jutta Speidel die Einstellung der Einwohner von München?

_____

_____

4. Was für Probleme haben die obdachlosen Kinder, wenn sie in die Schule gehen?

_____

_____

5. Wie wird den Kindern nachmittags geholfen?

_____

_____

6. Wie verteidigt Jutta Seidel es, dass Mütter und Kinder das Haus nach 18 Monaten verlassen müssen?

_____

_____

7. Was für Hilfe bekommen die Mütter, wenn sie das Haus verlassen?

_____

_____

8. Worauf kann Jutta Seidel stolz sein?

_____

_____

E 🖉 **Stellen Sie sich vor, Sie sind eine obdachlose Frau, die im Horizont-Haus wohnt. Beschreiben Sie Ihr Leben dort und wie Ihrem Kind dort geholfen wird. Was sind Ihre Pläne für die Zukunft? Schreiben Sie 240–270 Wörter.**

11 Dating online (p.198)

 Lesen Sie den folgenden Artikel. Wählen Sie die richtigen Satzendungen.

Chatten, bis der Traumprinz kommt

Per Web nach einem Partner zu suchen ist längst keine Schande mehr. Das Internet ist die Spielwiese für Kontakte aller Art.

Eine Frau per Internet kennen und lieben zu lernen war für Christian Schütz, 39, noch vor einem Jahr unvorstellbar. „Die wundersamen Erzählungen von Freunden und Bekannten habe ich immer nur mit einem Kopfschütteln quittiert", erinnert sich der Facility-Manager aus München. „Niemals wäre ich von allein auf die Idee gekommen, im Web eine Bekanntschaftsanzeige zu schalten."

Irgendwann jedoch ließ er sich überreden. Unter dem Pseudonym fm9 registrierte er sich bei Friendscout24, einem der größten Partnerschaftsportale in Deutschland. Die ersten Interessenten meldeten sich rasch. Der virtuelle Funke sprang allerdings erst bei Jessica über, einer 27-jährigen Krankenschwester. Mehrere Tage lang schickten sie sich unzählige Mails, chatteten bis tief in die Nacht. Dann waren der Nervenkitzel und die Anspannung nicht mehr zu ertragen: Beide verabredeten sich zum ersten Treffen. Schütz nahm seinen Schwarm mit zu einer Feier an den Ammersee. „Doch wir kamen nicht ins Gespräch", erinnert er sich.

Beinahe hätten sie aufgegeben, da fand Jessica die Lösung: „Ohne Augenkontakt legten wir uns an den Steg und spielten PC, das heißt, wir simulierten die Art der Chat-Kommunikation wie im Internet – bloß ohne Rechner."

Diese ungewöhnliche Form des Gesprächs wirkte Wunder: „Wir redeten stundenlang über Gott und die Welt – zum Schluss auch ohne das PC-Spiel", so Schütz grinsend. Wieder daheim, bauten sie den Kontakt in Windeseile aus: Bereits drei Wochen später waren sie verlobt, seit dem 1. Dezember sind die beiden verheiratet. Ihr Resümee ist eindeutig: „Das Internet ist ein wunderbarer Weg, sich kennen zu lernen." Christian fügte hinzu: „Das Web und die Realität sind zwei Welten. Jessica und ich mussten uns neu kennen lernen".

Mit dieser Einschätzung steht das junge Paar nicht allein. Laut einer Emnid-Umfrage sind inzwischen mehr als 50 Prozent der Deutschen davon überzeugt, dass das Web zur Kontaktanbahnung bestens geeignet ist. Nur der Disko und der Arbeit werden noch bessere Erfolgsaussichten eingeräumt. Kontaktanzeigen in Zeitungen (17,2 Prozent) und die Partnervermittlung (6,8 Prozent) fallen unterdessen zurück. Das Internet als Spielwiese für Kontaktsuchende hat sie verdrängt.

---

1. Am Anfang meinte Christian, dass… _____

2. Als er sich bei Friendscout24 registrierte,… _____

3. Als Christian und Jessica die Anspannung nicht mehr aushalten konnten,… _____

4. Beim ersten Treffen… _____

5. Nach dem ersten Treffen… _____

6. 50% der Deutschen finden, dass… _____

a ging alles langsam weiter.

b Disko und Arbeit immer besser für Kontakte sind.

c seine Bekannten alles übertrieben hatten.

d gab es wenig Interesse.

e haben sie sich getroffen.

f hat die Beziehung sich schnell entwickelt.

g er bald eine Bekanntschaft machen würde.

h haben sie am Telefon gesprochen.

i konnten sie nur ohne Augenkontakt reden.

j man am besten im Internet Kontakte knüpfen kann.

k war es Liebe auf den ersten Blick.

l gab es bald Interesse.

C ✎ **Stellen Sie sich vor, Sie sind entweder Christian oder Jessica. Schreiben Sie einen kurzen Bericht (240–270 Wörter) für Friendscout24, in dem Sie beschreiben, wie Sie sich kennengelernt haben. Beschreiben Sie Ihre Gefühle dabei.**

Atompolitik in Deutschland

18 Die Atompolitik von Greenpeace (p. 206)

 Lesen Sie den folgenden Artikel aus der Zeitschrift *Focus*. Suchen Sie Ausdrücke im Text, die zu den englischen Ausdrücken unten passen.

„Klimaschutz ist kein Schulfach"

FOCUS-SCHULE-Redakteur Volker Gieritz interviewt Bundesminister und Ex-Lehrer Sigmar Gabriel über die Herausforderung, das Thema Umweltschutz im Unterricht zu vermitteln.

FOCUS-SCHULE: In den 80er Jahren protestierten Jugendliche zu Tausenden mit „Atomkraft? Nein danke"-Stickern gegen die Kernenergie. Heute ist das anders. Hat das Engagement nachgelassen?

SIGMAR GABRIEL: Nein, das glaube ich nicht. Wer die Aktionen von Jugendlichen im Umfeld des G8-Gipfels oder des letzten evangelischen Kirchentags gesehen hat, weiß: Gerade soziale und globale Aspekte, Fragen nach Konsum und Ernährung gewinnen an Gewicht. Mehr als drei Viertel der Jugendlichen stehen der Atomenergie auch heute kritisch gegenüber.

FOCUS-SCHULE: Wird das Thema Klima- und Umweltschutz im Unterricht ausreichend behandelt?

GABRIEL: Mein Eindruck ist, dass unsere Schulen im europäischen, aber auch im internationalen Vergleich beispielhafte und beachtenswerte Ergebnisse vorweisen können. Die verschiedenen Profile der deutschen Schulen wie „Umweltschule" und „Transfer21-Schule" sowie die vielfältigen Aktivitäten zum Energiesparen in der Schule sind ein Indiz für eine engagierte Auseinandersetzung mit Umweltthemen. Unser Angebot, den Al-Gore-Film „Eine unbequeme Wahrheit" den Schulen kostenlos für Unterrichtszwecke zur Verfügung zu stellen, wurde von 7000 Schulen angenommen – ein auch für mich überraschender Erfolg. Noch vor den Sommerferien haben wir über 14.000 Schulen unsere Bildungsmaterialien zum Thema Artenschutz geschickt und sind überzeugt, dass dies aufgegriffen und im Unterricht behandelt werden wird.

FOCUS-SCHULE: Arten- und Klimaschutz als Schulfächer?

GABRIEL: Nein, Klimaschutz ist kein Schulfach, sondern ein fachübergreifendes Thema, das ökologische, wirtschaftliche und soziale Aspekte abdecken muss. Je mehr Fächer einbezogen werden, desto besser wird die Bedeutung für das zukünftige Leben auf der Erde erfasst.

FOCUS-SCHULE: Wie kann man Jugendliche in der Schule dafür begeistern?

GABRIEL: Ich glaube, dass Schüler sehr wohl wissen, wie wichtig Umweltschutz für ihre persönliche Zukunft ist. Letztlich geht es bei diesen Themen um den Erhalt der eigenen Umwelt, um den Erhalt einer Vielfalt an Lebensformen, um eine zukunftsfähige, ökologisch gerechte Welt für die nachfolgenden Generationen, deren Schutz vor der eigenen Haustür beginnt. Wer dies als junger Mensch erlebt und erlernt, wird nicht vergessen, was auf dem Spiel steht.

FOCUS-SCHULE: Würden Sie manchmal doch lieber als Lehrer arbeiten?

GABRIEL: Ich weiß aus eigener Erfahrung, dass Lehrer ein sehr schöner, verantwortungsvoller, aber auch anstrengender Beruf ist. Andererseits bin ich sehr glücklich mit meiner derzeitigen Aufgabe und scheue mich keineswegs, im Interesse unserer Umwelt dicke Bretter zu bohren. Es ist ganz einfach: Ich will meiner Tochter noch in die Augen schauen können, wenn sie mich fragt: Was habt ihr Politiker eigentlich gegen den Klimawandel gemacht?

---

1. educational purposes

_____

2. remarkable results

_____

3. to go to great lengths

_____

4. given enough attention

_____

5. will be used in lessons

_____

6. diverse

_____

7. have a critical attitude towards

_____

8. a topic which transcends subject boundaries

_____

E ✐ **Übersetzen Sie den Absatz ins Englische, der folgendermaßen beginnt:**
„Ich glaube, dass Schüler sehr wohl wissen …"

_____

_____

_____

_____

_____

_____

_____

_____

_____

_____

_____

_____

_____

_____

_____

_____

_____

Entwicklungsländer

3 Entwicklungshilfe mal anders (p. 212)

Die Suche nach den Ursachen

Warum es vielen Entwicklungsländern nicht gelingt, den Teufelskreis der Armut zu durchbrechen.

A Es gibt eine Vielzahl von Theorien, die versuchen die Armut in der Dritten Welt zu erklären. In den 50er und 60er Jahren war die Modernisierungstheorie verbreitet. Sie sieht die Ursachen in den Entwicklungsländern selbst, insbesondere in den traditionsverhafteten Wirtschafts- und Gesellschaftsformen. Die Vertreter der Theorie setzen die Entwicklungsländer dabei auf eine Stufe, die auch die Industrieländer einmal durchlaufen haben, und der Ausweg läge demnach in einer nachholenden Entwicklung durch schnellen Aufbau der Industrie. Kritiker verwiesen schon früh auf das falsche Bild von Tradition und die Fixierung auf das Wirtschaftssystem der Industrieländer als Leitbild. Ende der 60er Jahre scheiterte die Theorie schließlich an den ersten Bilanzberichten zur Lage in den Entwicklungsländern. Die Armut in der Dritten Welt nahm weiter zu.

B Zeitgleich meldeten sich in Lateinamerika mit der Dependenztheorie erstmals Vertreter aus den Entwicklungsländern selbst zu Wort. Ihre Theorie erklärt die Ursachen mit einer von außen fehlgeleiteten Entwicklung. Die Unterentwicklung, so die Anhänger dieses Ansatzes, wäre daher eine Folge der gewachsenen Abhängigkeit durch Kolonialismus und Übernahme der kapitalistischen Wirtschaftsweise. Die Dependenztheorie wurde schnell vor allem von Vertretern der Entwicklungsländer, aber auch den Ländern des Ostblocks übernommen. Eine Lösung für alle Probleme der Entwicklungsländer stellte aber auch diese Theorie nicht dar.

C Bis in die 80er Jahre hinein hat die Frage nach den Ursachen immer wieder zu heftigen Diskussionen auf politischer Ebene geführt. Inzwischen ist die Situation entspannter, was sicher auch auf das Ende des Ost-West-Konflikts zurückzuführen ist. Doch es bleibt die Frage, warum es trotz konstanter nationaler Entwicklungspolitik und internationaler Entwicklungszusammenarbeit in vielen Ländern bis heute nicht gelungen ist, den Teufelskreis der Armut zu durchbrechen. Die Ursachen sind letztlich vielfältig und die Hemmnisse liegen sowohl in den Entwicklungsländern als auch in ihrer internationalen Stellung.

D So bremst innerhalb der Dritten Welt vor allem das hohe Bevölkerungswachstum positive Wirkungen. Die absolute Wirtschaftsleistung von Entwicklungsländern ist in den vergangenen Jahrzehnten durchaus gestiegen. Doch das Geld muss sich auf immer mehr Einwohner verteilen, so dass die Armut eher zunimmt. Zudem fließen viele Gelder der Staatshaushalte und aus Entwicklungskrediten in falsche Richtungen. Korruption ist weit verbreitet und auch kriegerische Konflikte und die damit verbundene Aufrüstung verschlingen Unsummen.

E In den nächsten Jahren wird vor allem die AIDS-Problematik die Bekämpfung der Armut behindern. In der Dritten Welt lebt der größte Teil der HIV-Infizierten. Allein 20 Millionen Afrikaner sind HIV-positiv. Die UNO schätzt, dass bei einer weiteren Verbreitung in fünf Jahren täglich 13.000 Menschen in Afrika an den Folgen der Krankheit sterben werden. Für die betroffenen Staaten könnte dies einen sozialen, politischen und wirtschaftlichen Zusammenbruch bedeuten.

F Nicht zuletzt müssen wohl auch natürliche Ursachen für die Armut hinzugezogen werden. Viele Länder der Dritten Welt liegen in den Tropen und Subtropen. In den Trockenzonen werden Dürren zum Problem und im anderen Extrem der immerfeuchten Tropen sind die Böden ohne das Ökosystem Regenwald unfruchtbar.

1. Es gibt eine zu große Abhängigkeit von den Kolonialländern. _____

2. Seit dem Ende des Kalten Krieges wird das Thema offener besprochen. _____

3. Viele Länder werden die Folgen der Aidskrankheit nicht verkraften. _____

4. Die Entwicklungsländer sind jetzt da, wo die Industrieländer einst waren. _____

5. Die Theorie scheiterte, weil es immer mehr arme Menschen in den Entwicklungsländer gab.
_____

6. Niemand weiß, warum die Entwicklungsländer nach so viel Unterstützung arm bleiben.
_____

7. Als Folge des Klimawandels werden die Entwicklungsländer weitere Probleme haben.
_____

8. Wenn die Geburtenrate nicht so hoch wäre, könnte man den Entwicklungsländern mehr helfen. _____

9. Man soll die entwickelten Länder im Westen nicht als Vorbild für die Entwicklungsländer nehmen. _____

10. Die Entwicklungsgelder werden für falsche Zwecke ausgegeben. _____

Ohne Papiere – aber immer mit Fahrschein

Von Antonia Götsch

Berlin – Nie über eine rote Ampel gehen, immer eine gültige Monatskarte für die Straßenbahn dabei haben, keinen lauten Streit auf offener Straße – das sind nur die wichtigsten Verhaltensregeln für Menschen ohne Aufenthaltspapiere. Zwischen 500.000 und eine Million illegale Einwanderer leben in Deutschland. Schattenmenschen mit ganz unterschiedlichem Hintergrund: Arbeitssuchende, Flüchtlinge, ältere Menschen oder Kinder, die ihren Familien folgen, Studierende und Au Pairs, die einfach länger bleiben als erlaubt. Die wenigsten reisen schon illegal nach Deutschland ein, viele tauchen irgendwann ab, wenn sie ihren Aufenthaltstitel verlieren. Nach deutschem Recht sind sie dann kriminell, sie erfüllen einen Straftatbestand.

In Frankreich heißen solche Menschen Sans-Papiers, „die ohne Ausweise", in Italien sagt man clandestini, „die Heimlichen", in Deutschland einfach nur „die Illegalen".

„Illegale Migranten sind noch immer ein Tabuthema in Deutschland", sagt die bayerische FDP-Vorsitzende Sabine Leutheusser-Schnarrenberger. Sie warnt davor, das Thema illegale Einwanderung mit diffusen Befürchtungen über Schleuser und Prostituierte zu vermengen. „Viel zu pauschal werden Menschen ohne Aufenthaltsgenehmigung abgestempelt: Wer illegal hier lebt, ist damit schon kriminell und unerwünscht." Dabei seien Einwanderer ohne Papiere nicht häufiger kriminell als andere Menschen – von Verstößen gegen das Ausländerrecht natürlich abgesehen.

Erste Regel für Illegale: Nicht auffallen

Auch eine Untersuchung zu Migration und Illegalität in Deutschland stellt keinen signifikanten Zusammenhang zwischen illegaler Einwanderung und Kriminalität im engeren Sinne fest. Die Autoren vermuten vielmehr, dass statuslose Migranten in der Regel versuchen die Gesetze zu respektieren, um ihre versteckte Existenz nicht zu gefährden. Die Angst aufzufallen, ja überhaupt wahrgenommen zu werden, gehört zum Alltag in der Schattenwelt.

Jeder Polizist kann nach den Papieren fragen, jeder Vermieter nach der Anmeldung beim Einwohnermeldeamt. Alle öffentlichen Stellen sind verpflichtet, Ausländer ohne Aufenthaltspapiere sofort zu melden.

In Großbritannien hingegen, wo es bisher nicht üblich ist, Ausweispapiere bei sich zu tragen, können sich Illegale freier bewegen. In britischen Schulen interessiert sich kein Direktor für den Aufenthaltsstatus seiner Schüler, eine Meldepflicht für Einwohner gibt es nicht.

Bürgerrechtler fordern Grundrechte für Illegale

Deutsche Bürgerrechtler und Kirchen fordern seit Jahren, zumindest die Anzeigepflicht der Behörden gegenüber der Ausländerbehörde abzuschaffen. „Illegale müssen immer Angst haben, entdeckt zu werden. Dadurch werden sie ihrer grundlegendsten Rechte beraubt", sagt Leutheusser-Schnarrenberger. So kann ein illegaler Arbeiter nicht seinen Lohn einfordern, ohne vom Gericht enttarnt zu werden. Ärzte, die Illegale ohne Krankenversicherungskarte behandeln, bewegen sich am Rande der Legalität. Das Gleiche gilt für Schuldirektoren, die Kinder von illegalen Einwanderern nicht weitermelden.

In vielen EU-Ländern haben Ausländer ohne Papiere längst Zugang zur medizinischen Grundversorgung. In Großbritannien, Italien und Spanien etwa müssen sich illegale Zuwanderer dafür nur bei der Kommune anmelden.

E 📖 **Beantworten Sie die folgenden Fragen auf Deutsch.**

1. Warum habe illegale Einwanderer in Deutschland eine gültige Monatskarte für die Straßenbahn?

   _____

   _____

2. Was brauchen alle Einwanderer in Deutschland?

   _____

   _____

3. Was machen viele legale Einwanderer, wenn sie ihren Aufenthaltstitel verlieren?

   _____

   _____

4. Warum wollen viele Leute Ihrer Meinung nach illegal in Deutschland bleiben?

   _____

   _____

5. Was weist darauf hin, dass andere Länder Europas auch Probleme mit illegalen Einwanderern haben?

   _____

   _____

6. Warum sind illegale Migranten ein Tabuthema in Deutschland?

   _____

   _____

7. Was müssen die illegalen Einwanderer vor allem in ihrer Schattenwelt vermeiden?

   _____

   _____

8. Welchen Vorteil haben illegale Einwanderer in Großbritannien?

   _____

   _____

9. Wann laufen illegale Einwanderer Gefahr, entdeckt zu werden?

   _____

   _____

10. Warum können illegale Einwanderer in einigen Ländern Europas ohne Probleme medizinische Hilfe bekommen?

   _____

   _____

Klimawandel

Von FOCUS-Online-Autor Florian Flaig

Kyotos vorzeitiger k.o.

Die CO_2-Emissionen steigen weiterhin, China und die USA genießen Narrenfreiheit. Eine düstere Bilanz zum zehnten Jubiläum des Kyoto-Protokolls.

Zehn Jahre Kyoto-Protokoll: Der CO_2-Ausstoß nimmt global weiter zu. Der Meilenstein in der internationalen Klimapolitik sollte es sein – das 1997 verabschiedete Kyoto-Protokoll. Ein ambitioniertes Vorhaben: Die Industriestaaten sollten ihre CO_2-Emissionen so weit senken, dass der Klimawandel zumindest verlangsamt würde. Ganz so einfach war es dann nicht. Nach zehn Jahren scheinen die Bemühungen vorerst gescheitert zu sein.

Experten schätzen das Projekt unterschiedlich ein: Wirtschaftsforscher wie Andreas Löschel, Zentrum für Europäische Wirtschaftsforschung (ZEW), attestieren dem Protokoll in Teilen positive Ansätze. Der deutsche Klimaforscher Mojib Latif dagegen meint: „Eine Senkung der Emissionen wird es mit Kyoto nie geben. Seit 1990 sind die Werte um 30 Prozent gestiegen. Das Protokoll ist nicht das Papier wert, auf dem es geschrieben ist."

USA und China haben Narrenfreiheit

Man stelle sich vor, es geht um Klimaschutz und die weltweit größten Verschmutzer werden nicht in die Pflicht genommen. Willkommen im Kyoto-Protokoll. Die USA haben den Vertrag zwar unterschrieben, aber nie rechtskräftig durchgesetzt. China hat das Kyoto-Protokoll ratifiziert, sich aber nicht dazu verpflichtet, seine Emissionen zu drosseln. Beide Staaten sind zusammen für etwa 40 Prozent der weltweiten CO_2-Emissionen verantwortlich. Für den Klimaforscher Mojib Latif ein klarer Kritikpunkt: „Man muss die Chinesen mit ins Boot holen." Diese würden aber wohl erst dann mitziehen, wenn sich die Amerikaner dem Klimaschutz verschreiben. „Da helfen so windelweiche Aussagen, wie sie in Heiligendamm gemacht wurden, auch nichts", sagt Latif.

Was wirklich notwendig wäre, seien Sanktionen. Die fehlen im Kyoto-Protokoll gänzlich. „Kanada hat den Vertrag unterschrieben und ratifiziert, jetzt aber kein Interesse mehr daran, die Bedingungen zu erfüllen", erklärt Latif. Konsequenzen muss das Land trotz Vertragsbruch nicht fürchten. Schließlich basiert die Beteiligung auf freiwilliger Selbstkontrolle.

Eine Lösung des Problems könnte laut Latif ein neuer Rahmen sein. „Die Politik muss diesen so scharf setzen, dass Umweltverschmutzung zu teuer wird." Ein geeignetes Mittel hierzu seien Zertifikate, die den CO_2-Ausstoß regeln.

C 📖 **Wählen Sie für jeden Satz die passende Satzendung.**

1. Mann soll das zehnte Jubiläum des Kyoto-Protokolls… ——

2. Laut Mojib Latif ist das Kyoto-Protokoll… ——

3. Ohne die Kooperation von Amerika ignoriert China… ——

4. Andreas Löschel schätzt das Kyoto-Protokoll sehr… ——

5. Um Fortschritt zu machen, muss die Umweltverschmutzung viel… ——

6. Weil es keine Sanktionen im Kyoto-Protokoll gibt, hat Kanada… ——

7. China hat seine CO_2-Emissionen… ——

8. Wenn man die Narrenfreiheit hat, hat man… ——

9. Seit der Einführung des Kyoto-Protokolls sind CO_2-Emissionen… ——

10. Die USA hat das Kyoto-Protokoll… ——

a feiern
b den Klimawandel
c wertlos
d gestiegen
e Geld kosten
f keine Pflichten
g bedauern
h positiv ein
i an Interesse verloren
j negativ
k beeindrückend
l um 40 Prozent gesenkt
m durchgesetzt
n gar nicht gesenkt
o einfacher sein
p ignoriert

D ✏️ **Lesen den Text oben noch einmmal und den Text auf Seite 228 des Studentenbuchs. Schreiben Sie einen Aufsatz (240–270 Wörter) auf Deutsch zu dem folgenden Thema: „Das Kyoto-Protokoll ist eine Niete".**

Berühmte Persönlichkeiten

4 Wolfgang Amadeus Mozart (p. 235)

C 📖 **Lesen Sie diese Kurzbiografie von dem Komponisten Josef Haydn. Forschen Sie dann im Internet nach, um die Lücken im Text auszufüllen.**

Josef Haydn wurde im Jahre _____ in _____ geboren. In der Familie gab es _____ Kinder. Von 1740 bis 1749 hat er mit seinem Bruder _____ im Chor im Wiener _____ gesungen.

Im Jahre 1761 fing Haydn an, bei der Familie _____ zu arbeiten. Er blieb sein ganzes Leben dort.

Während seines Lebens hat Haydn 108 _____ geschrieben – _____ davon in London. Nummer 101 nennt man „die _____", weil der zweite _____ an das Ticken einer Uhr erinnert.

Haydn hat auch die Melodie von der deutschen _____ geschrieben. Heute wird nur die dritte _____ von diesem Lied gesungen.

Er hat zwei Reisen nach _____ gemacht, und die Universität _____ hat ihn zum Ehrendoktor gemacht.

Haydn ist im Jahre _____ in Wien gestorben. Bei seiner Beerdigung in der Wiener _____ kirche hat man das Requiem von _____ gesungen.

Werke der deutschen Literatur

9 „Das Leben des Galilei" (1) (p. 241)

C 📖 🖉 **Lesen Sie dieses Gedicht von Bertolt Brecht. Arbeiten Sie dann mit einem Partner/einer Partnerin zusammen, um die Fragen unten zu beantworten.**

Fahrend in einem bequemen Wagen

Auf einer regnerischen Landstraße
Sahen wir einen zerlumpten Menschen bei Nachtanbruch
Der uns winkte, ihn mitzunehmen, sich tief verbeugend.
Wir hatten ein Dach und wir hatten Platz und wir fuhren
    vorüber
Und wir hörten mich sagen, mit einer grämlichen Stimme:
    nein
Wir können niemand mitnehmen.
Wir waren schon weit voraus, einen Tagesmarsch vielleicht
Als ich plötzlich erschrak über diese meine Stimme
Dies mein Verhalten und diese
Ganze Welt.

1. Wie ist das Wetter?
2. Welche Tageszeit ist es?
3. Wo steht die Person, die sie sehen?
4. Welches Wort beschreibt diese Person? Können Sie dieses Wort auf Deutsch erklären?
5. Was will die Person machen?
6. Was machen Brecht und seine Freundin?
7. Was sagt Brecht?
8. Warum stimmt das nicht?
9. Wann denkt Brecht wieder an diese Szene?
10. Wie fühlt er sich dann?
11. Was hätten sie machen sollen?
12. Was meint Brecht mit der letzten Zeile? Was ist die Bedeutung des Gedichts?

D ✏️ **Beschreiben Sie in Ihren eigenen Worten den Inhalt des Gedichts.**

_____

_____

_____

_____

_____

_____

_____

_____

_____

_____

_____

_____

_____

E 📖 💬 **Lesen Sie jetzt dieses Gedicht von Hans Manz und besprechen Sie mit einem Partner/einer Partnerin die Antworten auf die Fragen unten.**

Eine wahre Alltagsgeschichte

Mein Tür-an-Tür-Nachbar,
ein Chinese aus Hongkong,
kehrt, wenn er mit dem Besen kehrt,
zuerst vor meiner Tür,
5 *erst dann vor der seinen.*
Er kennt unsere Redensart
vom Kehren vor Türen nicht.
Mir ist sie geläufig,
habe mich aber inzwischen
10 *auch von ihr abgekehrt*
und kehre, wenn ich mit dem Besen kehre,
zuerst vor der Tür meines Nachbarn,
des Chinesen aus Hongkong,
und dann erst vor meiner.
15 *So sind bei seiner Rückkehr von der Arbeit*
oder bei meiner Heimkehr
die Treppen immer blank-
und die alten Regeln hinweggekehrt.
Kehraus der Abgrenzungen.

Source: www.lyrikline.org.

1. Was macht der Chinese für seinen Nachbarn? (Zeilen 3 bis 5)

2. Wie reagiert der Nachbar? Was bedeuten die Zeilen 6 and 7?

3. Was macht der Nachbar, was er normalerweise nicht machen würde? (Zeilen 8 bis 14)

4. Was entdeckt der Nachbar dann, wenn er nach Hause kommt? (Zeilen 15 bis 17)

5. Was hat der Chinese auch „hinweggekehrt"? (Zeile 18)

6. Was bedeutet die letzte Zeile?

7. Vergleichen Sie dieses Gedicht mit dem Gedicht von Brecht. Was ist der Unterschied zwischen den beiden Gedichten? Was haben die Gedichte gemeinsam?

Werke der deutschen Literatur

9 „Das Leben des Galilei" (2) (p. 243)

D 📖 ✏️ **Lesen Sie dieses Gedicht von Bertold Brecht. Machen Sie dann die Aufgaben. (*Anmerkung: „Weib" bedeutet hier „Frau".)**

Das Lied vom Weib* des Nazisoldaten (aus Schweyk im Zweiten Weltkrieg – 1943)

Und was bekam des Soldaten Weib
Aus der alten Hauptstadt Prag?
Aus Prag bekam sie die Stöckelschuh.
Einen Gruß und dazu die Stöckelschuh
Das bekam sie aus der Stadt Prag.

Und was bekam des Soldaten Weib
Aus Warschau am Weichselstrand?
Aus Warschau bekam sie das leinene Hemd
So bunt und so fremd, ein polnisches Hemd!
Das bekam sie vom Weichselstrand.

Und was bekam des Soldaten Weib
Aus Oslo über dem Sund?
Aus Oslo bekam sie das Kräglein aus Pelz.
Hoffentlich gefällt's, das Kräglein aus Pelz!
Das bekam sie aus Oslo am Sund.

Und was bekam des Soldaten Weib
Aus dem reichen Rotterdam?
Aus Rotterdam bekam sie den Hut.
Und er steht ihr gut, der holländische Hut.
Den bekam sie aus Rotterdam.

Und was bekam des Soldaten Weib
Aus Brüssel im belgischen Land?
Aus Brüssel bekam sie die seltenen Spitzen.
Ach, das zu besitzen, so seltene Spitzen!
Sie bekam sie aus belgischem Land.

Und was bekam des Soldaten Weib
Aus der Lichterstadt Paris?
Aus Paris bekam sie das seidene Kleid.
Zu der Nachbarin Neid das seidene Kleid
Das bekam sie aus Paris.

Und was bekam des Soldaten Weib
Aus dem libyschen Tripolis?
Aus Tripolis bekam sie das Kettchen.
Das Amulettchen am kupfernen Kettchen
Das bekam sie aus Tripolis.

Und was bekam des Soldaten Weib
Aus dem weiten Russenland?
Aus Russland bekam sie den Witwenschleier.
Zu der Totenfeier den Witwenschleier
Das bekam sie aus Russland.

Source: http://www.maennerrat.de/und-was-bekam-des-soldaten-weib.htm.

1. In jeder Strophe kämpft der Soldat in einem anderen Land. Suchen Sie diese Länder auf einer Landkarte.

2. In Strophe 2, was ist „die Weichsel"? Wie heißt das auf Englisch?

_____

_____

3. In Strophe 3, welche See ist „der Sund"? Wie heißt diese See auf Englisch?

_____

_____

4. Füllen Sie jetzt diese Tabelle aus.

Strophe	Geschenk	aus welcher Stadt?	in welchem Land?
1.			
2.			
3.			
4.			
5.			
6.			
7.			
8.			

5. Was passiert in der letzten Strophe des Gedichts? Was ist eine Witwe?

_____

_____

6. Was für ein Gedicht ist das?

_____

_____

E 💬 **Arbeiten Sie mit einem Partner/einer Partnerin zusammen. Führen Sie das Gedicht als Pantomime auf. (Zuerst müssen Sie die „Geschenke" zusammenholen!). Partner A liest das Gedicht vor. Partner B spielt die Rolle des Weibs und zeigt seine Reaktionen auf die verschiedenen Geschenke. Man könnte auch große „Postkarten" machen, um die Herkunft der Geschenke zu zeigen.**

Lesen Sie diese Geschichte von Peter Bichsel.

Die Tochter

Abends warteten sie auf Monika. Sie arbeitete in der Stadt, die Bahnverbindungen sind schlecht. Sie, er und seine Frau, saßen am Tisch und warteten auf Monika. Seit sie in der Stadt arbeitete, aßen sie erst um halb acht. Früher hatten sie eine Stunde eher gegessen. Jetzt warteten sie täglich eine Stunde am gedeckten Tisch, an ihren Plätzen, der Vater oben, die Mutter auf dem Stuhl nahe der Küchentür, sie warteten vor dem leeren Platz Monikas. Einige Zeit später dann auch vor dem dampfenden Kaffee, vor der Butter, dem Brot, der Marmelade.

Sie war größer gewachsen als sie, sie war auch blonder und hatte die Haut, die feine Haut der Tante Maria. „Sie war immer ein liebes Kind", sagte die Mutter, während sie warteten. In ihrem Zimmer hatte sie einen Plattenspieler, und sie brachte oft Platten mit aus der Stadt, und sie wusste, wer darauf sang. Sie hatte auch einen Spiegel und verschiedene Fläschchen und Döschen, einen Hocker aus marokkanischem Leder, eine Schachtel Zigaretten.

Der Vater holte sich seine Lohntüte auch bei einem Bürofräulein. Er sah dann die vielen Stempel auf einem Gestell, bestaunte das sanfte Geräusch der Rechenmaschine, die blondierten Haare des Fräuleins, sie sagte freundlich „Bitte schön", wenn er sich bedankte.

Über Mittag blieb Monika in der Stadt, sie aß eine Kleinigkeit, wie sie sagte, in einem Tearoom. Sie war dann ein Fräulein, das in Tearooms lächelnd Zigaretten raucht. Oft fragten sie sie, was sie alles getan habe in der Stadt, im Büro. Sie wusste aber nichts zu sagen. Dann versuchten sie wenigstens, sich genau vorzustellen, wie sie beiläufig in der Bahn ihr rotes Etui mit dem Abonnement aufschlägt und vorweist, wie sie den Bahnsteig entlang geht, wie sie sich auf dem Weg ins Büro angeregt mit Freundinnen unterhält, wie sie den Gruß eines Herrn lächelnd erwidert. Und dann stellten sie sich mehrmals vor in dieser Stunde, wie sie heimkommt, die Tasche und ein Modejournal unter dem Arm, ihr Parfum; stellten sich vor, wie sie sich an ihren Platz setzt, wie sie dann zusammen essen würden.

Bald wird sie sich in der Stadt ein Zimmer nehmen, das wussten sie, und dass sie dann wieder um halb sieben essen würden, dass der Vater nach der Arbeit wieder seine Zeitung lesen würde, dass es dann kein Zimmer mehr mit Plattenspieler gäbe, keine Stunde des Wartens mehr. Auf dem Schrank stand eine Vase aus blauem schwedischem Glas, eine Vase aus der Stadt, ein Geschenkvorschlag aus dem Modejournal.

„Sie ist wie deine Schwester", sagte die Frau, „sie hat das alles von deiner Schwester. Erinnerst du dich, wie schön deine Schwester singen konnte."
„Andere Mädchen rauchen auch", sagte die Mutter.
„Ja", sagte er, „das habe ich auch gesagt."
„Ihre Freundin hat kürzlich geheiratet", sagte die Mutter. Sie wird auch heiraten, dachte er, sie wird in der Stadt wohnen.
Kürzlich hatte er Monika gebeten: „Sag mal etwas auf Französisch." – „Ja", hatte die Mutter wiederholt, „sag mal etwas auf Französisch." Sie wusste aber nichts zu sagen.
Stenografieren kann sie auch, dachte er jetzt.
„Für uns wäre das zu schwer", sagten sie oft zueinander.
Dann stellte die Mutter den Kaffee auf den Tisch. „Ich habe den Zug gehört", sagte sie.

Grammar worksheet

Weak, strong and modal verbs

Decide whether the verb in brackets is weak, strong or modal, then give its correct form in the present tense.

1. Zu viele Jugendliche _____ (starren) stundenlang auf den Bildschirm.

2. Warum _____ (geben) es so viele allein erziehende Eltern?

3. Meine Freundin _____ (tragen) gern ÖkoMode.

4. Jede Woche _____ (sehen) er die neuesten Filme im Kino.

5. Man glaubt, man _____ (dürfen) alles machen, was man _____ (wollen).

6. Immer mehr Firmen _____ (lassen) ihre Gewinne in die Entwicklungsländer fließen.

Separable, inseparable and reflexive verbs

Place the correct forms of the verbs (which may be weak or strong) in the present tense in the appropriate position in the sentence.

1. Die meisten Familien (bestehen) immer noch aus verheirateten Eltern mit Kindern.

   _____

   _____

2. Mein Bruder (aufräumen) sein Zimmer nie.

   _____

   _____

3. Ich (sich anziehen) im Winter warm.

   _____

   _____

4. Was für ein Publikum (ansprechen) man, wenn eine Band mit deutschen Texten (auftreten).

   _____

   _____

5. Er (erzählen) von seinem Leben in den USA und (erfahren) von meinem Leben auch.

   _____

   _____

Word order

Decide whether the clause is main or subordinate and place the verb and other elements (infinitive, prefix, participle) in the correct position.

1. Meistens ich nur ein Glas Bier, manchmal zwei, (trinke) und ich überhaupt nicht (rauche)

   _____

   _____

2. Früher ich zu viel Alkohol (habe… getrunken), aber jetzt ich fast nichts (trinke).

   _____

   _____

3. Fernsehen ganz toll (ist), wenn man sich ein paar schöne Sendungen (aussucht) und ein bisschen Freizeit (hat).

   _____

   _____

4. Motivation und Konzentration (nachlassen), wenn man oft Cannabis (raucht).

   _____

   _____

5. Viele Jugendliche schon mit 16 nicht auf Zigaretten (können verzichten), weil Nikotin abhängig (macht).

   _____

   _____

6. What happens to the word order in 3, 4 and 5 (above) if the wenn–clause is placed first?

   _____

   _____

Grammar worksheet

The perfect tense

Rewrite these sentences in the perfect tense; they are all weak or strong verbs, and some form the perfect tense with *sein*.

1. Die beste Mannschaft macht viel weniger Fehler, weil sie mehr Erfahrung hat.

2. Natürlich feiern wir nach dem Spiel, weil wir gewinnen.

3. Unsere Mannschaft wird Meister.

4. Die Mannschaft fliegt mit dem Flugzeug zur Weltmeisterschaft.

5. Alle geben ihr Bestes.

The perfect tense of separable and inseparable verbs

Rewrite these sentences in the perfect tense.

1. Ich ernähre mich immer gesund.

2. Wann fängst du mit diesem Sport an?

3. Ich trainiere hart, dann fühle ich mich richtig wohl.

4. Danach schlafe ich sofort ein und wache erst um 10 Uhr wieder auf.

5. Im Sport verändert sich heutzutage alles.

6. Wann fahrt ihr denn ab?

The cases: nominative, accusative, genitive, dative

Decide what case the underlined words and phrases in the following sentences are in (N, A, G or D), and why.

1. In unserer Mannschaft bin ich der beste Spieler.

2. Ich will keinen Sport treiben.

3. Er hat schon alles probiert.

4. Die alten Rückenprobleme habe ich auch nicht mehr.

5. Ich halte sie für eine sehr gute Sportlerin.

6. Wer hat dir dieses tolle Buch geschenkt?

7. Während des letzten Spiels hat sie sich an dem Kopf verletzt.

Grammar worksheet

The future tense

Rewrite these sentences twice: a) using *werden* plus an infinitive; b) using the verb in brackets.

1. Dieses Jahr bleibe ich zu Hause. (wollen)

   _____

   _____

   _____

   _____

2. Nächsten Monat machen wir einen Skiurlaub in Österreich. (vorhaben)

   _____

   _____

   _____

   _____

   _____

   _____

3. Fährst du im Sommer nach Island? (mögen)

   _____

   _____

   _____

   _____

4. Besuchen wir Wien zu Ostern? (sollen)

   _____

   _____

   _____

   _____

Case endings after prepositions

Choose the correct form of the word in brackets

1. Ich bin mit (meinem/meinen/meiner) Freundin in (das/dem/des) Kino gegangen.

2. Sie sind in (der/die/der) Stadt gefahren, um in (einen/einer/einem) tollen Restaurant zu essen.

3. Vor (einige/einiger/einigen) Monaten war ich auf (eine/einer/einem) schönen Insel in (die/den/der) Karibik.

4. Während (ihre/ihrer/ihres) Aufenthalts in den Alpen konnten sie wegen (des/der/dem) Wetters nicht in (die/den/dem) Bergen wandern gehen.

Case endings

Fill in the gaps with the appropriate case endings; not all gaps need to be filled.

1. Wir haben unser_____ neu_____ Auto auf d_____ Straße vor d_____ Hotel geparkt.

2. Er hat d_____ letzt_____ Flug verpasst, weil er sein_____ Pass vergessen hat.

3. Ich habe um ein_____ schön_____ Hotel direkt a_____ Strand gebeten. Ich habe mich über d_____ Blick auf d_____hässlich_____ Parkplatz beschwert.

4. Zu sein_____ Entsetzen haben d_____ Autodiebe d_____ Auto sein_____ Eltern aufgebrochen.

5. Nach d_____ Strapazen d_____ täglich_____ Lebens braucht jed_____ Mensch ein_____ lang_____ Urlaub.

Grammar worksheet

Comparative and superlative

Give the correct form of the comparative or superlative of the word in brackets, and add any endings necessary.

1. Am Nordpol wird es immer _____. (warm)

2. Bei _____ (trocken) Sommern und _____ (feucht) Wintern verändern sich Tier- und Pflanzenarten immer _____ (schnell).

3. Dieses Jahr hatten wir den _____ (nass) und _____ (kalt) Sommer seit 150 Jahren. Im Juli war es _____ (schlimm).

4. Was ist der _____ (einfach) und _____ (billig) Weg, den Ölverbrauch zu reduzieren?

5. In den _____ (arm) Ländern leiden die Kinder _____ (viel).

The imperative

Give these suggestions as different forms of the imperative: *du*, *Sie*, and as a formal instruction.

1. Man sollte Getränke immer in Mehrwegflachen kaufen.

2. Man sollte Einwegverpackungen vermeiden.

3. Man sollte weniger Fastfood essen.

4. Man sollte möglichst viel mit dem Fahrrad fahren oder den Bus nehmen.

5. Man sollte umweltbewusster werden.

Wenn-clauses

Join these sentences using *wenn*, making any other changes necessary.

1. Es schmilzt noch mehr Eis. Was passiert?

   _____

   _____

   _____

2. Man will solche Ereignisse vermeiden. Was muss man tun?

   _____

   _____

   _____

3. Die Wärme entweicht langsamer als früher. Die Erde wird bis zu 6 Grad wärmer.

   _____

   _____

   _____

4. Man verbrennt fossile Brennstoffe. Es entsteht Kohlendioxid.

   _____

   _____

5. Wir verwenden weniger Verpackungen. Wir produzieren weniger Müll.

   _____

   _____

   _____

6. Wir tun nichts. Die Länder um das Mittelmeer werden bald unbewohnbar sein.

   _____

   _____

   _____

Grammar worksheet

Relative pronouns

Fill the gaps with the correct relative pronoun.

1. Sie ist ein Kind, _____ nicht gern zur Schule geht.

2. Medizin ist ein Fach, für _____ man hervorragende Noten braucht.

3. Kinder, _____ Sprachniveau ganz niedrig ist, haben schlechtere Aussichten.

4. Wir lernen alles, _____ wir für das Abitur brauchen.

5. Die Fächer, für _____ ich mich am meisten interessiere und in _____ ich gute Noten bekomme, sind Deutsch und Mathe.

6. Der Schüler, _____ der Lehrer nervig findet, muss nächstes Jahr sitzen bleiben.

7. Richard macht gerade seinen Medizinertest, _____ jeder Deutsche machen muss, _____ Medizin studieren will.

The imperfect tense

Put the verb in brackets into the appropriate form of the imperfect tense.

Als ich 7 Jahre alt _____ (sein),

_____ (gehen) ich auf die Schule in dem

Dorf wo wir (wohnen). Meine Mutter

_____ (bringen) mich dorthin. Meine

Lehrerin _____ (heißen) Frau Meyer. Bald

_____ (können) ich gut lesen, was ich toll

_____ (finden). Mit 10 _____

(müssen) ich in die nächste Stadt fahren, weil es in

unserem Dorf kein Gymnasium _____

(geben). Wenn ich nachmittags Unterricht

_____ (haben), _____ (essen) ich

in der Schule. Ich _____ (kommen) erst um

4 Uhr nach Hause.

The pluperfect tense

Join the two clauses using the conjunction given, and put one of them into the pluperfect tense.

1. Ich habe die Grundschule verlassen. Ich bin auf das Gymnasium gegangen. (nachdem)

_____

_____

_____

_____

2. Er hat seine Hausaufgaben schon gemacht. Er durfte ausgehen. (weil)

_____

_____

_____

_____

3. Ich bereitete mich auf die Prüfung vor. Ich habe sie schwierig gefunden. (obwohl)

_____

_____

_____

_____

4. Ich machte Zivildienst. Ich lernte vieles, was für das Alltagsleben nützlich war. (weil)

_____

_____

_____

_____

Grammar worksheet

Konjunktiv 2

Rewrite these sentences using the *Konjunktiv 2*.

1. Wenn ich Lehrerin bin, behandle ich die Kinder wie Erwachsene.

   _____

   _____

   _____

2. Wenn die Schüler Prüfungen haben, ist es für sie schwieriger.

   _____

   _____

   _____

3. Wenn ich stundenlang stehen muss und nicht sitzen darf, bin ich sehr müde.

   _____

   _____

   _____

4. Wenn die Kasse nicht stimmt, muss ich das selbst bezahlen, weil es meine Verantwortung ist.

   _____

   _____

   _____

5. Wenn sie ihr Studium vollendet hat, wird Jelena ihren Job aufgeben.

   _____

   _____

   _____

6. Ich mache einen Nebenjob, um Geld zu verdienen.

   _____

   _____

   _____

Personal pronouns

Replace the underlined noun phrases with pronouns or *da(r)*– plus preposition.

1. <u>Der alte Mann</u> schafft es nicht mehr, mit <u>seinem Hund</u> auszugehen.

   _____

   _____

   _____

2. <u>Alexandra</u> hilft gern <u>alten Leuten</u>.

   _____

   _____

   _____

3. Nicht nur <u>mein Bruder</u>, sondern auch <u>meine Schwester</u> sucht einen Nebenjob.

   _____

   _____

   _____

4. Ich habe <u>das Geld</u> für <u>ein neues Fahrrad</u> von <u>meinem Vater</u> bekommen.

   _____

   _____

   _____

5. <u>Nach dem Studium</u> wird sie allerdings <u>dem Beruf</u> nicht den Rücken kehren.

_____

_____

_____

6. Was sind die Gründe für <u>dieses Problem</u>?

_____

_____

_____

7. Was sind für <u>Peter</u> die wichtigsten Gründe, dass er <u>eine neue Stelle</u> sucht?

_____

_____

_____

Impersonal verbs

Translate the following sentences into German using verbs from the list on page 114 where possble.

1. I like the job because I have chance to chat with my customers.

_____

_____

_____

2. If I manage to start at about 6.15, I finish at about 12.00.

_____

_____

_____

3. It depends on the season and the weather.

_____

_____

_____

4. It doesn't matter to me if it rains.

_____

_____

_____

5. I feel sorry for the people who can't go out.

_____

_____

_____

Grammar worksheet

The passive

Rewrite these sentences in the passive, keeping the same tense as the original.

1. Man beobachtet diesen Trend überall in der EU.

2. In der Stadtmitte hat man einen Gedenkplatz errichtet.

3. In München besucht man häufig das Theater.

4. In der Nazizeit zerstörte man viele Synagogen.

5. Man hat letztes Jahr ein neues Gesetz eingeführt.

6. Man verkaufte die Karten überall.

The passive with modal verbs

Rewrite these sentences in the passive.

1. Man kann München mit Paris vergleichen.

2. Die Frage besteht, ob man diese Versuche rechtfertigen kann.

3. Man diskutierte, wie viel Hilfe man staatlicherseits anbieten konnte und sollte.

4. Ich glaube nicht, dass man diese Ängste sofort beseitigen könnte.

5. Wenn man dieses Problem lösen könnte, würde man sofort ein neues entdecken.

6. Man muss diese Fragen beantworten können.

The passive and 'agency'

Rewrite these sentences in the passive, introducing the agent with *von* or *durch* as appropriate.

1. Viele Touristen betrachten München als leichtlebig.

   _____

   _____

   _____

2. Auch prominente Personen bevorzugen Naturkosmetik.

   _____

   _____

   _____

3. 1996 konnten Wissenschaftler ein Schaf klonen, nachdem man viel geforscht und experimentiert hatte.

   _____

   _____

   _____

4. Die Gentechnik kann Krankheiten vermeiden.

   _____

   _____

   _____

5. Viele teure Versuche ermöglichen den Fortschritt.

   _____

   _____

   _____

6. Jedes Jahr tötet der Straßenverkehr viele Menschen; Forscher schätzen die Zahl auf Hunderte.

   _____

   _____

   _____

Grammar worksheet

Reported speech in the present

Turn these passages of direct speech into reported speech. Start with, for example,: *Georg sagt, er leide…*

Georg sagt: „Ich leide an Esssucht. Ich denke dauernd ans Essen und bin eigentlich den ganzen Tag am Mampfen. Zweimal die Woche gehe ich zu einer Selbsthilfe-Gruppe. Ich esse zwar immer noch mehr als andere, aber darf nur zu bestimmten Zeiten essen. Am schwersten fällt es mir. regelmäßig Sport zu treiben." (*7 verbs*)

_____

_____

_____

_____

_____

_____

_____

_____

_____

_____

Maria sagt: „Ich habe Magersucht. Ich bin ein echter Hungerkünstler. Aber ich fühle mich immer noch zu dick. Ich zähle bei jeder Mahlzeit die Kalorien, kann genau sagen welches Produkt wie viele Kalorien hat. Ich trage Kleidung „size zero" und darauf bin ich sehr stolz und tue alles dafür, dass es so bleibt. In meinem Badezimmer steht eine Waage, die mir bis aufs Gramm genau das Gewicht angibt. (*12 verbs*)

_____

_____

_____

_____

_____

_____

_____

_____

_____

_____

Reported speech using *Konjunktiv 2*

Choose the correct form of the subjunctive for reported speech in each instance.

1. Ärzte meinen, viele Rauschmittel (können/könnten) abhängig machen.

2. Sie fragt, ob überwiegend Frauen betroffen (seien/wären).

3. Frau Dr. Braun sagt, Magersüchtige (haben/hätten) aber immer Untergewicht.

4. Sie behauptet, eine junge kranke Frauen (könne/könnte) ihre Krankheit sehr gut verstecken und dann (sei/wäre) es schwierig, ihr zu helfen.

5. Benno meint, was die Menschen zu Hause (machen/machten), (sei/wäre) ihre Sache.

6. Anna ist der Meinung, wenn man beim Rauchen von Haschisch erwischt (werde/würde), (müsse/müsste) man bestraft werden; alle (seien/wären) vor dem Gesetz gleich.

Indirect speech in the past

Rewrite this text in reported speech.

Er erinnert sich: „Alles begann vor ungefähr 20 Jahren. Am Anfang waren es harmlose Wetten im Internet. Ich hatte schon als Teenager einen Teil meines Taschengeldes für Sportwetten benutzt. Ziemlich oft habe ich auch was gewonnen. Ich habe mir von meinen Freunden Geld geliehen. Irgendwann konnte ich die Schulden nicht mehr zurückzahlen. Dadurch wurde das Problem immer größer. Immer weniger Leute wollten mir Geld leihen. Ich fing an, meine Eltern und Geschwister zu beklauen. Doch meine Schulden sind immer höher geworden. Ich musste akzeptieren, dass meine Sucht eine Krankheit ist."

EINHEIT 9

The *Vorfeld*

Sentences which always start with the subject quickly get boring. Rewrite this passage, starting each sentence with the underlined words.

Man hat <u>Hitlers Ideen</u> am Anfang nicht ernst genommen. Mein Onkel war <u>1932</u> in der Nazi-Partei. Er ist <u>später</u> wieder ausgetreten. Er sagte <u>im Freundeskreis</u>, dass Deutschland den Krieg verlieren würde. Die Gestapo hat ihn <u>kurz danach</u> verhaftet. Er saß dann <u>zwei Monate</u> im Gefängnis. Man hat ihn <u>1945</u> erschossen. Man hat <u>meiner Oma</u> gesagt, er sei an einem Herzinfarkt gestorben.

_____

_____

_____

_____

_____

_____

_____

_____

_____

The position of *nicht*

Make these sentences negative by the addition of *nicht*.

1. Viele Arbeiter in der DDR hatten viel zu tun.

_____

2. Ich hatte Glück, dass ich in der BRD und in der DDR wohnte.

_____

3. In der DDR konnte man sogar seinen Freunden vertrauen.

_____

_____

4. Am Anfang hat Ahmed Deutsch gekonnt.

_____

_____

5. Die Vergangenheit dürfen wir vergessen.

_____

6. Die Kommunisten achteten die Menschenrechte.

_____

7. Die Bürger hatten das Recht, ihre Meinungen frei zu äußern.

_____

_____

The perfect tense (revision)

Put these sentences into the perfect tense.

1. Er musste Mitglied der Partei werden.

_____

_____

2. Man konnte niemandem vertrauen.

_____

_____

3. Viele Juden wanderten aus, weil sie in Deutschland nicht mehr arbeiten durften.

_____

_____

4. Weil so viele DDR-Bürger ihr Land verlassen wollten, musste man die Mauer bauen.

_____

_____

5. Politiker fuhren in andere europäische Großstädte, um zu sehen, was man dort machen musste, um die Integration zu fördern.

_____

_____

Verbs (+ *zu*) + infinitive

Decide whether *zu* is needed in each of these sentences.

1. Es gibt Organisationen, die Obdachlosen Hilfe ____ anbieten wollen.

2. Der Reporter hoffte ____ entdecken, wie es war, obdachlos ____ sein.

3. Durch den Zeitungsverkauf versuchen viele Obdachlose, etwas Geld ____ verdienen und sich selbst ____ helfen.

4. Ich gehe sehr gern ____ einkaufen; meine Schwester liebt es auch, online einkaufen ____ gehen.

5. Ein Freund von mir hat sich ein Haus an der Küste ____ bauen lassen, damit er jeden Tag ____ segeln konnte.

um… zu…, ohne… zu…, anstatt… zu…

Join these sentences using the construction given in brackets, making any other changes necessary (such as omitting nicht in the first sentence).

1. Viele Zuschauer zappen weg. Sie müssen die Werbung nicht sehen. (anstatt… zu…)

_____

_____

_____

2. Jugendliche klicken MySpace an. Sie bleiben dadurch mit ihren Freunden. in Kontakt. (um… zu…)

_____

_____

_____

3. Viele Firmen bezahlen viel Geld. Sie bekommen ihre Produkte in Filmen platziert. (um… zu…)

_____

_____

_____

4. Der Reporter lebt auf der Straße. Er darf sich nicht an soziale Hilfeeinrichtungen wenden. (ohne… zu…)

_____

_____

_____

5. Viele Obdachlose leben auf der Straße. Sie können keinen Ausweg finden. (ohne… zu…)

_____

_____

_____

Conditional perfect

1. Rewrite these conditional sentences in the conditional perfect.

Wenn die Länder der Welt zusammen arbeiten würden, …
   … könnten wir alle Menschen ernähren.
   … würden die Regenwälder nicht sterben.
   … würden wir viele bedrohte Tierarten retten.

_____

_____

_____

_____

_____

_____

_____

_____

2. Do the same with these sentences; take care over word order.

Es wäre besser, …

  … wenn ich nicht auf die Party gehen würde

  … wenn ich weniger Geld ausgeben würde.

  … wenn ich meinen Mitmenschen helfen könnte.

  … wenn ich nicht so egoistisch wäre.

  … wenn ich nicht so fleißig arbeiten müsste.

_____

_____

_____

_____

_____

_____

_____

_____

_____

_____

Grammar worksheet

Konjunktiv 2 – other uses

A Make these requests more polite by using the *Konjunktiv 2*.

1. Wo ist das Theater?

   _____

2. Ich will wissen, warum Sie das glauben.

   _____

   _____

3. Ich bin gegen eine solche Politik, weil es zu Problemen führt.

   _____

   _____

4. Haben Sie etwas dagegen, wenn ich ihn sofort anrufe?

   _____

   _____

5. Gibst du mir bitte seine Telefonnummer?

   _____

   _____

B Join the following with *als ob* (as if), making any changes needed to verb forms and position.

1. Viele Vereine tun, … / es gibt keinen Rassismus.

   _____

   _____

2. Es sieht so aus, …/ der Schiedsrichter hat das Foul nicht gesehen.

   _____

   _____

3. Der Spieler schreit, …/ er hat sich das Bein gebrochen.

   _____

   _____

4. Du sprichst, … / du weißt das nicht.

   _____

   _____

Present participles as adjectives

Rewrite these phrases as relative clauses.

1. ein wachsendes Problem

   _____

2. ein der EU angehörender Staat

   _____

3. die sich verbessernde Qualität

   _____

4. die in ländlichen Gebieten kränkelnden Kinder

   _____

5. das durch Bildung zu schaffende Umweltbewusstsein

   _____

   _____

Past participles as adjectives

Rewrite these phrases as relative clauses.

1. das durch Bildung geschaffte Umweltbewusstsein

   _____

   _____

2. die von den Behörden schon getroffenen Maßnahmen

   _____

   _____

3. das am häufigsten begangene Verbrechen

   _____

   _____

4. die in ländlichen Gebieten weit verbreitete Unterernährung

   _____

   _____

5. einer der vielen durch Hilfsorganisationen angelegten Brunnen

   _____

   _____

Grammar worksheet

Abbreviated verbs in media headlines

A Turn these headlines (all taken from one day's newspaper website) into full sentences, with articles and verbs. Where no verb is used, a suggestion is given in brackets.

1. Polizei schnappt mutmaßlichen Einbrecher

2. Bergsteiger stirbt in Gletscherspalte

3. 2000 Jahre altes Schiffswrack in der Rhône (entdecken)

4. Das Mißtrauen der Deutschen gegen die Elite

5. Mehr als 100 Waldbrände in Griechenland (ausbrechen)

6. Mann 30 Jahre lang vor der Öffentlichkeit versteckt

7. Börsen-Beben: wie schlimm wird es noch?

8. Bergläufer ignorierten Warnhinweise

9. Radprofi bei der Tour de France positiv getestet

10. ICE-Unfall wäre fast zur Katastrophe geworden

B Take two of the headlines and write short newspaper-style articles based on them.

The style of German in the news media

The following is an extract from the website of *Die Welt*, a German newspaper. Translate it into English in an appropriate style. What do you notice about the use of perfect and imperfect tenses, the subjunctive, the passive, adjectival phrases (see p.223) and vocabulary?

Hintermann der Entführung schwer verwundet

17. Juli Der mutmaßliche Drahtzieher der Entführung der drei deutschen Bergsteiger durch PKK-Kurdenrebellen ist nach türkischen Angaben bei einem Luftangriff im Nordirak schwer verwundet worden. Fehman Hüseyin sei bei den jüngsten Luftschlägen der Türkei gegen PKK-Stellungen im Norden Iraks schwer verletzt worden, meldete die Nachrichtenagentur Anadolu am Donnerstag unter Berufung auf nicht näher genannte örtliche Quellen. Möglicherweise sei Hüseyin auch tot.

Von der Arbeiterpartei Kurdistans (PKK) lag zunächst keine Stellungnahme vor. Der aus Syrien stammende Hüseyin ist der Chef der bewaffneten PKK-Truppen. Anadolu berichtete unter Berufung auf türkische Sicherheitskreise, Hüseyin habe die Verschleppung der Bergsteiger angeordnet, um sich in einem PKK-internen Machtkampf Vorteile zu verschaffen.

The Publishers would like to thank the following for permission to reproduce copyright material:

Acknowledgements

Audio transcripts: p. 124 © ZDF/heute.de; p. 126 Orkane in Deutschland © Redaktion Quarks & Co; Verschwindende Gletscher in der Schweiz © WWF Switzerland; Sturmflut an der Nordseeküste © ZDF/heute.de; Was verursacht die Erderwärmung und wie kann man sie bremsen? © WWF Switzerland; p. 127 Ist die Gelbe Tonne am Ende? © hart aber fair; p. 128 PET-Flasche: Was wird daraus? © hart aber fair; p. 146 Uganda-Tagebuch © LandsAid e.V.; Radiobericht Mügeln © WDR; p. 147 Internationaler Terrorismus: Die Ermordung Benazir Bhuttos, adapted from: www.dw-world.de © Deutsche Welle Text: p. 198 © Eltern.de/Elternfamily.de 2008; p. 199 © berufsberatung.ch/Schweizerisches Dienstleistungszentrum Berufsbildung Berufs-, Studien- und Laufbahnberatung SDBB; p. 211 Max Sapan © http://referateguru.heim.at/Ausland.htm; p. 216 © FOCUS 19/2001; p. 223 Florian Flaig. Klimawandel. Kyotos vorzeitiger K.o. Aus: FOCUS Online v.31.08.07 http://www.focus.de/wissen/wissenschaft/klima/tid7288/klimawandel_aid_131221.html p. 228 Peter Bichsel, Eigentlich möchte Frau Blum den Milchmann kennenlernen. 21 Geschichten, © Suhrkamp Verlag Frankfurt am Main 1993